SANJIN SHIHUA CONGSHU

《三晋史话》丛书

三晋史话·晋中卷

主编　黄耀春

山西出版传媒集团
三晋出版社
山西人民出版社

《三晋史话》丛书编委会

《三晋史话》丛书学术顾问

《三晋史话·晋中卷》编委会

主　编　黄耀春

编　委　丁美科　王跃生　李新文　王俊山　郝汝椿
　　　　冀　杰　孟玲珑　李郁明　张贵青　张　鑫
　　　　王世强　傅艳红　张　驰　刘素英　郑春华
　　　　赵凌中　王　晖

撰　稿　王跃生　郝汝椿　晋　华　周丽萍　杨凤喜
　　　　乔爱宏　张迎建

山西省政区图

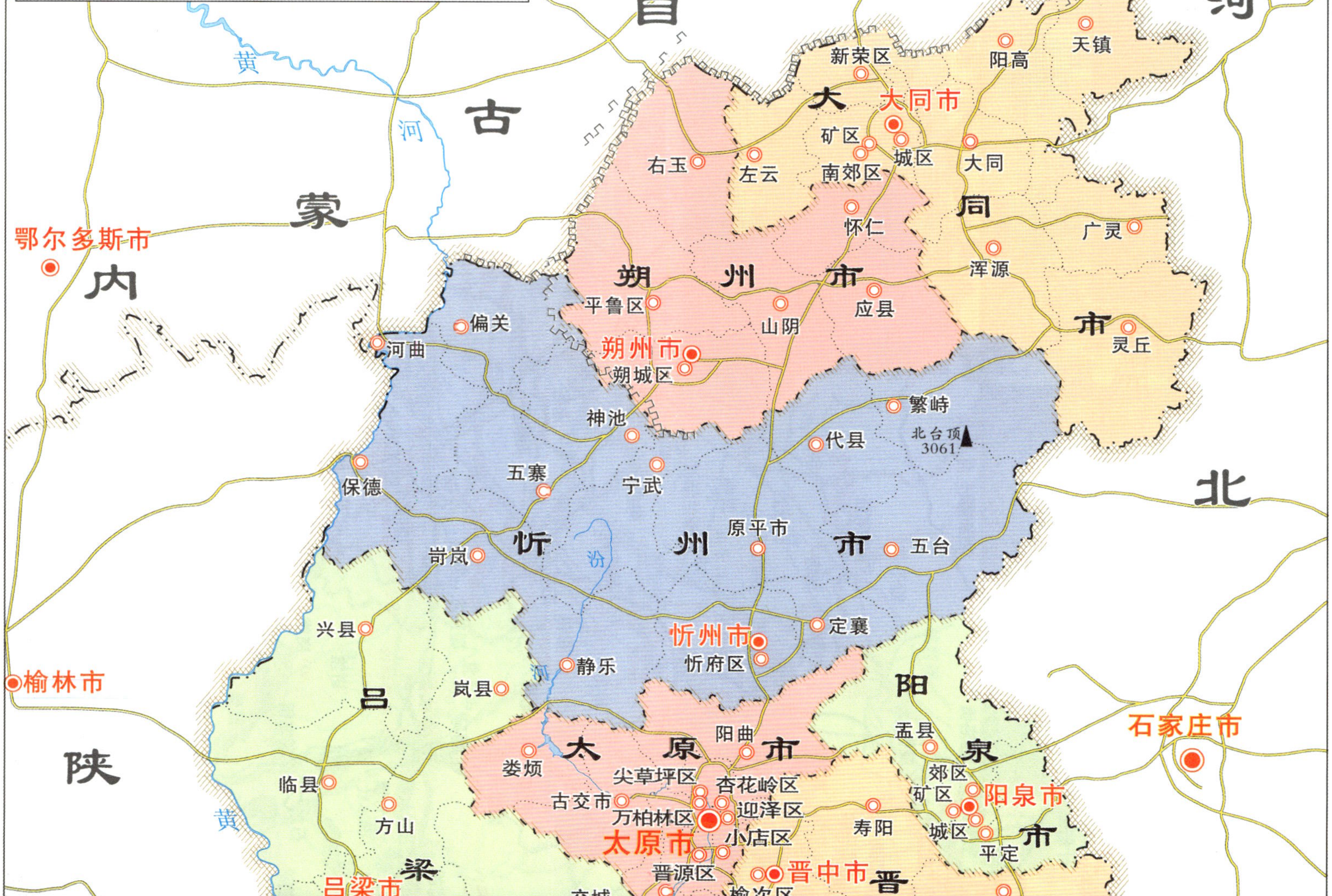
内蒙古自治区
河北
陕
鄂尔多斯市
榆林市
石家庄市
黄河
汾河
大同市
新荣区
矿区
城区
南郊区
大同
阳高
天镇
左云
广灵
浑源
灵丘
朔州市
右玉
平鲁区
朔城区
山阴
应县
怀仁
忻州市
偏关
河曲
保德
神池
五寨
宁武
代县
繁峙
北台顶
3061
原平市
五台
定襄
忻府区
岢岚
静乐
吕梁市
兴县
岚县
临县
方山
阳泉市
盂县
郊区
平定
太原市
阳曲
娄烦
尖草坪区
杏花岭区
迎泽区
古交市
万柏林区
小店区
晋源区
晋中市
寿阳
榆次区

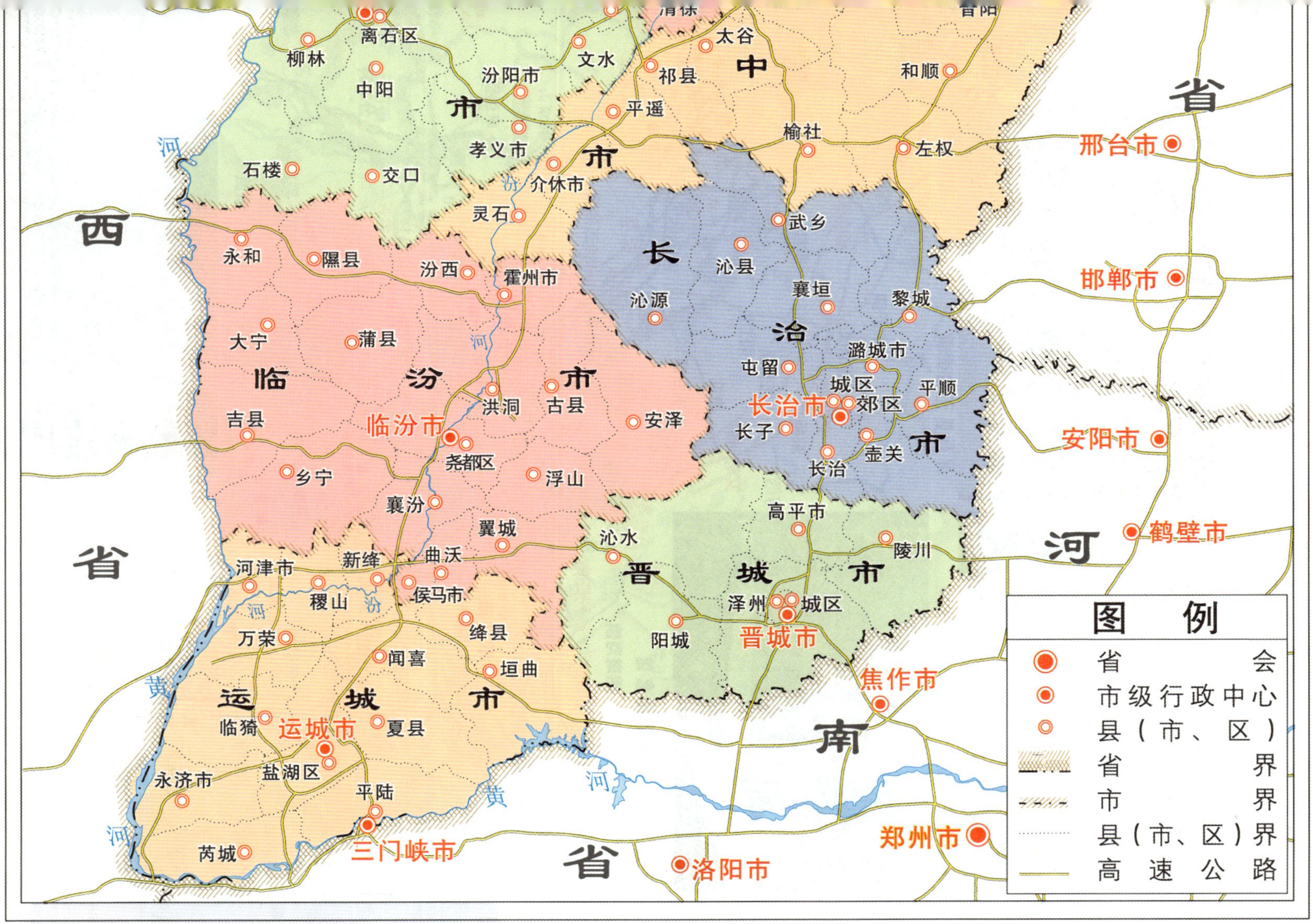

图例
省会
市级行政中心
县（市、区）
省界
市界
县（市、区）界
高速公路
长治市
临汾市
晋城市
运城市
邢台市
邯郸市
安阳市
鹤壁市
焦作市
郑州市
洛阳市
三门峡市
离石区
柳林
中阳
汾阳市
文水
太谷
祁县
平遥
和顺
榆社
左权
孝义市
介休市
石楼
交口
灵石
武乡
沁县
襄垣
黎城
沁源
潞城市
屯留
城区
郊区
平顺
长子
壶关
长治
永和
隰县
汾西
霍州市
大宁
蒲县
洪洞
古县
安泽
吉县
尧都区
乡宁
襄汾
浮山
翼城
曲沃
侯马市
新绛
河津市
稷山
沁水
高平市
陵川
泽州
阳城
万荣
闻喜
绛县
垣曲
临猗
夏县
盐湖区
永济市
平陆
芮城

总 序

中共山西省委常委、宣传部长

胡苏平

近年来，越来越多的人走进山西，领略表里山河的壮美风光，感受一脉相承的历史文化。山西这块古老而厚重的土地，充满了神奇。如何为这些远道而来的客人们提供帮助，给他们留下一个简要、生动而又难忘的记忆，这就促使我们萌发了编撰一套介绍山西历史文化丛书的想法。

经过大家的努力，《三晋史话》丛书终于和读者见面了。这套书总体成套、分体成册，图文并茂，好看、好记、好用也好带，能够把山西最具历史文化价值、最想告知读者的精华展示出来，让朋友们能够在较短的时间里对山西的历史文化有一个大致的了解。

参与编撰的各位作者和专家以严谨认真的态度，对历史负责、对民族文化负责的精神，精心设计，反复研讨，认真修改，完成了这套12卷200余万字的丛书。这是我省文化建设的又一重要成果，也是向社会宣传介绍山西悠久历史与文化贡献的珍贵典藏。

在此，我向参与丛书编撰、出版工作的同志们表示由衷的感谢！

山西表里山河，物华天宝，历史悠久，人文荟萃，是中华文明的重要发祥地。省委书记王儒林同志将山西历史文化的特色概括为“三个一”：一是“一缕曙光”，即距今约 4500 万年前，山西垣曲就有被专家称之为“类人猿亚目黎明时的曙光”的曙猿存在，它不仅证实了人类远祖很有可能起源于中国，并且把类人猿出现的时间向前推进了 1000 多万年；二是“一堆圣火”，大家知道火的使用是人类历史的开端，而距今约 180 万年前，山西芮城西侯度就出现了古人类活动的身影，先民们在这里点燃了第一把圣火，留下了中国最早的人类用火遗迹；三是“一座都城”，近 40 年的考古探明，距今 4300 年左右，尧帝在山西襄汾陶寺建都，陶寺就是尧都，山西南部所在的“中土之国”是“最早的中国”，“古中国”正是从这里走来！

在中华文明发展的历史进程中，山西作为中原农耕文明的核心区域，早在人类揖别洪荒之初，神农炎帝就在晋东南高平羊头山一带播五谷、尝百草，实现了从渔猎到农耕、从游牧到定居的重大历史转折，开创了延续几千年灿烂的农耕文明。尧都平阳、舜都蒲坂、禹都安邑凸显出“古中国”的遥远和厚重；夏县及周边丰富的夏文化遗存、垣曲及周边确凿的商文化遗存，生动展示了夏商时期河东大地在文化演进中扮演的不可替代的角色。西周春秋时期，晋国延续 600 余年，对推进华夏文明的进程发挥了主导和引领作用。战国时期，韩、赵、魏都源出山西，胡服骑射、围魏救赵、长平之战等重大事件，都直接影响着中国的发展进程。秦汉以降，山西始终发挥着民族熔炉的作用，谱写了中华民族大融合的辉煌篇章。宋元时期,山西新的经济、文化发展元素不断滋生,杂剧演出繁荣兴旺,成为中华戏曲的摇篮。明清时期,晋商把山西人的智慧与勇气推向了极致,让世人认同了"无西不成商"的历史事实。抗日战争时期,党领导的八路军三大主力在山西创立晋察冀、晋绥、晋冀鲁豫三大敌后根据地,成为全国抗战的重要战略支点,为民族解放和新中国的诞生,建立了不朽功绩。

山西历朝历代的杰出人物灿若星辰,影响深远。炎黄二帝、尧舜禹等英雄先祖,奠定了中华民族的人文精神与基本价值体系。后世山西,名人辈出,诸如称霸中原的晋文公,胡服骑射的赵武灵王,抗击匈奴的卫青、霍去病,经营西域的班超,忠义仁勇的武圣关云长,推行改制的冯太后,杰出女皇武则天,再造大唐的郭子仪,精忠报国的杨家将……仅闻喜裴氏一门就有宰相 59 人,大将军 59 人,正史立传者 600 余人,名垂后世者不下千余人,七品以上官员多达 3000 余人。还有狄仁杰、司马光、杨继宗、傅山、于成龙、陈廷敬、栗毓美、祁寯藻、徐继畬等一大批廉吏能臣,卫夫人、法显、王通、王绩、王勃、王维、王之涣、王昌龄、王翰、柳宗元、白居易、卢纶、温庭筠、米芾、马远、元好问、关汉卿、郑光祖、罗贯中等名垂青史的文化名人。

山西多样性的历史文化具有不断变革和进步的鲜明特色,许多影响中华文明的改革,首先是在山西地区孕育、展开,进而推动了社会进步。著名的"曲沃代翼",为晋国的全面发展掀开了崭新篇章;"郭偃之法",为晋国称霸中原提供了思想源泉;三家分晋、李悝变法、魏文侯改革,顺应了历史潮流。以子夏、荀子为代表的儒家,以李悝、韩非子为代表的法家,以吴起、尉缭子为代表的兵家，以公孙龙、惠施为代表的名家，以苏秦、张仪为代表的纵横家，在中国思想史上写下了浓墨重彩的篇章。秦汉以后，均田制及全面“汉化”的政策，从根本上改变了天下政治的格局和发展方向。隋唐以后的一些著名政治人物如柳宗元、司马光等，致力于社会改革与改良运动，为中华文明进程的延续提供了动力，也为后人留下深刻印记。

山西这块土地上留存着多姿多彩的文化遗产，是观瞻5000年中华文明的“金色名片”。目前，山西境内已发现各类不可移动文物5万余处，其中有五台山、平遥古城、云冈石窟3处蜚声中外的世界文化遗产。全国重点文物保护单位有452处，数量居全国第一。旧石器文化遗址有464处，早、中、晚期自成序列，为全国仅有。新石器时期各种文化类型在我省都有发现。最值得注意的是，全省现存各类古建筑共计28000余处，时代连续，品类齐全，全国仅有的四座唐代木结构建筑都在山西，元以前的木结构建筑占到全国存量的75%左右，素有“中国古代建筑博物馆”之称。全省现存古壁画24000余平方米，彩塑12000余尊，素有“东方艺术博物馆”美誉。全省现存大小石窟石刻1112处，东汉以来各类碑碣5万多通，在全国占有重要地位。全省现存古民居、古城池9300余处，高平中庄村元代姬氏民居是我国现存最早的民居实例，襄汾丁村民居、灵石王家大院、祁县乔家大院、太谷曹家大院及定襄阎锡山旧居等，集中反映了我国明、清和民国时期北方民居的建筑艺术特色。全省现存历代长城1400多公里，涉及战国、汉、北魏、东魏、北齐、隋、宋、元、明、清等多个朝代，是我国保存长城朝代跨度最大的省份，其中东魏、北齐、隋、宋4个朝代的长城为我省独有，雁门关、宁武关、偏头关、娘子关、平型关等关隘至今仍回荡着战争的声响。全省现存革命旧址和纪念建筑1466处，武乡八路军总部旧址、五台白求恩模范病室旧址、晋绥边区政府旧址、平型关战役旧址、百团大战旧址等承载着抗战胜利的伟大记忆。经国家有关部门认定，山西有国家级历史文化名城6座、历史文化名镇8个、历史文化名村32个。四大梆子、民间歌舞、锣鼓艺术等国家级非物质文化遗产116项，国家舞台艺术精品工程8部，均居全国前茅。山西荣获中国戏剧大小梅花奖的演员有217位，在全国遥遥领先。文化产业蓬勃发展，山西文博会已成为在全国具有很高美誉度的知名展会。

山西从北到南，根据各地文化遗产的禀赋和特点，分为五大特色文化区：北部（大同、朔州、忻州）边塞佛教文化区，通过充满沧桑的边关、长城，见证中华民族融合的历史风云；透过享誉世界的云冈石窟、应县木塔、悬空寺、五台山，体悟博大而深邃的佛学文化。中部（太原、晋中）晋商文化区，通过闻名遐迩的乔家大院、王家大院、曹家大院、渠家大院、常家庄园等晋商大院展示晋商的辉煌；透过一间间店铺、一座座票号、一本本字据等实物遗存展示诚信的魅力。南部（临汾、运城）根祖文化区，通过西侯度、匼河、丁村、陶寺等重要考古遗址，领略文明源头的震撼；透过德孝天下的尧舜文化、义薄云天的关帝文化和荡气回肠的大槐树文化，品味华夏血脉的传承。中西部（吕梁山脉及沿黄地带）黄河民俗文化区，通过悠悠的临县碛口古渡、河津龙门古渡、芮城风陵渡、永济蒲津渡等古镇、古渡口，追溯逝去的华章；透过娓娓的民歌、民舞和民间技艺等非物质文化遗产，倾听历史的回声。东南部（长治、晋城及阳泉）太行生态文化区，通过王莽岭、太行大峡谷、皇城相府、沁河古堡、娘子关等自然人文景观，见证迷人的太行风光；透过女娲补天、精卫填海、后羿射日、愚公移山、神农尝百草等神话传说领略历史的变迁。也正是依托这些厚重绚丽的文化，山西逐渐形成了华夏之根、黄河之魂、佛教圣地、晋商家园、边塞风情、关公故里、古建瑰宝、太行神韵八大文化品牌，立体式、全景观地展现了华夏文明看山西深厚的文化内涵。

行走在三晋大地，你随时随地都能感受到山西悠久的历史、灿烂的文化，也能感受到山西人民淳厚善良、忠义仁勇、坚韧执着、乐于奉献的优秀品格与崇高精神。回顾并梳理山西的历史文化，可以从一个极为重要的角度了解中华文明及其对人类文明的伟大贡献，找回民族文化之根，延续优秀文化之脉，增强我们创建现代文明的自信心与自豪感；特别是弘扬源远流长的法治文化、博大精深的廉政文化、光耀千秋的红色文化，能使我们从中汲取强大的精神动力与无穷智慧，对我们展示山西形象，促进富民强省，建设小康社会，具有十分重要的现实意义。

是为序。

2016年5月于太原

概　论

晋中市位于山西省中东部，因地处"三晋之中"而得名。境域地处太行山中脊西麓，汾河中游谷地，分别与河北省石家庄市、邢台市、邯郸市以及本省的长治市、临汾市、吕梁市、太原市和忻州市为邻。地理坐标为北纬 36°40′-38°06′，东经 111°25′-114°05′，面积 16404 平方公里。现辖一区（榆次区）、九县（榆社县、左权县、和顺县、昔阳县、寿阳县、太谷县、祁县、平遥县、灵石县）、一市（介休市），另有晋中经济技术开发区。全市 118 个乡镇，2742 个行政村，17 个街道办事处，14 个社区管理委员会，202 个社区。2014 年，全市常住人口 332 万人，其中城镇人口 167.5 万人，乡村人口 164.5 万人。

晋中地处三晋腹地，区位优势得天独厚。晋中市紧邻省会城市太原，是太原都市圈核心区的重要组成部分。市区距太原武宿机场只有 15 公里，全市 11 个县（区、市）全部通铁路和高速公路，石太、南同蒲、太焦三条铁路干线交汇榆次，大西高铁南北纵穿平川六县（区、市），阳（泉）涉（县）铁路东西横贯东山三县，是华北铁路运输网络的重要枢纽之一；龙城、太旧、太长、大运、榆左高速交错相连，与 108、208、207、307 四条国道和 12 条省道以及众多县乡公路形成网状，连通城镇乡村，辐射全省全国。

晋中历史悠久，文明源远流长。考古成果证明，约在 100 万年前，此地即有人类繁衍生息。在漫长的原始社会，先民们用智慧和双手，留下 160 余处闪耀着华夏文明光亮的旧、新石器文化遗址。传说大禹治水，“打开三湾口，空出晋阳湖”，形成面积广大的昭馀祁薮，经先民开疆拓土，历经沧桑，逐渐变成晋中平川的沃野之地。商代后期，箕子封邑于箕(今榆社、太谷一带)，始建城邑。春秋时期，境域为晋大夫祁奚食邑，称祁邑。秦汉以后，置县建城，设郡立州，行政设置趋于稳定，直至清末。民国初，分属冀宁道和河东道，后直属山西省。抗日战争期间，晋中处于晋察冀、晋绥、晋冀鲁豫三大抗日根据地的结合部，分属各边区管辖。1948 年 7 月，全境获得解放。1949 年 9 月，山西省人民政府设立榆次专区，晋中始成为一个统一的行政区域。中华人民共和国成立后，政区多次变更，一直为省辖的专区或地区。1999 年 9 月经国务院批准，撤地设市。2000 年 10 月，晋中市人民政府正式成立。

晋中地形多样，物产丰富。晋中地处黄土高原东部边缘，亿万年的地壳运动和岩浆活动塑造了姿态万千的地形地貌，地势由东北向西南倾斜，东高西低，三面环山，平均海拔 1633 米。境域地形受汾河、漳河及其支流的切割，河谷、黄土浅丘、山间盆地、山地纵横交错。东境太行山巍峨雄踞，主峰北天池海拔 2097.4 米，群峰连绵，自北而南，锁钥冀晋，向东俯瞰燕赵平原，向西呈梯次由丘陵延伸至汾河谷地。东南境太岳山高耸兀立，蔚为壮观，大部地区海拔在 1000–1600 米间，其中海拔逾 2000 米的牛角鞍、石膏山、绵山、天峻山挺拔俊秀，似一道屏障与西部吕梁山隔汾河东西对峙，将汾河紧紧裹挟在两山峡谷间，形成一带海拔 700–900 米的晋中断陷盆地。境内属暖温带大陆性季风气候，春季干燥多风，夏季炎热多雨，秋季天晴气爽，冬季寒冷少雪。复杂的地形和多变的气候，创造了动植物繁殖生存的良好环境，山林水域中分布有陆栖脊椎动物 231 种，淡水鱼类 26 种，昆虫类 688 种，野生植物千余种。晋中地质矿产资源丰富，已发现矿藏 65 种，探明储量并列入《山西省矿产资源储量表》的有 13 种。尤以煤炭为最，分布广泛，种类齐全，储量丰富，品质优良。

晋中是中华文化发祥地之一，地上文物古迹遍布，地下奇珍异宝繁多，具有跨越时代长、数量大、种类多的特点。全市有各类不可移动文物 5538 处，其中国家级重点保护单位 65 处，省级 17 处，市级 33 处，县级 856 处。榆社县境内埋藏有大量距今约700万年至100万年前的古脊椎动物化石，是闻名中外的“化石之乡”。世界文化遗产平遥古城是迄今为止我国境内保存最完整的一座明清县城，被联合国世界文化遗产委员会评价为“中国明清时代汉民族城市的杰出范例”，是研究我国古代县城建制、民宅建筑的实物见证。以祁县乔家大院、祁县渠家大院、灵石王家大院、太谷曹家大院、榆次常家庄园为代表的晋商系列宅院，融南北建筑精华于一体，集传统官商文化与风土民俗于一身，是明清时期中国传统民宅建筑的巅峰之作。平遥双林寺保存有宋元明清各个朝代彩塑作品2000余尊，享有“东方彩塑艺术的宝库”美名。平遥镇国寺是中国现存最古老的木结构建筑之一。介休后土庙号称“三晋琉璃艺术博物馆”，祆教遗珍祆神楼位居山西三大名楼之列。榆次城隍庙结构精巧、造型优美，跻身“全球500座精美建筑”。钟灵毓秀的土地上还点缀着一处处景色旖旎、风光无限的人间仙境。介休绵山以雄、奇、险、绝、秀、幽著称于世，为道教圣地；灵石石膏山“千年溶洞藏古寺，半崖依云栽松柏”，人文自然交融，堪称三晋名山。依托独特山水风光和丰富的人文资源，从21世纪起晋中一跃成为全国新兴的旅游城市之一，形成了晋商民俗文化旅游、太行红色旅游和休闲生态旅游三大品牌。晋商民俗文化旅游闻名海内外，与晋南黄河根祖文化、晋北五台山佛教文化并称山西三大特色旅游区。

在历史发展的长河中，勤劳智慧的晋中人民不仅创造了十分丰富的物质财富，而且给我们留下了一笔笔宝贵的精神财富。在明清时期，以晋中商人为代表的晋商，执国内各大商帮之牛耳，开中国金融业之先河，缔造了“汇通天下”的伟业，创造了“海内最富”的奇迹，与犹太商人、威尼斯商人并称世界三大商人群体。晋中商人在创造财富神话的同时，集中国传统商业文化之大成，形成了博大精深的晋商文化。“节俭勤奋、明礼诚信、精于管理、勇于开拓”的晋商精神博雅精深。晋中是革命老区。在革命战争年代，英雄的晋中人民在这片热土上不屈不挠、英勇奋战，为中华民族的独立和解放做出了重大贡献。1925年7月，诞生了第一个中共党组织——太谷铭贤学校小组。1926年3月，建立第一个党支部——中共榆次支部。星星之火，很快燃成燎原之势。1926年7月，中共榆次党组织领导的晋华纱厂工人大罢工震动三晋，影响全国。到抗日战争爆发前，各县全部建立党的组织，党的队伍不断壮大，成为领导人民进行抗日斗争的中流砥柱。抗日战争爆发后，处在晋察冀、晋绥、晋冀鲁豫三大抗日根据地结合部的晋中，自然成了中国共产党领导华北抗战的中枢。八年抗战期间，中共中央北方局、八路军总司令部、129师师部、中共冀豫晋省委等一大批党政军领导机关长期在晋中驻扎，朱德、彭德怀、刘伯承、邓小平、左权、徐向前、杨尚昆等老一辈革命家曾在这里运筹帷幄，决胜千里，上演了一幕幕雄伟活剧。1942年5月，八路军副参谋长左权殉难麻田十字岭，辽县由此易名左权县，将军英名永远铭刻在这片洒满鲜血的热土上。整个抗日战争中，晋中人民在中国共产党的领导下，组建抗日政权，成立地方武装，建立救亡团体，同仇敌忾，英勇斗争，到处出现"父送子，妻送郎，母亲送儿打东洋，兄弟争相上战场"的壮观场面，先后配合八路军取得粉碎日军多路围攻、百团大战等一系列胜利，用鲜血和生命铸就了"不怕牺牲、不畏艰险，百折不挠、艰苦奋斗，万众一心、敢于胜利，英勇奋斗、无私奉献"的太行精神。解放战争时期，晋中作为老解放区，先后抽调1700余名干部南下北上，开辟新区工作，组织10万余民兵参加了运城、临汾、晋中、太原战役，为山西和全国解放出钱、出粮、出人，展示了老区人民崇高的牺牲精神。在社会主义建设时期，勤劳的晋中人民发扬自力更生、艰苦创业的作风，战天斗地，实干苦干，涌现出了大寨等农业战线上的先进典型，创造了全国闻名的大寨精神。周恩来总理将大寨精神概括为三句话，即："政治挂帅、思想领先的原则，自力更生、艰苦奋斗的精神，爱国家、爱集体的共产主义风格。"

晋中历代豪杰如云，名人辈出。商代箕子封国榆社、太谷，号"三贤元良"。春秋介子推"功不言禄"，殉难绵山，寒食节由此而生；祁黄羊"外举不避仇，内举不避亲"，留下千古佳话。西汉刘恒封代建都平遥中都，创"文景"伟业。东汉王允忠义智勇，巧诛奸佞，连环计典范留存。东晋孙楚、孙绰、孙盛一门三杰，文史垂世扬名。西晋石勒乱世英豪，草莽起家，创后赵基业。五代刘知远兴国晋阳，拓北汉江山。唐初王珪、温彦博同辅"贞观盛世"，雄才大略，堪称一代良相；盛唐王维、白居易诗文华章，齐名李白杜甫。北宋文彦博出将入相五十年，五朝元老，德政卓著。金代杨云翼状元及第，博学多才，时称南朱(熹)北杨(云翼)。元末明初罗贯中谱《三国演义》，列中华小说巨著。清代父子进士祁韵士、祁寯藻，父亲被贬伊犁，创晚清西北地理学，儿子学识渊博，成为三代帝王师；武术家戴隆邦，为心意拳北派鼻祖；票号创始人雷履泰，开金融汇兑先河；爱国实业家渠本翘，首办三晋民族工业。民国书法家赵铁山，被誉"华北一枝笔"；常麟书、常赞春、常旭春“榆次三常”，并称儒商翘楚；贾继英驰骋商海，曾协办大清银行；国民党元老孔祥熙，为“四大家族”代表之一；巾帼英烈尹灵芝，称“刘胡兰式女英雄”。

晋中自古崇教尚文。唐代以来，私塾、义学、社学、书院等教育场所非常普遍。近代以来，晋商巨族投资办学蔚然成风。榆次常家、祁县渠家兴学育人，多有建树，在山西独领风骚。1907 年太谷孔祥熙创办的铭贤学堂，堪称新学典范，后改组铭贤学院，为山西农业大学的前身。晋中文化艺术源远流长，长盛不衰。植根黄土、基础深厚的民间艺术形式多样、地域广阔，社火、秧歌、彩灯、民间舞蹈异彩纷呈，灿若星河，有“社火之乡”之美称。左权小花戏、左权民歌曲调优美、享誉全国。和顺风台小戏、昔阳拉话、榆社霸王鞭形式独特、魅力无限。晋中还是戏剧艺术的摇篮，文化元素丰腴的土壤不仅滋生了种类多样的民间艺术，而且孕育了山西的第一大剧种——晋剧和闻名全省的祁太秧歌，展示着晋中大地上文化艺术的独特魅力。

回首历史，曾经发生在晋中大地上的赫赫伟业和煌煌盛事让我们骄傲，增强我们自信；俯瞰脚下，正发生在晋中大地上的改革浪潮和全面小康社会建设令我们振奋，鞭策我们前行；展望未来，即将在晋中大地上变为现实的现代化宏业和民族复兴梦想催促我们开拓，激励我们进取！

晋中的明天一定更辉煌、更灿烂、更有魅力！

祁县乔家大院明楼院

目录

第三章 大统归一 多元和合

（秦汉魏晋南北朝）

第四章 盛世王朝 星光璀璨

（隋唐五代十国）

第五章 南北纷争 民族交融

（宋辽金元）

第六章　晋商称雄　汇通天下

（明清时期）

第八章 浴血奋斗 晋中新生

（五四运动到新中国成立）

第一章

远古胜迹 文明薪火

（远古至夏）

概述

晋中盆地是山西裂谷带中部的大型新生代断陷盆地。距今700万年前至100万年前期间，晋中大地呈现出的是林木茂盛、水乡泽国、动物繁衍的美丽景象，多种哺乳动物在这里闲庭信步。15万年前的旧石器时代早期，晋中人类的历史从榆社县墩圪塔、上西山、下西山开始发迹；5万年前，原始先民又在寿阳县高垴、尹家庄、峆山留下了与自然顽强抗争的遗迹；3万年前，和顺县背窑湾洞穴里的两块人类顶骨化石，使我们见到了早期“晋中智人”的遗骨。

5000年前，太谷县白燕古聚落将仰韶文化、庙底沟文化、龙山文化延续到了夏商周时期。传说中八代炎帝榆罔将华夏炎帝文明传播到了榆社，大禹“打开三湾口”的壮举，使晋中盆地成为“九薮”之一的“昭馀祁”。昭馀祁经过千百年的演变，从碧波荡漾的泽薮成为黄土肥沃的陆地，养育繁衍了世世代代的晋中民众，可谓是晋中人最古老的家园。

一百万年前的古生物遗存
——榆社古脊椎动物化石

晋中自然地貌成形于燕山运动和喜马拉雅山运动。千万年的地壳运动塑造了姿态万千的地貌和复杂多变的区域气候，同时也成就了晋中的灵秀与壮阔。榆社县南部新生界上新世至下更新世的榆社群河湖相地层，沉积并保存了一套距今700万年至100万年间的古脊椎动物化石，计有7个目、17个科、100余种，其中距今530万年至250万年间的部分为世界独有，具有唯一性、不可替代性和承上启下性，填补了世界生物进化链条的缺环。这些长眠于地下数百万年的古生物，向我们讲述了百万年前晋中大地草木葱茏、河湖网织、龙飞凤舞、万物和祥的自然景象。

化石，俗称龙骨，是古生物存于地层中的遗物，包括生物本身遗体、生物生命过程的摄取物和排泄物以及生物遗迹、足迹、皮肤印痕等。晋中市榆社县是闻名世界的化石之乡。榆社古脊椎动物化石，以其学术上的唯一性、不可替代性和承上启下性，被誉为“远古地球生命信息库”。

榆社化石分布于两组地层岩层，即距今约2亿年的中生代早、中三叠世二马营组和距今约700万年至100万年间的新生代中新世末至更新世初的榆社群。

榆社群主要分布于浊漳河北源两岸，包括全县12个乡（镇）、200余个行政村，占全县总面积一半以上。根据中国科学院古脊椎动物与古人类研究所的研究，榆社群在云簇盆地内可自下而上划分为4个组，即马会组、高庄组、麻则沟组和海眼组。

让我们穿越时空，回到700万年至100万年前的史前地球。那时的榆社是典型的热带雨林气候，草木繁盛，雨水丰沛，森林茂密，河湖纵

榆社连体大唇犀骨架化石

横，是地质史上典型的河湖相沉积盆地。剑齿虎、剑齿象、轭齿象、三趾马、原河猪、桑氏旋角羚、马鹿、大唇犀等多种野生动物在此悠然栖息、快乐生活。突然，一道黑色的闪电划破长空，一阵山崩地裂的尖啸撕裂了大地，刹那间，无法计数的生命，被这突如其来的地震或泥石流吞噬，深埋于地底深处。经过漫长的岁月浸润，那些被深埋于地下的远古生命，逐渐化为一枚枚形状各异的化石。在榆社化石博物馆，有一具连体大唇犀骨架化石，这是两头大唇犀，它们的身体已经融为一体。无法想象，当时发生了怎样的自然灾害，这两头大唇犀没有来得及逃开，它们离得不远，一起被泥石裹挟住埋进了地下，甚至连身体都被挤压在了一起完全重叠，就像它们生来就是连体，两个大唇犀的头高高地向上扬起，还保持着它们死亡前最后一瞬的姿态，永远无法分开。

古人把深埋在地下的化石称作“龙骨”，是珍贵的中药材。大概从汉代开始，百姓就开始挖掘“龙骨”制药。二十世纪初，榆社县潭村的药商乔六则在贩运中药材时，将部分龙骨作为中药，微利卖给了上海市的一家药行。1918 年冬，来自瑞典的古生物学家安特生偶然发现了药行里的龙骨，并一路翻山越岭赶到了榆社县。地质物产丰富的榆社，没有让这位蓝眼高鼻的外国人失望，不到一个月，安特生带着大大小小的包裹离开了山西。

榆社有化石，在科学界产生了空前的轰动。从此，这个太行山深处的小城，悄悄走向了世界。从 1930 年开始，美国自然历史博物馆的弗里克耗费了 9 年时间，在我国北方收购化石。他在包括榆社在内的山西中部一带到处挖掘、购买，带走了大量的化石。1931 年，中国地质调查所技工刘师固发现，市场上大量的化石都是从榆社收购而来。第二年，法国神父、古生物学家德日进和中国最早的古脊椎动物学家杨钟健也闻风而来。从 1934 年开始，法国传教士、昆虫专家桑志华和汤道平也来到榆社，开始大规模收集和发掘化石。瑞典、法国、芬兰、德国、美国、日本等国的科学家源源不断地来榆社"寻宝"。很快，他们把采集来的成千上万的化石标本整理装箱，运往天津港，再托运去他们的国家。这件事引起了我国政府的注意，许多化石被中途拦截了下来，就地放进了天津自然博物馆。如今，天津自然博物馆（原黄河白河博物馆、北疆博物院）内，70%的化石都来自榆社。但让人痛心的是，还有 5000 多件精美的榆社化石流落国外。仅在纽约的美国自然历史博物馆内，就保存着 2000 多件珍贵的榆社化石。

随着新中国的成立，命途多舛的榆社化石也迎来了它们的新生。建国初，中国科学院就两次派专家到榆社考察古化石遗存。1961 年 3 月 18 日，榆社全境被国务院公布为"古脊椎动物化石重点保护区"，严禁私挖、倒卖化石活动。曹家欣、邱占祥、周明镇、孙艾玲等专家相继到榆社进行调查研究，发表论著上百篇。1987 年至 1991 年，中国科学院古脊椎动物与古人类研究所和美国自然历史博物馆在榆社盆地联合考察后，在榆社建立起我国第一个有丰富哺乳类化石和古地磁年龄的上新世完整剖面[1]。1983 年，榆社化石博物馆建成，榆社化石从此有了自己的家。

经过科学考察研究，榆社全境一半以上的地域蕴藏着距今 700 万年至 100 万年前的古脊椎动物化石。其中，530 万年至 250 万年之间的榆社化石填补了世界生物进化链条上的空白，具有唯一性和不可替代性。美国考古学家、加利福尼亚大学博士德纳斯·埃特勒认为，榆社化石是"升起在茫茫古生物研究史上的一颗明珠"。

榆社化石独特的现实意义还体现在，它是开启研究地球环境变化

①地质时代新生代分古近纪、新近纪、第四纪三个大阶段。其中，新近纪开始于 2300 万年前，结束于 160 万年前。新近纪又分中新世与上新世两个阶段。榆社化石地层，是上新世时期的沉积地层。

奥秘之门的一把钥匙。科学家们认为，研究古生物，最终是为了探索古生物的生存和灭绝之谜，为了获取远古地球环境气候演变的信息，这对今天我们面对世界范围的环境污染、全球变暖、地质灾害等事关人类生存的大问题，都有深刻的现实意义。现在，榆社已成为世界研究地球气候变化、生物进化、地质演化的重要基地，当地一些如高庄、海眼、麻则沟等名不见经传的地名，也因化石而被确定为世界地质年谱中特定“年龄段”的代名词。

晋中盆地的前世今生——昭馀祁

晋中盆地地处山西省中部的太行山和吕梁山之间，北起太原市阳曲县的黄寨石岭关，南至晋中市灵石县的韩侯岭，东西两侧的断崖与山地相接，盆地呈北东—南西向分布，南北长约 150 千米，东西宽约 30—40 千米，包括整个汾河中游两岸，面积 5000 平方千米，海拔 700—800

今灵石县夏门村

米。这里钟灵毓秀，沃野广袤，为山西省主要的粮棉产区，也是晋中市重要的人口和经济文化集聚区。

沧海桑田。上古时期，晋中盆地为一片汪洋泽国，即《诗经》和《孟子》所谓"洪水滔滔"、"泛滥天下"。夏禹时，"开九州，通九道，陂九泽，度九山"（《史记·夏本纪》），开辟了九州的土地，疏通了九条河道，修筑了九个大湖的堤岸，凿通了九座大山，神州大地水患根除，晋中盆地山河易颜。今天晋中市灵石县便有大禹治水"打开三湾口，空出晋阳湖"的古老传说。

据传，为了根治晋中盆地一带的水患，大禹察看地势，选择在今灵石县三湾口一带开山凿石。经过一十三载，终于劈开个口子，把汹涌的河水导入黄河，晋中盆地露出地面，成为桑田沃土。三湾口位于夏门村南五公里处，为古雀鼠谷最狭窄的地方。以三湾口为中心南北各五公里区段，汾河两岸太岳、吕梁分野的山势起落吻合竟有七处之多，至今岩石裸露，两壁对称，有石器或铁器撞凿的痕迹。这些痕迹或许可以说明："打开三湾口，空出晋阳湖"，不仅仅是一个传说，而很可能就是一段历史。

关于大禹治水的事迹，《尚书》已有详细记载，《史记·夏本纪》依据《尚书》记载而更为明确，记述大禹治水行动从冀州开始，治理好壶口后，又治理好梁山和岐山，修治好太原后，又一直达到太岳山的南面。依此，黄河第二大支流汾河的治理是当时治理水患的一项重要工程，排在了治水系列工程的先头阶段，应为确有之事。而对汾河的治理疏导工程，确也穿越今天的灵石县境到达了太岳山的南面。不过，真正动手打开三湾口的也许不是大禹本人，而是大禹治水时期当地部族组织的广大民众①。"打开三湾口，空出晋阳湖"，为晋中大地缔造了一片沃野桑田——昭馀祁。

以上《史记·夏本纪》所述的"九泽"的泽，是指湖泊，也称泽薮。所谓"九州"、"九泽"，为每一个州有一个湖泊或一个泽薮，九个州就有九个泽薮，叫"九薮"。山西当时为并州，其泽薮为昭馀祁（或称昭馀祁薮、祁薮），为天下"九薮"之一。九薮之一的昭馀祁，其地大约就是今天的晋中

①许顺湛：《五帝时代研究·夏禹治水》，中州古籍出版社2005年版，第160-165页。该文认为夏禹治水的范围很大，天下九州都得到了治理，是全国大协作，为千万民众在各地诸侯组织领导下共同努力的结果。

大型新编历史晋剧《大禹治水》剧照

盆地。《周礼·职方氏》:“并州之泽薮，为昭馀祁，为九薮之一。”《汉书·地理志》:“太原郡……邬，九泽在北，是为昭馀祁，并州薮。”“邬”即邬县，指今晋中盆地的介休市东北、平遥县西南一带。

最初，作为“九薮”之一的昭馀祁范围广大，北起太原，南达灵石，涵盖了今晋中盆地及其周围山区和丘陵地带。当时，这一带曾经是一幅美丽的景象：清波粼粼，碧浪荡漾，水下有成群成群的鱼虾在晨曦中追逐嬉戏，水上是一群一群的白鹭黄鹂在晚霞中栖息飞行……地处三晋腹地的“昭馀祁”，像宝石一样佩带在并州大地的胸前，宝气十足，美丽千般！直至秦汉时期，晋中盆地仍然水草丰茂，林木繁盛，洲渚遍布，风景秀丽。“昭馀祁”依旧烟波浩渺，为“包括汾陂、文湖、邬泽、祁薮在内的广袤的大湖荡。其范围东北至祁县西北境，西南达介休市境之北辛武村以南，西到文水县、汾阳市、孝义市以东之潴城、肖家庄、巩村一线，东及平遥县西境，方圆数百里，几乎包括了今文峪河灌区全部和汾河灌区太谷南至介休北灌溉所及区域，对当时人民的生活生产和气候、水量的调节有重大影响”①。

后来，受千百年间气候变化的影响，昭馀祁不再是碧波荡漾的泽薮，而成了黄土肥沃的陆地。于是，这里便成了人类的家园。从此，昭馀

①张杰：《秦汉时期的昭馀祁》，《沧桑》1999 年第 2 期，第 22—23 页。

祁也不再是水名或泽薮名，而演变为地名了。

由此而言，“昭馀祁”可以算是晋中盆地的前世，而晋中盆地则可以算是“昭馀祁”的今身了。

旧石器时代的先民遗迹

目前，晋中已经发现了 21 处旧石器遗迹，主要分布在榆社、和顺、昔阳、寿阳、榆次等县区的山前台地上。这些旧石器遗迹以实物的形式给我们讲述着晋中的蛮荒时代，像地书一样记载着晋中大地的史前环境与风貌。

制造和使用劳动工具，是猿进化成为人的一个重要标志。寻找人类化石和劳动工具，就成了考古学家解开人类起源秘密的一把金钥匙。20 世纪 50 年代，山西省文物管理委员会文物普查队由考古学家王择义带队前来晋中，在榆社县发现了 3 处旧石器时代早期的石器地点，在寿阳县发现了 3 处旧石器时代中期的石器地点。

榆社县的 3 处旧石器时代早期的石器地点是在距离县城不远的墩圪塔、上西山、下西山发现的。这里出土了一些人类打制的石制品，这些石制品被考古学家称为旧石器。榆社发现的这些石制品出自底部为深红色粘土、上部为黄土的红色土层中。其类型基本上都是石英石片，经过加工的只有一件刮削器。这件刮削器略呈直角三角形，具备所有旧石器的特征，并且有加工痕迹和使用痕迹。著名考古学家贾兰坡认为：墩圪塔、上西山、下西山的石制

榆社县墩圪塔遗址采集石片

品，虽然不能作出时代上的判断，但根据对地层的观察，应归于旧石器时代早期的范畴中。下限最早不超过丁村，上限最迟也不晚于萨拉乌苏河（内蒙古），约与黄土底部砾石层的时代相当。旧石器时代早期距今15万年前，中期5万年到15万年，晚期1万年到5万年。贾兰坡把榆社3个地点出土的石制品归入旧石器时代早期的范畴中，也就是说，晋中人类的历史应该从距今15万年前写起，应该从榆社写起。

寿阳县发现的旧石器时代中期的几个地点，分别是高垴、尹家庄、翟山和平定的枣烟、大梁丁。这几个地点的地层剖面构成相同。石制品都发现在黄土与红土交接的地层中，也就是地质学上说的更新世晚期马兰黄土层的底部，地质年代约与黄土底部砾石层的时代相当，为距今5万年至15万年的旧石器时代中期。石制品的原料岩性以燧石和石英岩为多，石核石器有大型砍砸器和小型刮削器，石片石器有刮削器和三角形背面加工的尖状器，刮削器较为丰富。

尽管寿阳这3处旧石器中期地点仅仅是初步发现，没有作进一步的调查和发掘，但它们的地质年代和文化分期十分清晰，在晋中旧石器时代文化中起着承上启下的作用。

1983年的春夏之交，晋中地区文物工作站的吴志清，在和顺县青城镇当城村附近发现了一处洞穴遗址群。这些洞穴在当城村西1公里，和（顺）邢（台）公路由洞口穿过。洞穴大致可以分为上下两层。下面一层高出现代河床5至7米，上面一层高出现代河床60至80米左右。其中5处含有文化遗址的洞穴均属下层洞。下层洞中背窑湾洞文化层保存较为完整，文化遗物比较丰富。

背窑湾洞洞口向北，高出河床约5米，大致相当于河流第一阶地。洞呈袋状，高7米，宽20.8米，深13.25米。经采集和试掘，洞内出土了2块人类顶骨化石，哺乳动物化石100余件，破碎骨片3000余件，还有石制品3200余件。另外还有新石器时代的磨光石斧和红陶片。

石制品的原料绝大部分来自遗址以西3公里虎峪村附近的变质岩分布区，主要原料岩性有脉石英、玛瑙、燧石、石英砂岩以及极少量的辉绿岩和白云岩。经过人工加工的类型有：石核、石锤、砍砸器、刮削器、尖状器等，制作技术娴熟，加工相当细致。

洞内与石器一起发现的两块人类顶骨化石，面积分别为2×4厘

和顺县背窑湾洞穴遗址

米、2.2×2.9厘米，厚约0.6厘米。别看它小，这可是目前所知“晋中的第一人”。顶骨化石石化程度较高，呈红褐色。从其形态特征来看，应该属于智人范畴。这是晋中地区第一次发现，也是目前所知唯一的古人类化石。除人类化石外，还有刺猬、鼢鼠、兔、旱獭、竹鼠、犬、獾、狐、最后斑鬣狗、熊、猪、鹿、赤鹿、大角鹿、东北麅、羚羊、鹅喉羚、岩羊、普氏羚羊、双峰骆驼、普氏野马、披毛犀、牛亚科等23种哺乳动物化石。哺乳动物化石反映着这里当时的自然环境。说明和顺县在3万年前不仅生活着适应高山寒冷气候条件的动物，也有适应草原灌木、典型草原环境的动物和适应森林草原边缘的动物。说明在地质时期的更新世晚期，和顺一带是疏林草原景况，处于一个较寒冷的时期。

从旧石器时代早期开始，人类就使用骨器了。背窑湾遗址出土了相当多的骨制品。它告诉我们，骨器和石器一样，都是人类生活中不可缺少的生产、生活工具，它贯穿了整个旧石器时代，甚至延续到以后。骨器和石器的作用、质地等虽然有所不同，但它们互为补充，形成了一种文化的整体。背窑湾洞穴遗址科学测定为距今3万年左右，属于旧石器时代晚期。它告诉我们，一个规模不大的远古人类群落在这里居住生活过相当长一个时期。

1986年春，由晋中地区文物工作站晋华带队的文物普查队在昔阳县普查时，发现了属于旧石器时代晚期的河上虎窑洞遗址。虎窑洞位于昔阳县阎庄乡河上村东南约2公里，是一个石灰岩洞。洞口东南向，高约15米，宽约14米，洞深11米，洞底宽不足3米，口大底小，近“V”字形。杨赵河由东向西北直冲洞口而来，然后弯弯曲曲流入松溪河。洞内的堆积相当于杨赵河第一级阶地的后缘，厚约2米，在上部60厘米的文化层内，发现了石制品39件和少量的哺乳动物化石。

石制品原料岩性以脉石英为主，石英砂岩、水晶、燧石不多。器形有石核、石片、石锥、刮削器等。与这些石制品一起出土的还有少量的哺乳动物化石，有披毛犀、鹿和盘羊。这几种动物都是我国北方地质时代更新世晚期的常见动物。因此推断，虎窑洞内的文化层也是在更新世晚期形成的。虎窑洞内出土的石制品虽然不多，石料也不太理想，但加工相当精致，说明当时的制作技术已经达到了十分娴熟的程度。它的石器文化应该是旧石器时代晚期，与和顺背窑湾洞遗址大体相当。

上古时代的生活剪影——太谷白燕遗址

太谷县白燕村坐落在太行山西麓的山前缓坡地带，西南距太谷县城约 15 公里。白燕遗址主要分布在白燕村西北的河滨阶地上，现存范围东西长 830 米，南北宽 430 米，面积达 35 万平方米以上。

白燕遗址是 20 世纪 50 年代第一次全国文物大普查时发现的。1980 年，由国家文物局、吉林大学考古专业、山西省考古研究所组成的晋中考古队，在太谷县文物管理所的协助下，开始对白燕遗址进行调查和发掘，了解这里的考古学文化面貌，研究陕晋（南）豫地区的中原文化向北方草原文化过渡与衔接的课题。经过复查、勘探和试掘，晋中考古队于 1980 年夏秋之交、1981 年春季和夏季进行了三次大规模的发掘。总发掘面积近 3000 平方米。

白燕遗址的发掘，共发现房屋 9 座，墓葬 11 座，陶窑 3 座，灰坑 390 座。出土的陶器能复原的有 800 多件，还有其他生产工具、生活用具和一些装饰品等 1000 余件，所获资料内容非常丰富，而且跨越时代较长，从仰韶时期晚期经过庙底沟二期文化，到龙山文化，再延续到夏商周时期，人类一直在这里居住和生活，留下了珍贵的文化遗存。

属于仰韶时期晚期的遗存是白燕遗址的主要遗存。这一阶段发现的遗迹主要是房屋、陶窑和灰坑。一种类型的房址是上小底大袋状圆形半地穴式，用白灰抹成地面，屋内中央有圆形的灶坑，在房子的西部有斜坡门道。另一种类型的房址是地穴式窑洞建筑，上口不规则，似穹顶。穴壁下部内凹，形成 9 个大小不等的窑洞。无灶坑和用火痕迹。长条形门道在房屋的西北角，有 7 级台阶可供上下出入。从房内的设施和出土器物来看，不像是一座用于居住的建筑。陶窑平面呈瓢形，由火膛、火道、火柱、窑箅构成。窑顶为拱形，窑壁有 4 条烟道，火膛南端有一大型圆形竖穴灰坑，是窑前的附属建筑。灰坑平面多圆形，也有少量椭圆形和不规则形。坑体形状有口大底小锅底状、口底相等的筒状和口小底大的袋状,也有的坑下部呈窑洞状。

这一阶段发现的遗物主要是陶器。陶器色泽以灰陶为主,有少量的彩陶、红陶和黑陶。陶质有夹砂灰陶、泥质灰陶、夹砂红陶、泥质红陶。夹砂灰陶多饰绳纹和较窄的附加堆纹,泥质灰陶多饰横向篮纹和素面,彩陶为红彩或紫红彩,图案以垂线纹、三角纹为常见。此时典型的陶器是宽折沿夹砂罐、泥质篮纹小口壶、敛口钵、深腹缸、釜灶、鼎、平口瓮、豆、盆、碗等。经碳十四测定,这一时期的年代为公元前 3200 年左右,也就是距今 5000 年以前。

仰韶时期的白燕先民们已经在使用磨光石器,包括石斧、石刀、石镰、石锛、石铲等石制工具。陶纺轮和骨针的发现,说明了他们已经会纺织和缝制衣服。渔猎的劳作一直延续了下来。由于发掘面积有限,发现的陶窑并不多,虽然不能说明陶器的烧造规模,但至少证明白燕的先民们在这个时期就能够娴熟地制造和使用陶器,而且具有一定的规模。

白燕遗址庙底沟二期文化,是由仰韶文化向龙山文化过渡阶段的一种文化现象。它晚于仰韶文化而早于龙山文化,社会形态属于原始社会母系氏族社会向父系氏族社会过渡时期。

太谷白燕遗址

这一阶段发现的遗迹还是房屋和灰坑，有陶器，却没有发现陶窑。房屋较仰韶晚期房屋结构有了明显的进步，袋状地穴式双间房屋平面呈“吕”字形，由南间、北间和过道组成。南间为椭圆形袋状，长方形过道，北间是在过道北端向西掏进的一个穹庐顶窑洞。地面是 2 米左右的抹角方形，过道东北角有一个地面灶。

陶器的色泽、质地基本与仰韶时期晚期相同，差别不大。夹砂陶多饰绳纹和宽条带有纵向抹痕的附加堆纹，也有部分鸡冠耳。泥质灰陶以篮纹为主，素面次之。文化面貌的不同主要表现在器形上，有夹砂的方唇平底盆形鼎、方唇窄沿外翻缸、方唇小翻沿罐、敛口折沿釜和新出现的卷沿高领釜形斝、泥质的长颈圆肩壶、短颈壶、平折沿尖唇深腹盆、盘口盆等等。数量较多的细泥彩陶盆、壶颇具特色，它们多为橙黄色陶，饰紫红色条带镶以黑边。另外在这一文化层里发现了少量饰红色彩绘的黑陶残片，这是山西中部地区目前所见最早的彩绘陶，考古学家认为，它与空足三足器的出现同样具有重要的划时代意义。白燕遗址庙底沟二期文化的绝对年代约在公元前 2800 年左右。

大约在公元前 2400 年前后，晋中的历史进入到了原始社会晚期的父系氏族社会。这一阶段的考古学文化，因为最早在山东济南龙山镇发现，所以被命名为龙山文化。龙山文化时期 300 年左右的时间是社会发展变化的重大时期，是国家和文明形成的前夕。在这个时期，由于战争的频繁、财富的集中和权力的加强，文化的分化更加明显。白燕遗址作为山西中部这一时期典型的遗存，发现的遗迹主要有房址、灰坑和灰沟。

灰坑发现较多，一种类型为坑口平面以圆形为主，结构大多为筒状；一种类型为椭圆形锅底状，有三层阶梯形成的斜坡道从坑口伸向坑底中部；还有一种类型为灰坑坑口平面圆形，袋状结构。在发掘的第三地点发现了两条灰沟，它们相互叠压，但走向相同，都是西北至东南向，贯通整个第三地点，其横截面皆为倒梯形。有研究者认为，龙山文化时期的聚落沟壕大约有两种功能：一种功能是排水，是原始村落的排水系统；另外一种功能可能是村落或者城镇的防御体系，其作用相当于后来的城墙或护城河。

白燕遗址中龙山文化时期的遗物主要是陶器。陶器的色泽始终以灰陶为主体，红陶次之。陶质仍然是夹砂和泥质并存，不见细泥陶。夹砂陶中含有一些较大的砂粒，陶质坚硬。陶器的纹饰篮纹减少而绳纹增加，绳纹成为一种主流纹饰，另外还有附加堆纹、楔形锥刺纹、鸡冠形鋬耳等。器形变化较大，主要有矮领折沿罐、釜灶、单把罐形腹斝、鸡冠形鋬手斝式鬲、平沿鼓腹瓮、圆唇矮领壶、细柄豆、敛口瓮、尊等。斝式鬲和尊是这一时期新出现的器物，而釜灶和斝变化最大，时代特征非常明显。

白燕遗址新石器时代遗存同邻近的陕（关中）、晋（南）、豫（北）和河套地区有一些相似的因素，但它的仰韶晚期、庙底沟二期、龙山时期三个阶段的发展自成体系。每一阶段既是前一阶段的尾声，又有新的因素产生。不仅如此，庙底沟二期的遗存还具有明显的山东大汶口文化的因素。龙山文化时期遗存也与北部的河套地区及河北境内的壶流河流域有共同的文化因素。反映了晋中新石器时代文化自身的发展轨迹，但在发展过程中仍与其他地域文化发生着碰撞与交融。

白燕遗址夏时期文化的主要遗迹有房址、陶窑和灰坑。房址保存较好，穹庐顶窑洞式，平面略呈椭圆形，残存最高处距居住面 1.64 米，居住面较平整，斜坡状门道朝向西南。灰坑在遗址中最多，主要有椭圆形坡底状坑和圆形袋状坑两种。这一时期的陶器以灰陶为主。夹砂陶多掺细如针尖的均匀的砂粒，但泥质陶几乎未经淘洗，都是粗泥陶。陶器的纹饰以绳纹为主，时代越晚，绳纹越粗，还有一种老花生皮纹理状的绳纹。其他常见的纹饰还有弦纹、附加堆纹、楔形点纹、圆形坑点纹和三角划纹，素面陶器很少。在陶器的类型中，炊器有鬲、甗和斝，还有极少量的甑、矮足深腹罐和鼎，其中鬲的数量较多；盛贮器有盆、簋、罐、豆、敛口三足瓮、小盆形钵、敛口钵、四足方杯等；酒器中有筒流爵。这些陶器中，甗、簋、三足瓮、四足方杯、爵是新出现的器型。敛口三足瓮是山西中部广大地区夏时期文化的代表性器物。

白燕遗址商文化的主要遗迹有房址和灰坑。房址很少，灰坑在最初挖造时多有特定的用途，只是在废弃后才填充了垃圾之类的灰土。灰坑平面以椭圆形和圆形为主，另有少量的方形和不规则形。坑体形状主要为斜壁平底，斜壁锅底和直壁平底状，也有一定数量的袋状灰坑，还有形状特殊的两级袋状灰坑。

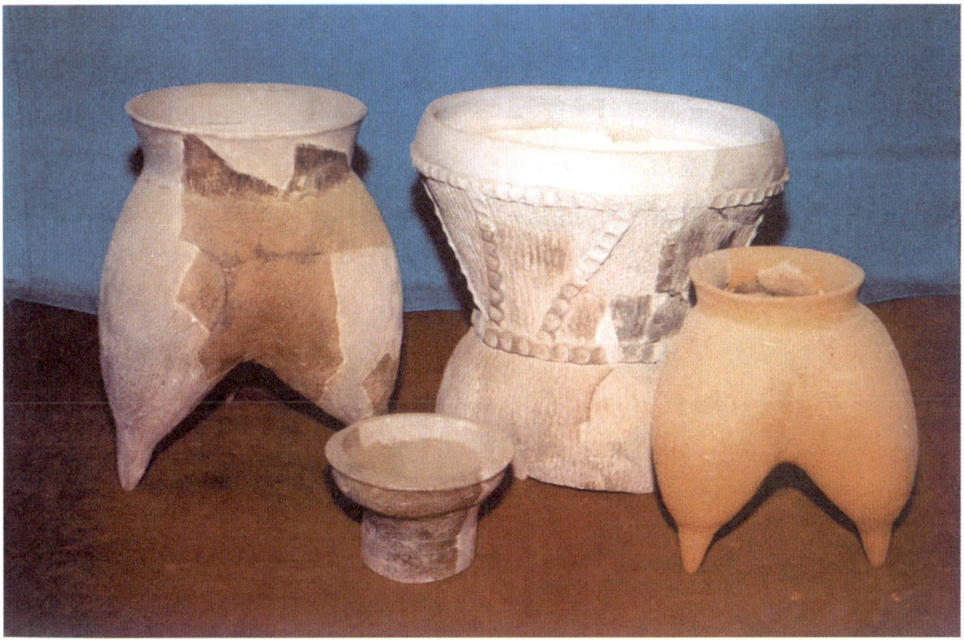

太谷白燕遗址出土文物

陶器的色泽仍以灰陶为主。夹砂陶除大部分掺十分细小均匀的砂粒外，还有少量的掺陶渣和大砂粒的炊器，陶质非常特殊。泥质陶大都是粗泥陶。陶器的纹饰以中粗绳纹为主，另有少量的特粗绳纹。那种老花生皮纹理状的绳纹渐渐多了起来。弦纹、圆圈纹、圆形坑点纹仍很常见，三角划纹增多，新出现了饕餮兽面纹和云雷纹。陶器的类型，有大型侈沿深腹鬲、商式翻沿小鬲、甗、斝、甑、盆、簋、小口绳纹罐、中口折肩罐、单把鬲口罐、豆、敛口三足瓮、夹砂粗红陶缸、小盆形钵、敛口钵等。大部分陶器都是从白燕夏时期文化发展而来的。单把鬲口罐、中口折肩罐、夹砂粗红陶缸是这一时期新出现的器型。值得一提的是，白燕商时期的地层中出土的一件金耳饰和一只陶靴，其形制与吕梁石楼、柳林、保德发现的同类器物十分相似。发掘者认为，白燕商时期文化源于白燕夏时期文化，同时又与豫北冀南地区的本土商文化有着密切的联系，但它始终保持着明显的自身特征，显然是一种独特的考古学文化遗存。

白燕遗址西周晚期文化遗存极少，仅在遗址东南部发现几个灰坑。其中一个为椭圆形锅底状灰坑，坑内堆积着松软的灰黄土。坑底横置着一鬲一瓮，鬲口与瓮底相对接。鬲圆唇宽折沿，三足极小如乳突。瓮矮领小口圆肩深弧腹凹圜底，与陕西西安沣西张家坡西周晚期居住遗址出土的同类型器形制相似，年代应与其相近。

白燕遗址的内涵十分丰富，跨越时代较长，从新石器时代的仰韶文化到龙山文化，再延续到夏商周文化，说明晋中是一个相当稳定的独立考古文化区，这个地区与周围地区在文化面貌和特征方面，既有联系又有区别，但其演进历史是相连贯的。

第二章

先贤封地 城邑雏形

（殷商春秋至战国）

概述

商周、春秋战国时期，晋中地区的人文活动逐渐兴起。商代，境内散布着一些方国部落，如𢀛方（今晋中西部和吕梁市）、箕（今太谷县东）、雀（今介休市附近），旌介丙族就是殷商王朝戍边的民族。西周时，晋中地区为华夏族和戎狄游牧部落的杂居之地。春秋时基本属于晋国领地，有魏榆（今榆次区）、箕、随（今介休市）、阏与（今和顺县）及洛、东山皋落氏、肥子国（今昔阳县）等城邑和部族。周灵王十六年（前556），晋平公将"昭馀祁"作为食邑封给大夫祁奚，史称"祁邑"。随后，晋国又将祁邑分置为7个县，晋中境内就有了祁（治今祁县东南7.5公里古县镇）、邬（治今介休市东北15公里邬城店村）、涂水（今榆次区西南10公里处）、马首（今寿阳县南马首乡）4个县，并形成了郡县制的最早雏形。周威烈王二十三年（前403），赵、魏、韩三家分晋，境地分属三国。赵国强盛后，晋中大部分地区归属赵国。

秦在统一中国的战争中，先歼灭了韩军，后攻取了赵的上党郡。公元前259年，赵地榆次被秦攻取。次年又被赵收复。到公元前247年，秦再次攻取榆次、新城、狼孟等37城，后二年设置太原郡,郡治晋阳。

在频繁的政权更替和军事战争中,晋狄箕之战和秦赵阏与之战,都换来了历史上一段难得的和平时期,成就了一段段千古传唱的佳话,也孕育了一大批英雄才俊。“外举不避仇,内举不避亲”的祁黄羊,患难时割股啖君、功成后却隐身避君的介子推,取得晋楚城濮之战胜利的千古名将先轸,负荆请罪的大将军廉颇,受封为马服君的赵奢,剑术出神入化的盖聂……这些先贤或道德昭昭,或功绩煌煌,或智慧卓然,或勇略超凡,他们为春秋五公称霸、战国七雄逐鹿的群星璀璨的历史长空,奉献了一束束美丽的光彩。

灵石旌介商代晚期墓葬

1985 年在灵石旌介发掘的两座商代晚期墓葬，惊动了海内外学术界。在此以前，山西发现的商代青铜器，大多数都是零星采集或征集的，没有明确的出土地点，而且数量也不多。这次一下发掘出 100 多件青铜器，令世界瞩目。

事情还得追溯到 20 世纪 70 年代。1976 年 11 月，灵石县旌介村村民在修筑土窑洞时，挖出数件青铜器。这些青铜器有的被卖到了太原，有的被卖到了介休，有的则被当作废品卖到了废品收购站。省文管会的同志获悉此事之后，追回了部分文物，对已经被破坏的墓葬进行了清理，虽收效不大，但旌介这个地方从此进入了考古工作者的视野。

1984 年冬天，时任山西省考古研究所副所长的灵石人刘永生，在回家的时候，获悉旌介村民因烧砖在墓葬区大量取土，他及时协调，令工程暂停，并立即组织有关业务人员进行考古勘探，结果又发现了两座商代墓葬。1984 年底至 1985 年初，山西省考古研究所会同灵石县文化局，对这两座墓葬进行了科学发掘，一批精美绝伦的国宝级青铜器得以面世。

旌介遗址位于晋中盆地南部边缘，汾河支流静升河的右岸。东与介休市兴地村接壤，西南距灵石县城 13 公里，东距大运高速公路仅 2 公里，在太岳山支脉绵山山麓的向阳坡地。地形东高西低，地势平缓。为了叙述的方便，我们把 1985 年发掘的两座墓编为 1、2 号墓，把 1976 年清理的那座墓编为 3 号墓。

1 号墓南北方向，墓室为长方形竖穴土圹。长 3.84 米，宽 2.22 米，深 4 米。墓底部正中间有一个殉葬狗的腰坑，这种殉狗的习俗常见于河南安阳殷墟商代墓葬中。墓室的填土层夯实，夯土起到防盗防水的作用。墓内有一椁三棺，排列整齐。中间为男性墓主人，两侧各有一具女性

灵石县旌介遗址出土的精美青铜器

尸骨。墓北侧的棺与椁之间殉葬着一个人，填土中还殉葬着两只狗和一个完整的牛头骨。在墓圹底部东北角出土了一件鳄鱼皮蒙面的鼍鼓。大量的随葬品放置在三具棺木之中或棺木之上，有青铜器、玉器、骨器、石器、陶器。青铜器有鼎、斝、簋、尊、罍、卣、觚、爵、觯、矛、戈、镞等总共 41 件。玉器有玉鱼、玉璜、玉鸟、玉管。

2 号墓东南—西北向，墓室也是长方形竖穴土圹。长 3.4 米，宽 2.2 米，深 6 米。墓底部正中间也有腰坑，殉葬有狗。墓内有一椁两棺。两棺内各有一具人骨架，一男一女，男性墓主人靠南，女性靠北。填土中殉葬一具奴隶骨架。奴隶头骨被劈为两半，可能是杀死后殉祭的。在墓室的东部还发现了一条完整的牛腿骨，应该也是用于祭祀殉葬的。2 号墓内的随葬品比 1 号墓要丰富得多，达 87 件，主要有青铜器、玉器、骨器和陶器。青铜器有鼎、簋、罍、卣、觚、爵、戈、矛、镞等，多达 69 件。玉器有玉鹿、玉蝉、玉蚕、玉燕、玉鸟、玉璧等。

3 号墓是 1976 年发现并进行过初步清理的，1985 年又进行了第二次清理。墓东西方向，大小结构与 1、2 号墓基本相同。墓内只有一椁一棺，共发现和追回了 17 件青铜器，有鼎、尊、卣、觥、觯、觚、戈、钺等。

除了这三座墓之外，1986 年至 1987 年，山西省考古研究所再次对旌介遗址进行了大面积的勘探和挖掘。又发现了从商代到汉代的 54 座墓和 6 座大型粮仓。其中有一座商代车马坑，有一座商代小型墓葬，其形制和随葬品都无法和上述三个墓相比。有关人员对粮仓内出土的谷物进行科学测定后，判定粮仓的时代也为商周之际，与 1、2、3 号墓葬的年代非常接近。

旌介墓出土的青铜器上大都有精美的花纹。花纹普遍为三层，以云雷纹作地，多有扉棱，花纹有饕餮纹、蝉纹、象纹、蚕纹、鸟纹、蕉叶纹、蛇纹、云雷纹、凸弦纹、饼状纹等等，繁缛华丽，庄重而不俗。特别引人注目的是，有 43 件青铜器上铸有铭文和族徽。铭文绝大部分只有 1 个字，仅有 3 件为 3 字铭文。族徽有 9 种：丙、邑、羌、卷、辛、戈、天以及骡子和上日下月两种图案，丙族的族徽出现最多。

专家由此认定，商代晚期丙族活动于灵石一带。在丙族的周围至少分布有天族、戈族、马方、羌族、邑族、辛族等民族，这些民族应该也和丙族一样，是商王朝的方国或者是为商王朝戍边的贵族。6 座大型粮仓可储存 50 万公斤粮食，足够 5000 人 100 天的用粮，修建这样的粮仓无疑是为了满足特殊的需要。这个特殊的需要最大可能就是军事屯粮。灵石旌介地处吕梁、太岳两山之间，位置险峻，是一个较为理想的军事据点。所以，丙族不是游离于殷商王朝之外的方国，而是为殷商王朝戍边的民族。三座墓葬的墓主人应该是丙族世代承袭的戍边军事首领或军事贵族。

这里出土的青铜器，无论是冶炼技术还是雕刻工艺，都达到了精美绝伦、炉火纯青的完美程度，这样工艺高超的青铜器不可能在丙族活动的小范围内铸造完成，极有可能是在殷商王朝的政治文化中心安阳殷墟定做的。

今天，灵石旌介出土的青铜器一部分在山西博物院陈列展出，一部分在灵石县博物馆陈列展出，人们在观瞻它们的同时，也领略着中华文化的博大精深①。

---

①本篇文章参考《考古》1990 年第 7 期《灵石商墓与丙国铜器》，作者殷玮璋、曹淑琴。

箕子与箕邑

箕子(约公元前 11 世纪),名胥余,商末著名的政治家、思想家。商纣王时(前 1098—前 1065)封于“箕”,爵位“子”,故称箕子。

商朝,又称殷、殷商,是中国第一个有直接的、同时期文字记载的王朝。“纣王”并不是正式的帝号,是周人给他的谥号。他是商代的第三十二代君主子辛,也叫“帝辛”。箕子是商朝贵族,他是殷商时期第三十代君主文丁的儿子,纣王的叔父,他是商朝的太师,专司占卜阴阳、观测天象、授时制历,并以此指导国家的农事、渔牧以及出征讨伐活动。

箕子与比干、微子并称为商纣王时期的“三贤”,同为殷商末著名贤臣。他们心忧天下,以社稷为重,将个人私利抛在一边,其高尚品行和大仁大爱,让后世儒家思想的创始人孔子十分佩服,并在《论语》中盛赞“殷有三仁焉”。唐代文学家柳宗元在其《箕子碑》一文中,将箕子赞为“大人”,将他的思想品格和处世修身之道作了三点归纳:“一曰正蒙难,二曰法授圣,三曰化及民。”用现在的话说,就是“受危难仍能保持正直的品德,将治理天下的法典供给圣明的君主,使人民受到教化。”箕子的思想上承大禹,下开周公“明德保民”和孔子的“仁”,是中国文化史上有可靠思想资料传世的第一位思想家, 是中国文化发展第一个重要阶段的代表人物,反映其思想的《洪范》是中国古代政治哲学的奠基之作。

纣王即位不久,就开始使用象牙筷子吃饭,箕子见了就叹息着说:“他使用象牙筷子,必定不再用陶制的食器盛东西,并且要做犀玉之杯了。有了犀玉杯、象牙筷,必不会再吃羹藜等野菜制成的食物、穿质料粗劣的短褐衣服、住茅草铺顶的房屋了,而会要求身披锦衣九重、脚踩高台广室。怀有这样的要求,整个天下也满足不了他了!远方的珍怪之物,舆马宫室等等,都要逐渐齐备。自此而始,我害怕他由此走向灭亡!”后来,纣王果然开始建造鹿台,琼室玉门,豪华富丽,狗马奇物充斥其中,可谓穷奢极欲，荒淫残暴。《史记·殷本纪》记载他建“酒池肉林”以作乐，施“炮烙之刑”以示威。箕子屡次劝谏，纣王不听。有人劝箕子离去，箕子说：“为人臣，谏不听而去，是彰君之恶而自悦于民，吾不忍也。”于是箕子便披发佯狂为奴，遂隐而鼓琴自悲，歌《箕子操》，漆身为厉（麻风）以避杀身之祸。纣王见了，以为箕子是真疯而囚禁了他。

周灭商，周武王十分敬重箕子，曾向他请教治理天下之道，箕子认为应当施行仁政，用安抚的手段来争取民心。周武王敬佩箕子的操行，封他为朝鲜侯，并免行君臣之礼，箕子心怀感念，将自己编创的陈述“天地之大法”的《洪范》献给武王。《洪范》的内容涵盖了自然世界、人生、行为、治国安民、政纲、天文、历数、根本大则、做人德性、气候征象、祸福种类等等内容，是社会政治秩序的总结。书中的五行学说、天人感应学说、

榆社县箕城古镇今貌

王道学说都具有开创性意义，对于中国专制社会的形成有着特别重要的意义。同时，它也奠定了阴阳五行说的基础，构建了中国人传统思维的框架。

后来，箕子带着殷商遗民五千余人到了朝鲜半岛北部。据朝鲜史书《三国遗事》所载，三韩始祖檀君的后人在箕子来到朝鲜之后，带着人民南迁，以免和箕子带来的人造成冲突。箕子与当地的土著共同建立了“箕子侯国”，约在公元前 11 世纪前后，他被周武王封于朝鲜，这在《史记·宋微子世家》《尚书大传·洪范》中都有记载，而受封之地即今之平壤，史称“箕子朝鲜”。箕子朝鲜是朝鲜半岛历史上的第一个王朝，它的历史延续了将近千年，其流风遗韵，至今犹存。

箕子朝鲜可以说是朝鲜半岛文明开化之始，据说今之朝鲜喜爱白色之民俗，即商代尚白之遗风。箕子入朝鲜半岛，不仅传播了先进的文化和先进的农耕、养蚕、织作技术，还带入了大量青铜器。受殷商文明的影响，朝鲜半岛社会有了迅速的进步，产生了自己最早的成文法——《乐浪朝鲜民犯禁八条》，箕子朝鲜被中原誉为“君子之国”。

箕子在接受周朝分封后，曾自朝鲜返回朝周，路过当年故都朝歌，看到曾经高大威严的王宫成了一片废墟，荒凉败落，长满禾黍，悲怆凄然之情油然而生，便作诗《麦秀歌》：“麦秀渐渐兮，禾黍油油，彼狡童兮，不与我好兮。”十分真实、形象地描绘了自己当时的情感，殷商的旧民闻之纷纷泣下。他这首诗为后世屈原、杜甫、李煜、陆游、辛弃疾等众多文人所推崇、效仿。唐代大文学家柳宗元后来专门撰文称颂箕子，尤其对他教化朝鲜、推行德政做了充分的肯定，并表达了自己深深的敬意。

古代君王为了赏赐亲信、贵族、臣属，将某个地方的土地，包括土地上的子民封给他们，称作采邑。箕子之采邑——箕邑，就在今天晋中市的东南一带，其中心在今榆社县讲堂村，辖区范围大致包括今榆社县全境、太谷县东部(今之太谷县城东北 15 公里处白燕村西有“聚箕场”)及左权县、武乡县部分地方。杜预注《春秋左氏传》：“太原阳邑县南有箕城。”今太谷县，西汉时称阳邑县，归太原郡统辖。阎若璩《四书释地》：“辽州榆社县东南三十里有古箕城。”《榆社县志》又载：“箕城在县东三十里，即今讲堂镇。商时，为箕子采邑。唐箕州置此。”范文澜也肯定箕

“在今山西榆社县”。[①]

“箕”根据当地(今讲堂村往西二里处)一状似簸箕的土山而得名。光绪版《榆社县志》载:“箕山,在县东三十里,即箕子始封处。山形如簸箕,上有三土峰峙列其顶。”而作为箕地中心的今之讲堂,便被称为箕城。相传箕子始封时,纣王差人赴箕山举行分封仪式,见箕山山脊平缓,少威武之状,当即命人于山顶筑土加高成“三土峰峙列”状,故也有人称之为续筒山。后人为纪念箕子,尊其为“王”,视之为神,并在箕山建有箕神庙(即箕子祠)。讲堂村一带的老百姓,口口相传,一直以“王”尊称箕子。

分封于商代晚期的箕子是继上古帝王榆罔之后又一个与榆社历史文化有着密切关系的重要人物, 也是在晋中这片土地上留有众多印迹和传说的历史文化名人,其采邑箕城也是晋中市最早的建制城邑。

上古昔阳戎狄部族

隅于太行山中段西麓的昔阳县, 在旧石器时代晚期的早中阶段就有人类繁衍生息。商周时,其东南部和东部的山间台梁开始形成早期的聚居点。较早见诸史籍的上古昔阳戎狄部族,有赤狄别支部族“洛”、“东山皋落氏”,白狄别支“肥”。

《国语·郑语》“史伯论兴衰”,记述了周幽王的太史伯阳与周司徒、郑国国君郑桓公的一次谈话。伯阳向郑桓公分析当时周王朝面临的形势,说:“王室将卑,戎狄必昌,不可逼也。当战国者,南有荆蛮、申、吕、应、邓、陈、蔡、隋、唐;北有卫、燕、狄、鲜虞、潞、洛、泉、徐、蒲。”郑桓公于周宣王二十二年(前 806)初封于郑,周幽王时为周司徒,周幽王十一年(前 771)“为戎狄所杀”,而周幽王即位是公元前 781 年。如此,这次谈话的时间应该在公元前 781 年至前 771 年这个时间段。也就是说,“洛”

①范文澜:《中国通史》,人民出版社 1996 年版,第 1 册,第 58 页。

是公元前771年前的西周时就存在于周王朝北方的戎狄部族。

西周时，周王室对今山西省的统治主要是通过其分封的若干诸侯国来实现的，其中主要是晋国。晋国在立国之初是一个“汾河之东，方百里”的小国，后几经攻伐，陆续吞并了周围一些较小的诸侯国和戎狄部族，才逐步扩展成一个据有汾河中下游一带的大国。而更远的晋东南、晋西南、晋北和晋西北等地，仍然存在着很多戎狄部族。这些游离于周王室及其诸侯国晋国之外的戎狄部族，成分十分复杂，各自又有若干分支。如狄，就有赤狄、白狄和长狄之分，赤狄又有潞、洛、徐、蒲等分支。《国语·晋语》中载注：“东山皋落氏为赤狄别种”。说洛，就是赤狄的一个别支，属隗姓，是商代鬼方的后代，为山西土著民。其重要活动区域，在今昔阳县东南部的皋落镇。《山西历史政区地理·西周》引《太平寰宇记》，说洛“在今昔阳县皋落镇”。《中国历史地图集·西周时期中心区域图》标示，“洛(落)”在昔阳县的东南部，与皋落镇的位置相合。而这个“洛”，也是随后春秋时多见于史籍的“东山皋落氏”的先民。

史籍关于东山皋落氏的记述有多处。《左传·闵公二年》：“晋侯使太子申生伐东山皋落氏。”《国语·晋语一》：“以皋落狄之朝夕苛我边鄙。”《史记·晋世家》：“十七年，晋侯使太子申生伐东山。”以上所述“皋落狄”、“东山”，当皆指东山皋落氏。其活动区域历来有两种说法：一说在昔阳县皋落镇。杨伯峻注《春秋左传》：“山西省昔阳县东南七十里亦有皋落镇，《寰宇记》谓此即东山皋落氏之地”；另一说在垣曲县。李德山注《国语·晋语一》：“皋落氏的活动地区，在今山西省垣曲”。而由中国社会科学院主办、谭其骧主编的《中国历史地图集·春秋全图·晋秦》标示，昔阳县和垣曲县都有“东山皋落氏”，但其序号不同，昔阳“东山皋落氏”标序为“1”，垣曲“东山皋落氏”为“2”。按图例，该序号“数字表示变迁顺序”。[①]据此，似可这样理解：春秋时山西省境内应有两个东山皋落氏，一个在今晋中市昔阳县皋落镇，一个在今运城市垣曲县皋落乡。此二东山皋落氏为同族同源，垣曲县的东山皋落氏是从昔阳县迁去的。《中国历史地图集》这一标示结论似客观可信。《太平寰宇记》卷之47“垣县”：

①中国社会科学院主办，谭其骧主编：《中国历史地图集》，中国地图出版社1982年版，第22–23页。

昔阳县东冶头村肥子国城址

“古皋落城，在县西北六十里。”《太平寰宇记》卷 50“乐平县”：“乐平山在县东七十六里。即古东山皋落氏之地，汉县因山以名。”①

春秋时，昔阳县东部还有一个白狄别支小国——肥（俗称肥子国），《辞海》称其活动区域最初在昔阳县东部的东冶头镇一带，肥还在东冶头镇东冶头村筑戍守土城，取名昔阳城。这也是今天昔阳县名的由来。

《太平寰宇记》“乐平县”条：“昔阳故城，一名夕阳城，在县东五十里。”当地现存最早的方志——明嘉靖年间（1548）版《乐平县志》记载，乐平县当时划辖 4 乡、统 10 都，其中县东一带为昔阳都。之后到民国初年，全县辖 1 镇 3 乡，东部称古肥乡。《昔阳县志·大事记》：“周威烈王二十二年，赵、韩、魏三家分晋后，境域属赵国。赵国在今东冶头筑戍守土城，北靠山，南向水，称昔阳城。”今日，由夹板夯土而筑的三座烽火台仍

①乐史撰，玫楚等点校：《太平寰宇记》，中华书局 2007 年版，第 1053 页。另，昔阳县秦置沾县，东汉建安末年（219）增置县时，因东南皋落镇皋落村北有乐平山而定县名为乐平县。民国四年（1915），因与江西饶州府之乐平县重名，改为昔阳县。

昔阳县东冶头村肥子国城址出土陶鼎

高高耸立在山梁之上。殿圪台、古城、城西会、校军坪、粮台、皇姑坟等沿袭运用了数千年的古老地名,仍向人们诉说着逝去的岁月。东冶头村北还发现了春秋战国古城墙遗址。城址地势较平坦,平面呈不规则形,分布面积5万平方米。现存北段城墙800米,东段城墙200米,城墙残高1.5—3米,底宽4—6米,顶宽2—4米,夯层6—8厘米,城墙底层为春秋战国遗存,上层为汉代城墙。夯土内包含物较多,采集有泥质灰陶平口折沿绳纹陶片等。

赤狄、白狄分域而居,和合交融,开启了昔阳县见诸文字记载的文明历史新篇章。赤狄别支"洛"及其后人"东山皋落氏"与白狄别支"肥",是上古昔阳见诸文字记载的最早的部族。大约于公元前593年至前530年的这段时间,晋国出兵攻灭了赤狄"洛"的后人"东山皋落氏",进而于周景王十五年(前530)农历八月十日(壬午)白狄"肥"也为晋国所灭①,昔阳县全域归入晋国版图。

①杨伯峻编注:《春秋左传注》,中华书局1981年版,第4册,第1334页。另,杨伯峻注晋国该次用兵进入的是今河北省晋县西北的鼓都"昔阳",有误。东冶头村附近的静阳村,在整修土地时掘出一石碑,碑文记有"周景王十五岁秋,灭肥"。

介子推割股啖君

春秋多战事，乱世出忠良。晋国名士介子推“割股啖君，功不言禄”，就是一位彪炳青史的仁德忠良。

介子推（？—前636），本名推，又名介之推、介推，春秋晋国名士。介子推生于闻喜户头村，长于夏县裴介村，后来隐居于介休绵山，埋葬于介休绵山，晋文公为他立庙祭祀于介休绵山。①

介子推的政治生涯开始并终结于追随晋文公的流亡生涯。晋献公时，受宠的骊姬煽动献公立她所生的奚齐为太子，逼申生自缢身亡，还派大将寺人披讨伐重耳。随从们怕受连累纷纷想要逃走，而唯有介子推主张：安邦治国，重耳可胜任。寺人披围攻重耳斩断衣袖，子推坚决力保，奋力厮杀，护重耳逃到狄国，开始了十九年的流亡生活。重耳从晋国公子一下沦为亡命天涯的流浪者，愁得一夜间两鬓斑白。介子推劝慰重耳：大丈夫不以一时成败论英雄，同时为重耳策划逃亡路线，认为只要重耳能取得齐秦两国君王的支

介休绵山介子推塑像

①一说介子推隐居于今运城市万荣县西南的介山。《汉书·地理志》记载：河东郡“汾阴县，介山东南”。据张纪仲《山西历史行政地理·汉朝》考据，“汾阴（万荣）宝井镇北9里”，今万荣县西南荣河镇有汾阴古城及墓地。一说隐居于翼城绵山。

介休绵山云海

持，便可东山再起。重耳消除了焦虑，坚定了复兴晋国的决心。到了卫国，农夫们在田里吃饭，介子推上前乞食，农夫扔给重耳土块，重耳大怒，举鞭要打，被介子推等人拦下，劝道："得土者得天下，土为社稷。"重耳顿悟。一路的饥寒交迫，介子推看着身子消瘦、疲惫不堪的重耳饿晕在大柳树下，想到复国大业全系公子，便悄悄到隐蔽之处忍着剧痛，割了大腿上的一块肉熬成汤，端给了饿晕的重耳。重耳将汤一口气喝了个精光，问汤从何来时，才看到一瘸一拐的介子推股溢鲜血，知是他"割股啖君"。重耳垂泪泣道："大恩大德，何以厚报？"介子推恳切地说："我别无所求，愿公子做一位清明国君。"

重耳到齐国，齐国国君以礼相待，并将爱女齐姜许给重耳。陷入温柔乡的重耳贪图享乐，一住就是七年。介子推多次劝说重耳返晋复国，重耳根本听不进去。幸好齐姜是个深明大义之人，能舍小家为大家，她定计催促重耳踏上了离齐返晋之途。到了楚国，楚王以国君礼节招待重耳，并问重耳：你若有一天回到晋国，该怎么报答我呢？重耳回答说：男女侍从、珍宝丝绸，大王您有的是，珍禽羽毛，象牙兽皮，更是楚地的盛产，晋国哪有什么珍奇物品献给大王呢？楚王说：话虽这么说，可总该对我有所表示吧？重耳回答道：要是托您的福，果真能回国，假如晋楚两国之间发生战争，我会命令我的军队退避三舍（一舍等于三十里），如果还不能得到认可，我左手拿鞭子和弓箭，右手带着盛着弓箭的袋子，来与您交战。他们抵达秦国，秦穆公款待重耳，并把女儿怀嬴嫁给公子。重耳深知介子推一路策划，谋略远见，诚心依赖介子推。在介子推提议下，公子决定离秦返晋，秦穆公亲自率兵车四百乘，护送他们到黄河渡口。在船上，重耳兴奋不已，其他随从也急于讨赏，介子推对重耳说："复国为君已成定局，愿您做一位清明国君。"随即谢绝了赠送的礼物，携母隐居介休绵山。

晋文公重耳即位后，悔恨当时未挽留介子推，朝野上下也对未封赏介子推议论纷纷，解张还写《龙蛇歌》贴于宫门，为介子推鸣不平。于是，晋文公率众臣来到绵山，四处呼喊，几寻不获。狐偃、赵衰等人说介子推是个孝子，提议文公放火烧山，逼母子出山。大火烧了几天几夜，介子推母子守志不出，被焚死于大柳树下。其时为公元前 636 年。面对烧焦的木桩余烟，文公悲痛欲绝，命人收集介子推遗骸，依山为墓，葬于绵山介

介休绵山大罗宫

公岭，并将烧剩的焦木做成木屐，连声哀嚎呼喊："足下啊？足下！"后来晋文公将此地定为"哀号坡"，把绵山封为介子推祭田，并忏悔"以志吾过，且旌善人"。同时下令在介子推的忌日全国禁火，只许吃冷食，"寒食节"由此而来。从此，寒食之风盛行大江南北，流传两千四百余年而不衰。唐代诗人卢象诗曰："四海同寒食，千秋为一人。"

相传，文公二年，晋文公上绵山悼念贤臣介子推时，发现那棵被焚的柳树死而复活，柳枝青青飘垂。望着复活的老柳树，晋文公像看见了介子推一样，想起了介子推"做一位清明国君"的忠告，于是把这棵柳树封为"清明柳"，把这一天定为"清明节"，并下令建造介公祠。西汉刘向《列仙传》载，晋文公焚山时，白鸦绕烟而噪，栖集于介子推身边，火不能近，介子推并未焚身，而是羽化成仙。有人曾见介子推改名王光，跟仙人出游东海卖扇，普度众生。所以，后赵皇帝下令敕建介神庙，介子推被尊为道家之神，供奉至今。每年的清明时节，绵山一带人们纷纷上绵山祭拜介子推，植树、踏青、墓前栽柳、打秋千、放风筝、拔河。寒食清明的特色食品品种繁多，风味独特。传统的子推蒸饼、子推燕、蛇盘兔面塑、枣饼、麻糖、贯馅糖等已成为时尚食品。其中多数寓意深刻，如祭食蛇盘兔，俗有"蛇盘兔，必定富"之说，意为期盼民富国强；子推燕，取介休方言"念念"之意，表示不忘介子推高风亮节。

介子推离我们远去已有两千六百多年，但他崇尚大道，明礼诚信，忠于国家，热爱人民的高尚品德至今令人敬仰。

晋国三军元帅先轸与"箕战讲和"

先轸(？—前 627)，姬姓，先氏，春秋时晋国卿大夫，是中国历史上著名的军事将领。因采邑在原(今河南济源西北)，又称原轸。他少年时就是国内知名贤士，与同为少年的晋公子重耳交好，后与狐偃、介子推等跟随重耳流亡国外 19 年，历尽艰辛。

公元前635年，晋公子重耳做了晋国国君，开始致力于国内改革和创建霸业。他在原有两军的基础上“作三军，谋元帅”，把晋国军队编为上、中、下三军，改革国君为全军统帅的旧制，上、中、下三军各设正副两名主将，此即晋国最早的六卿，先轸当时为下军佐（副主将）。

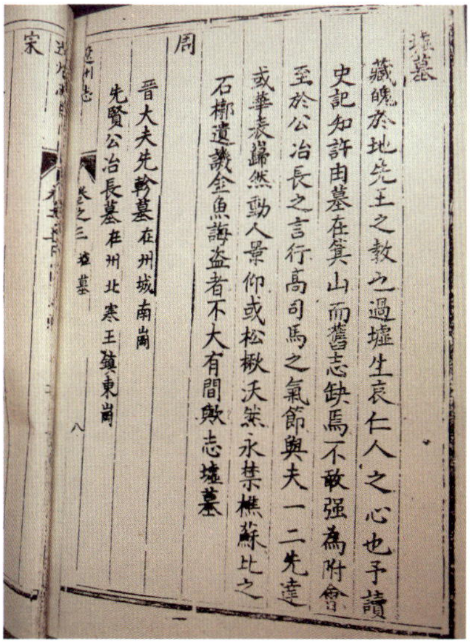
墟墓
藏魄於地先王之教也過墟生哀仁人之心也予讀
史記知許由墓在箕山而舊志缺焉不敢强為附會
至於公冶長之言行高司馬之氣節與夫一二先達
或華表巋然動人景仰或松楸沃茱永禁樵蘇比之
石槨遺藏金魚誨盗者不大有間歟志墟墓
周
晋大夫先軫墓 在州城南崗
先賢公冶長墓 在州北秦王鎮東崗
遼州志 卷之三 墟墓
宋

《辽州志》中关于先轸的记载书影

改革后的晋国很快成为军事大国。晋文公五年（前632），身为中军元帅的先轸协助晋文公打赢了著名的城濮之战。城濮之战是中国历史上最早有详细记载的战例，总兵力不下十万，行军、作战范围纵横数千里，时间长达五个月之久，是春秋时期规模最大、形势最为复杂的战役，而先轸凭着过人的谋略和高超的才智，创造了以少胜多、以弱胜强的战例。他创造的避实击虚、诱敌深入、集中优势兵力各个歼敌的作战原则，成为后世兵家重要的取胜法则。后人说，“城濮之事，先轸之谋”，城濮之战的胜利，先轸居功至伟。战后，楚国的盟国纷纷倒向晋国，与之结盟。同年五月，晋文公请周襄王到郑国的践土（今河南荥阳东）大会诸侯。周襄王赐晋文公大辂之服、戎辂之服、彤弓等物和虎贲三百人，策命为诸侯首领。晋文公正式成为齐桓公后的霸主。

晋文公九年（前628）冬，晋文公卒而未葬之际，秦国乘机发兵偷越晋国袭击郑国。得知这一消息后，先轸积极建议并率师设伏于东、西二崤之险地，全歼秦军，俘虏了秦军将帅孟明视、西乞术、白乙丙等，取得阻遏秦国东向争霸的决定性胜利，这就是春秋史上著名的崤之战。

晋文公的夫人文嬴是秦穆公的女儿，她请求新君晋襄公把秦国的三个将帅放回去，晋襄公答应了她。先轸得知后对襄公说：“战士们花了很大的力气，才把他们从战场上抓回来，为了妇人几句话就把他们放走，毁了自己的战果而助长了敌人的气焰，离亡国没有几天了！”说着，往地上吐了口唾沫，头也不回地扬长而去。

今榆社县讲堂村真武庙

先轸盛怒之下，不顾尊卑口不择言，称文嬴为“妇人”，又当着襄公的面“不顾而唾”，事后很后悔，然而襄公却没有责罚先轸，仍让他继续担任三军元帅，甚至还向他道歉。先轸思前想后，越发自责。认为自己在国君面前如此意气用事，如果不得到惩罚，其他的大臣就会效仿，国君的威信将会受影响，所以他决定自罚。就在这年（前 627）秋天，狄人举国之兵攻打晋国箕地，先轸作为晋国主帅，出兵抗击，在箕设伏，大败狄人，狄人首领白狄子被郤缺俘获。这是先轸为主帅进行的又一场重要战争，史称“箕之战”。就在箕之战胜利在即之时，先轸决定以死明志，他说：“我曾经在君王面前无礼犯上，却没有得到君王的谴责和惩罚，可我

能不自己对自己惩罚吗?”于是他脱去战袍铠甲,独自杀入敌阵,被乱箭射死,以此实现了自己对自己的惩罚。

箕之战后,狄人仍盘桓于箕城(今榆社讲堂)一带,不肯撤去。他们想要换回白狄子,就主动把先轸的尸首送了回来。史载,狄人将他的尸首送回来时,先轸仍面色不改,一如生前模样。先轸被葬于轑阳(今左权县)城南二里处。

数日后,晋狄两军终于在箕城讲和了。先轸以自己的尽忠之死,换来了中国北方历史上的一次民族和解,留下了一段千古佳话。当地百姓为纪念这次和解之举,将箕城改名讲堂,并一直沿用至今。箕之战后,箕地的老百姓特意在先轸征战的路上建起一座先轸庙以示纪念。

先轸这位富于韬略的军事家,既有筹谋策虑之长,又有临阵指挥之能,而且他的谋略颇有普遍的指导意义,因此被誉为中国兵法的祖师爷。

阳处父与太谷阳邑

“太谷县”之名,得于隋开皇十八年(598)。此前,太谷在春秋时叫阳邑,西汉时叫阳邑县;而阳邑一名,来源于春秋时的历史人物阳处父。

阳处父(?—前621),姓氏无从查考,因封邑在阳(今太谷阳邑),故以“阳”为氏。阳处父颇有才学,但少不得志。他先是追随狐偃,希望得到推荐以获得晋文公重用,但未能如意。于是他又转投赵衰门下,很快如愿得到了晋文公的重用。晋文公去世后,他以太傅的身份辅佐晋襄公,位尊权重,天下知名。

崤之战,晋军把秦军打了个落花流水,不但全歼了秦军,还俘获了秦军将帅孟明视等人。晋襄公一时糊涂,答应了晋文公夫人文嬴的请求,把孟明视等三个将领放了回去。后来他又后悔了,急忙派阳处父追了上去。阳处父追到黄河东岸,见秦国将帅已坐上渡船,急中生智,故意解下自己所乘的左骖之马,说是晋襄公要送给孟明视的礼物,让三将上

阳处父画像

岸接受。孟明视等人不敢上岸，只立于船头拜谢，并不受礼。这次计谋虽未得逞，但也足见阳处父随机应变的能力。

晋文公薨、晋襄公继位后，许、蔡两个中原姬姓诸侯国背叛了晋国，转而投向楚国。晋襄公拜阳处父为大将，带着军队前去讨伐蔡国。蔡、楚两国派子上抵御晋军，两军隔泜水（今河南省境内，今称沙河）对峙，相持了很长时间。晋军粮草将尽，阳处父有心退兵，但他既怕退兵时楚军乘机进攻，又怕退兵后给人落下临阵退却的笑柄，于是眉头一皱，计上心来。他派人前去对子上说：“我听说文不犯顺、武不违敌，你若想和我决战，我就退后一舍（三十里），让你渡河列阵，咱们决一死战；你若不想渡河，那就让我一舍之地，使我渡河列阵。不然这样相持下去，劳师费财，对谁也没有好处。”子上想渡河列阵，随行的孙伯说：“晋人不讲信用，如果乘我们过河的时候实施攻击，那我们就吃亏了，不如让他们过河列阵。”接着子上就让楚军后退了一舍，等待晋军渡河。阳处父见楚军退了，自己却并不渡河，他故意大声地说：“楚军不敢与晋军决战，已逃跑了。”接着就率军回去了。阳处父骗了子上，又让人宣传：“子上是受了晋国的贿赂，所以退兵了。”楚成王因此一怒杀了子上。

不战而屈人之兵，还顺带以反间计杀了敌国的将领，阳处父声名鹊起。名声大了，想要追随他的人自然也就多了。一次，阳处父路过宁这个地方。他很欣赏一个叫宁嬴的，于是宁嬴就离别妻子，跟着他走了。途中阳处父指点江山，激扬文字，纵论古今，臧否人物。宁嬴感觉阳处父言辞强硬激烈，性情阴柔，华而不实，恐怕难得善终，担心追随他不仅得不到好处，反而会承受罪过。于是没走多远，就向阳处父告辞，径自回家去了。于是阳处父便成了“华而不实”的代名词。后来的事实证明，宁嬴的预见太准确了，阳处父果然死于非命。

晋襄公七年（前621），晋以狐射姑为中军元帅，赵盾佐之，出征南方诸国。阳处父私下里对晋襄公说，狐射姑刚而好上，不得民心，而赵盾贤能。晋襄公于是改命赵盾为中军元帅，狐射姑佐之。自此，赵盾在晋国的高层争斗中占了上风。狐射姑却对此怀恨在心，再加上他向来看不惯阳处父的行事作风，事隔不久，晋襄公去世，狐射姑就指使续简伯刺杀了阳处父。阳处父死后，葬于九京山之原（一说在今和顺县，一说即今忻州市九原岗）。

阳处父封地阳邑，故址在今太谷县城东 10 公里的阳邑村。虽然阳邑县治所于北周建德四年（575）已经移到白塔村（即今太谷县城），但在明清时期，阳邑古城遗址还在，但颓墉败壁、瓦砾沉沙半露，只能供文人雅士登临凭览，抒发伤感怀古之情了。

读清人郭晋《古城芳草》，让我们共同凭吊这座承载着悠久历史的阳邑古城：

访古半颓垣，天涯尽芳草。驱车忽过之，人言此间好。嫩绿乍成茵，孤城尚余堡。王孙归不归，霸图溯遗老。

千载托根荣，厥泽疑未扫。可能方黍苗，聊亦拟芹藻。雉堞古有恒，事远谁能考。落日在高原，踏青人去早。

千古贤臣祁奚

“祁县”是个古老的县。提到“祁”，人们自然会想到祁奚。

祁奚（前 620—前 545），姓姬，字黄羊，春秋时晋国人。祁奚之父高梁伯是晋献公的四世孙，因食邑于祁（今祁县），遂为祁氏。祁奚是春秋时期著名的名将贤臣，他“外举不避仇，内举不避亲”的故事，千古流传。

晋悼公元年（前 572），祁奚任中军尉，这是晋国军中最重要的军职之一。后祁奚高龄年迈，向悼公提出辞职还乡。悼公问祁奚：“你走后，谁可以任中军尉？”

“解狐可任。”祁奚回答说。

祁县祁奚父子墓

解狐也是祁人，与祁氏家族关系不好，晋悼公是知道这件事的，就问:“解狐？那是你家的仇人啊!”

祁奚回答说:“君主问我谁有能力担任中军尉，并未问谁是我家仇人呀!”

晋悼公于是下令，任命解狐为中军尉，接替祁奚。可是，解狐还未上任，就突然得暴病亡故了。

晋悼公又征询祁奚的意见，物色有能力担任此职的人。

悼公面前，祁奚一脸坦然，再次推举一人:“祁午可任中军尉。”

“祁午？这是你的儿子啊！”晋悼公说。

“君主只问谁有能力担任中军尉，并未问谁是我的儿子呀!”

祁奚告老还乡，回到自己的食邑——祁安度晚年，他的儿子祁午担任了晋国的中军尉。这就是被孔子赞不绝口、后世广为流传的“外举不避仇，内举不避亲”的故事。

晋平公即位，复起用祁奚为公族大夫。晋平公七年(前551)，晋国发生内乱。当时，晋国六卿之一的栾盈专权，其他公卿恨之入骨。这一年，栾家出了通奸丑事，发生内讧。公卿之一的范宣子，借平定栾氏内乱，唆使晋平公赶走了栾盈，又捕杀栾盈好友数人。被捕杀的人当中，有一个叫羊舌虎的，是贤臣叔向(羊舌肸，字叔向，曾任晋军中军尉副职)的弟弟。叔向公正廉明，与专权的栾氏家族无任何牵连，只因羊舌虎是他的同胞兄弟，羊舌叔向也被投入狱中，即将处死。

叔向入狱后，有一个叫乐王鲋的大夫，探视叔向，告诉他:我替你到晋王面前说情，救你出狱。叔向不答话，也不感谢他。旁边的人很着急，埋怨叔向不近人情，叔向解释说:“只有祁奚大夫那样正直的人，才会救我。这个乐王鲋是个看权势眼色行事的人，他见了国君，还不知道说什么呢!祁奚不是这样的人，他能推举自己的仇人当中军尉，能不管我吗？”

那时，祁奚已辞官回家，听说叔向被捕，立即昼夜兼程，赶赴晋都，拜见晋平公和范宣子。他说:“叔向与羊舌虎同亲必同谋的罪名是不能成立的。从前鲧被处死，其子禹却得到重用;伊尹放逐太甲而后相之，太甲面无怨色;管叔、蔡叔被杀戮，而他们的兄弟周公却都能继续辅佐天子。叔向是晋国的栋梁，为晋国建立过很多功勋，又肯帮助人，怎么可以因他弟弟有罪，就无故连累他，置国家社稷于不顾呢？”在祁奚的规劝下，晋平公终于下令释放了叔向。而那位曾允诺要到晋平公面前为叔向说情的乐王鲋，也曾在祁奚之前拜见过晋平公和范宣子，不过他说的是："叔向是羊舌虎的兄长，羊舌虎参与了栾氏的阴谋，叔向肯定知道。"

叔向被赦免，祁奚径自坐车回家去了。而叔向出狱后，只去拜见晋君表示感谢，没有去看望祁奚。用后世世俗的观点看，这两人的态度，似乎有些不可思议。祁奚救叔向，是秉公办事，是为国为民。而叔向也知其是出以公心，毫无私念，自然也就不去登门致谢了。两位贤人，不居功，不言谢，心系国家，志同道合，这种公而无私的"尚公"精神，永世相传。

祁奚是晋中盆地一带最早的行政长官。晋平公二年（前 556），晋平公将地处晋中盆地的昭馀祁作为食邑封给大夫祁奚，称为祁邑。当时的祁邑包括今晋中市域的大部分，城邑建在今祁县城东南 7.5 公里的古县村。晋顷公十二年（前 514），祁奚之孙祁盈因罪被杀，晋顷公分祁邑之地为邬（今介休市东北）、祁（今祁县东南）、平陵（今吕梁市文水县东北一带）、梗阳（今太原市清徐县）、涂水（今榆次区西南）、马首（今寿阳县东南）和盂（今太原市阳曲县大盂）7 县。[①]这是今天山西省域真正推行县制的开始。其中，邬、祁、涂水和马首 4 县在今晋中市下辖区域，为晋中市最早的县置。

榆社出土季子剑

1985 年 8 月，榆社县城关村民在县城东北三角坪取土烧砖时，发现了一把青铜剑。剑保存比较完整，锋刃锐利。柳叶形剑身，中起脊，断面扁菱形，菱形窄格。柄两端呈喇叭形，圆首。通长 45.2 厘米，身长 36.2

---

①张纪仲：《山西历史政区地理》，山西古籍出版社 2005 年版，第 55—56 页。

厘米，首径 3 厘米。剑身后半部一面有铭文 2 行 24 字。由于铭文是剑铸好以后用锋利尖细的刀具刻上去的，所以字迹纤细，而且年代久远有所伤蚀，许多字的笔画不很完整。这把青铜剑，是全国出土为数不多的春秋青铜剑中保存较为完好、刻字最多的，非常珍贵。

吴季子青铜剑

通过几位专家的识读，这 24 个字是“工吴王姑发诸反之弟季子者尚受余厥司金以乍其元用剑”。其中姑、反、之、季、子、乍、元、剑 8 个字是反书。这是一把吴国剑，剑主人是季子。剑铭大意是吴王诸樊的弟弟季子接受下属的献铜，制作了自己的“元用”剑。

吴季子为吴王寿梦的四子季札。据《史记》记载，吴称王开始于寿梦。寿梦有四个儿子，分别是长子诸樊、次子馀祭、三子馀眛、少子季札。季札自幼聪明贤惠。寿梦曾想把季札立为太子，季札再三谦让。后来，寿梦立长子诸樊为太子。公元前 561 年寿梦死，就在寿梦的丧礼结束后，诸樊想让位给弟弟季札，季札再次婉言谢绝，离家出走，到乡间务农耕作。诸樊在位 13 年，弥留之际告诉他的大弟、二弟和大臣们，季札当吴国国君是先王寿梦的愿望，而且全国人民都赞赏季札的聪明仁义，大家都想把国家托付给他。虽然季札现在不同意，咱们可以从长计议，慢慢过渡。然后诸樊指派大弟弟馀祭继承王位，以后馀祭再传给馀眛，兄终弟及，到最后必然会传给季札。季札被封在延陵，人称延陵季子。直到馀眛临终，仍想传位给弟弟季札。季札再三推辞，去了别的国家。实在没有办法，馀眛只好把王位传给了自己的儿子僚。

还有一个季札挂剑的故事，讲的也是季札仁义诚信的高贵品德。吴王馀祭四年（前 544），季札出使鲁国，途经徐国，徐君喜爱季札的佩剑，有心索求却难以启齿。季札看在眼里，明白徐君的心意，决定把剑赠送给他。但因佩剑出使是一种礼仪，自己还要出使其他国家，只好待日后归来才能了此心愿。但不幸的是，季札返回时徐君已死。为了兑现心中的许诺，季札将宝剑挂在徐君墓前的树上，默默地离开。随从问季札，徐君已经死了，难道还送给他吗？季札说，我心中已经答应赠予他，不能够因为人家死了就背叛了自己的心愿。季札诚实守信，一诺千金，挂剑留徐，传为千古佳话。

吴越青铜剑的用途多种多样，除作兵器外，还可以作为礼器使用。季札出使友国，携带具有吴国象征的名剑，既可以展示吴国最靓丽的形象，是国家名片，又可以证明出访的公子和使臣身份的真实性，是一种信物。同时，宝剑也展示了吴国高超的铸剑技术，是盛极一时的顶级文化和科技产品，足以证明吴国对出使国的重视。榆社出土的吴季子剑，虽无史料记载，但一定是国之珍物。

赵国名将廉颇

在榆社县城西二里处，有一个依山傍水、风景秀丽、民风淳朴的小村庄——廉村。

相传，战国时期以“负荆请罪”、“将相和”等著名典故流芳百世的赵国名将廉颇就出生在这里。①光绪版《榆社县志·人物》记载：“榆社属赵，今邑有廉村，以颇得名，意不在生于此而长于此乎？旧志以为榆社人，今因之。”又载：“廉颇，战国时期赵国名将，史载葬于榆社县廉村，有廉颇墓，遗址已没于浊漳河。”今廉村村东有一座廉颇庙，庙院中一株千年古槐，高30多米，遒植横蔽，垂阴逾半亩，人称廉槐。

廉颇生卒年月不详，与白起、王翦、李牧并称战国末期四大名将。赵惠文王十六年（前283），他率兵讨伐齐国，长驱深入齐境，攻取阳晋，威震诸侯。班师回朝后，赵惠文王封他为上卿。长平之战前期，廉颇以固守的方式成功抵御了秦国军队。长平之战后，又击退了燕国的入侵，斩杀燕国的栗腹，迫使对方割五城求和。作为赵国军队的领军人

①据《晋中市志》，另有廉颇出生地为平遥县廉村一说。

物，廉颇征战数十年，攻则取，守则固，百战百胜，威震天下，是赵国军民心中的一代战神，也因此而闻名于诸侯各国。司马光言：廉颇一身用与不用，实为赵国存亡所系。此真可以为后代用人的经验之谈。

廉颇画像

赵惠文王时，赵国得到了楚国价值连城的和氏璧，秦昭王听说后，提出用十五座城池交换和氏璧。舍人蔺相如奉命出使秦国。蔺相如不辱使命，不但“完璧归赵”，还在渑池会上使赵王免受秦王侮辱。赵王为表彰蔺相如的功劳，封蔺相如为上卿。廉颇认为自己战功卓著，蔺相如只不过是一介文弱书生，靠能说会道立了点功，却比自己官大，心中很是不服。他屡次对人说：“以后让我见了他，必定会羞辱他。”蔺相如知道此事后以国家大事为重，托病不上朝，尽量不与他相见。蔺相如的手下都认为，蔺相如是怕廉大将军，埋怨他太软弱。蔺相如却说：“以秦王的威势，我都敢在朝廷上呵斥他，羞辱他的群臣，我蔺相如虽然无能，难道会怕廉将军吗？强大的秦国之所以不敢攻打赵国，就是因为有我和廉将军在呀！如果两虎相斗，势必不能共存。我所以这样忍让，就是为了要把国家的急难摆在前面，把个人的私怨放在后面。”廉颇得知蔺相如以国家大事为重忍让自己，就光着身子，背负荆条到蔺相如的府邸前请罪。从此，将相二人握手言和，使赵国朝政稳定，社会安宁。成语“完璧归赵”、“负荆请罪”皆典于此。

后来，廉颇由于在赵不得志投奔魏国，但依然心向赵国。赵王也想再任用廉颇，他派使者唐玖带着一副名贵的盔甲和四匹快马到魏国都城大梁（今开封）去慰问廉颇，看廉颇是否还可用。廉颇的仇人郭开唯恐廉颇再得势，暗中给了唐玖很多金钱，让他说廉颇的坏话。赵国使者见到廉颇以后，廉颇在他面前一顿饭吃了一斗米、十斤肉，还披甲上马，表示自己余勇可贾。但使者回来向赵王报告说：“廉将军虽然老了，但饭量还很好，可是和我坐在一起，不多时就拉了三次屎。”赵王认为廉颇老

榆社县廉村廉颇庙的廉槐

了，就没有再任用他，廉颇也就再一次失去了为国报效的机会。成语“廉颇老矣，尚能饭否”典出于此。

楚国听说廉颇在魏国，就暗中派人迎接他入楚。廉颇担任楚将后，没有建立什么功劳。一代名将在楚国郁郁而终，最后卒于寿春（今安徽寿县）。

在榆社，有关廉颇的传说很多。传说廉颇临终遗言：“我生在廉村土，埋于漳河滩。”廉颇客死他乡后，乡民痛哭三日。三年之后，家人依照廉颇的遗愿，把他的遗骨运回廉村，并在漳河滩上选了一块风水宝地重新安葬。

廉颇身为大将军，对家乡父老非常尊重，传说他每次回家探亲，走到村口就下马步行回家，路上遇见乡人，不管是大人和小孩，都要热情打招呼。赴任走的时候，从家里出来也从不骑马，一直走到村外的桥房坡才上马赶路。廉颇谢世后，乡人思念廉颇，就在村口大槐树下立了块下马碑，在桥房坡立了块上马碑。时至今日，碑已随着岁月流逝而不在，但两个古地名却一直沿用至今。

廉村地处浊漳河西岸，每到雨季，河水泛滥，给村民带来诸多不便和巨大损失。廉颇虽身为赵国名将，却念念不忘解乡民之难，捐资捐物在浊漳河搭建了第一座木桥。乡民将这座桥取名为廉颇桥。

在廉村西面的庙岭山上，有一道山梁叫小寨，上面有很长的土板墙，传说是当时魏国小股军队来袭廉村，廉颇闻讯赶回修筑的防御工事。在庙岭山上还有一个长洞，据说也是当时留下的。村民们洞中埋藏了很多的粮食和作战物资，保障了前方将士的需求，使廉颇很快取得了胜利。现在村里还流传着廉颇的作战方略："精选将，高筑墙；深挖洞，广积粮。"

"马服君"赵奢与秦赵阏与之战

两千多年前的三晋大地，从"三家分晋"到"秦灭六国"，上演过一幕幕惊心动魄决定国家命运的历史大戏，秦赵阏与之战就是其中的一幕。

阏与，古邑名，为晋中市和顺县的旧称。和顺县春秋时为晋大夫梁余子养封邑，名盖与。战国时改名阏与，先属韩，后属赵，隶上党郡。

和顺县石家庄村赵奢垒

《史记·廉颇蔺相如列传》记载，赵惠文王二十九年（前270），秦国进攻韩国，军队驻扎在阏与。赵王召见廉颇问道："可以去援救吗？"廉颇回答说："路远，且艰险狭窄，很难援救。"赵王又召见乐乘问这件事，乐乘的回答和廉颇一样。赵王又召见赵奢来问，赵奢回答说："道远地险路狭，就譬如两只老鼠在洞里争斗，勇猛者必胜。"赵王便派赵奢领兵，去救阏与。

赵奢曾任田部吏，在收租税的时候，平原君家不肯缴纳，赵奢依法办理，杀了平原君家九个当权管事的人。平原君大怒，要杀死赵奢。赵奢晓之以理，动之以情，得到平原君的首肯。平原君认为他很贤德，并向赵君推荐了他。赵王任用他掌管全国的赋税，全国赋税非常公平合理，百姓富足，国库充实。

赵奢领兵救阏与，军队离开赵都邯郸三十里就安营扎寨了，并下令说："有敢为军事进谏的人处死！"秦军驻扎在武安西边，每天擂鼓呐喊，向赵军挑战，武安城的屋瓦都震动了。军中有人进谏要求火速进军武安，赵奢立即斩了他。就这样，赵军坚守营垒，二十八天不动，还进一步加固了营垒。秦军派来间谍，赵奢捕来好好招待一番，就放回去了。间谍回去后将情况报告给秦军将领，秦将听了高兴地说："赵奢真是个胆小鬼，离开国都三十里军队就不敢前进了，而且还加固了营垒，阏与不再是赵国的领土了。"

赵奢放走秦军间谍后，就命军队卸去铠甲，快速前进，两天一夜赶到前线，命擅长射箭的士兵在距离阏与五十里处驻扎设防，并派一万名士卒抢占了制高点北山，建起了营垒。秦军闻知，全军赶到争夺北山，却久攻不下。赵军居高临下，向秦军发起总攻，阏与之危遂解。赵奢凯旋而归，赵惠文王赐封赵奢为"马服君"。

现和顺县青城镇石家庄村，有赵王庙一座，供奉赵奢将军，历代均有修葺，碑石甚多。村东北方向约1.5公里的山顶至今有赵奢垒砌的防御工事，称"赵奢垒"，由于是干砌，故称"垒"，整个石墙共三道（前一后二），南北长约80米，东西宽约10米，依地势而筑，墙石为红钢石，底宽约2米，顶宽0.5至1米。据老人们回忆，原来墙很高，约4米，每段还有石砌方孔若干个，为箭眼和瞭望孔。百姓在周围的地里耕作，不时还会捡到当年的箭镞。

榆次猫儿岭古墓群

晋中市榆次区，战国时称榆次，秦时称魏榆、涂水、中都。这里历史悠久，文物丰富。境内发现旧石器、新石器时代文化遗存 15 处，有国家级、省级、市级和区级重点文物保护单位 130 余处。在漫长的历史长河中，这里创造了灿烂的文化财富，也埋藏了巨大的地下文化宝藏。猫儿岭古墓群就是其中之一，它上起春秋战国，下达宋元明清，规模大，跨时长，分布密集，蕴藏丰富，是一座精美的地下建筑群。

猫儿岭古墓群，位于榆次旧城东北，南临潇河，北接南沟，西至北山路，东达交沟，东西长 3 公里，南北宽 5 公里，总面积 6 平方公里。古墓群分上、中、下三层。从地面往下 4 米为上层，为明清、近代墓葬；从 4 米至 6.5 米为中层，为唐、宋墓葬；从 6.9 米至 9.5 米为下层，为春秋、战国、秦、汉古墓，总计跨越两千余年。目前已发掘古墓葬 1500 余座，出土文物 4000 余件，主要出土文物有春秋陶鬲，战国青铜剑，陶制豆、鼎、壶，篆刻铜印，春秋贝币，战国刀布币，汉代五铢钱，唐代石碑墓志以及彩陶、骨雕、玛瑙、玉瑗等。其中的龙凤纹彩陶，画工精致，画面生动，匠心独运。猫儿岭出土的谷种、菜籽和草籽，今日仍能发芽生长。

榆次猫儿岭古墓群，以实物的形式完整承载了当地两千多年的发展历程。其中，战国晚期的墓葬较为突出。

猫儿岭战国墓葬均为长方形土坑竖穴墓。墓葬方向一般是头北脚南，头向多数偏北，也有其他方向的，不过不是很多。有的墓较大，长 6 米，宽 4 米，最深的达 9 米；也有的墓较小，长 2 米，宽不足 1 米。大墓不多，以长 4 米左右、宽 3 米左右的中型墓和小型墓葬居多。部分墓葬为口大底小的仰斗状，墓口与墓底长宽不等。有极少数墓葬有熟土二层台。熟土二层台是椁与墓壁间的填土形成的。墓葬内棺椁大都已腐朽，从遗留的板灰痕迹来判断，一椁两棺的墓葬不多，大部分墓葬为一椁一

灰陶盖豆

灰陶罐

灰陶盘豆

棺，还有的墓无椁，仅用一棺。一椁两棺的墓葬大多数规模较大，随葬品也很丰富。一椁一棺的墓葬规模较小，随葬品也显逊色。无椁一棺的墓葬大都规模较小，随葬品相对要少得多，有的甚至没有随葬品。另外在极少数的墓葬椁底部，发现有横向的垫木四到六根。在有椁的墓葬之中，有一部分墓葬的椁附于墓室四壁与墓室同大。这类椁是在墓坑挖好以后用圆木或木板拼接而成的，并非事先在地面上制作。墓内的人骨架保存较差，根据遗留下来的痕迹可知，大部分葬式为仰身直肢葬，另有少部分墓葬为仰身屈下肢，极少数墓葬人骨架侧向一方，四肢骨呈弯曲状，整个作侧身屈肢葬式。墓内只有一副人骨架，以单人葬最多。

棺内一般放置玉器、石器、带钩、铜兵器、玛瑙环、发笄、石圭、装饰品等小件器物。棺外椁内有的有头箱，有的有边箱，放置陶器、车马器等。墓内的随葬品主要是陶器，很少有铜容器出土。兵器、车马器、骨器比较多，玉器、石器、蚌器、装饰品较少。

陶器器形是战国墓葬常见的基本组合，有鼎、豆、壶、盘、匜，还有鬲、甑、盆、簋、罐、盉、鉴、钵、灶、鸟柱盘、筒形器等。豆有平盘高柄和盖豆，壶盖往往呈莲瓣状，盉的盖纽也做成鸟形。陶器的纹饰可以分为素面、暗纹、绳纹、弦纹、彩绘等等。暗纹的种类较多，有弦纹、锯齿形纹、网状纹、方格纹、栉齿纹、鱼纹、卷云纹等。彩绘用红、黄、白三种颜色，所绘的纹饰种类有弦纹、涡纹、水波纹、圆点(圈)纹、走兽纹等等。陶器绝大部分为泥质灰陶，夹砂灰陶只有零星发现。大部分陶器的烧造火候较高，质地坚实，表面呈灰色或黑灰色。夹砂灰陶的陶质较为粗糙，器形主要是用作炊器的鼎和鬲。

猫儿岭战国墓葬出土的青铜兵器主要有剑、矛、戈、镞、刀等。出土的青铜剑较多，而且比较厚重，应该是实用兵器。剑通长 50 厘米左右，剑首圆形，圆柱形柄有的有两道箍，有的没有箍，菱形格，柳叶形剑身前端微束腰，中起脊，刃虽经两千多年埋藏而锋利依旧。青铜戈援短，其上下刃相聚成锋，胡较长，长方形内上有一穿，胡上有两穿。

丰富多彩的带钩是猫儿岭战国墓葬的显著特色。猫儿岭战国两汉墓葬几乎每座墓都出土有带钩，少者 1 个，多者 2 至 3 个。出土的部位大多在人骨架的腰腹部，也有在肩部和臂部的，在其他部位的很少。部分墓葬的带钩与玛瑙环同出。玛瑙环大小不等，大者外径 5 厘米左右，小者外径不足 3 厘米。玛瑙环不仅有大有小，形状也略有不同，有的断面呈七边形，有的断面呈六边形，也有断面呈菱形。带钩的质地大多为青铜，也有少数铁质和玉质的。大者超过 20 厘米，小的仅 3 厘米。形制

榆次猫儿岭墓群出土的战国时期青铜带钩

有琵琶形、耜形、蛇形、三棱柱形、曲棒形、瓜棱形、水禽形、琴面形、长牌形、各种兽形、两连形等等。纹饰有素面、卷云纹、几何纹、兽形纹等。较大者往往错金银、镶嵌绿松石，还有的鎏金。其工艺美丽繁缛，异彩纷呈，制作之精令人惊诧。

带钩是古代贵族和文人武士腰带的挂钩，又称“犀比”。带钩的作用相当于现在的带扣。把带钩固定在腰带的一端，再用带钩钩住腰带另一端的环或孔眼，就能把腰带钩住，使用起来非常方便而且美观。司马迁在《史记·齐太公世家》里就讲了这么一个故事：春秋时期，鲁国派管仲追杀小白，管仲拔箭向小白射去，正好击中小白的带钩，小白装死落马，躲过了管仲的追杀。后来小白成了齐国的国君，也就是春秋五霸之一的齐桓公。桓公深知管仲是一个很有才能的人，故不计前嫌，重用管仲，最终成就了霸业。带钩不仅为日常生活所需要，而且也是一种身份的象征。王公贵族、社会名流所用带钩都非常精美，引领时尚。《淮南子·说林训》记载：“满室之坐，视钩各异。”是说屋子里坐着许多人，只见他们的带钩各色各样，异彩纷呈。从猫儿岭战国墓葬带钩出土的位置可以看出，带钩除了用于腰带外，还用在肩部和臂部用来挂衣领，这种用途的带钩比较长。而玛瑙环则是与钩相配直接挂在革带上的钩挂配饰。

猫儿岭战国墓葬中，出土有陶鬲的墓葬时代要早一些，可能早到战国中期。而墓地出土的筒形器、鸟柱盘、鸟盖盉、莲瓣盖壶等，明显与河北邯郸百家村等赵地风格相近，是典型赵文化的代表作品。

猫儿岭战国墓葬一般分布在古墓区南部一带的坡地上，地势稍高，分布较为整齐，间距较小而几乎没有相互打破的现象，这显然是当时有所安排而不是任意乱葬的。有的相邻的两座墓葬大小深度基本一致，墓主人性别为一男一女，明显是夫妻并穴合葬墓。这种墓地的安排，与《周礼·墓大夫》记载“（墓大夫）掌凡邦墓之地域为图，令国民族葬，而掌其禁令”相一致。

猫儿岭战国墓出土了一枚“长守立”铜印章，为赵国在战争时期犒赏将士的印章。还有一座墓葬，人骨架无头，肩部锁骨处有一断矛头，随葬的青铜剑也已残断。这些都是当时战争留下的历史印痕。

第三章

大统归一　多元和合

（秦汉魏晋南北朝）

概述

晋中，挟三晋雄风，据山川形胜，在大一统的秦汉帝国和多变的魏晋南北朝时期，演绎了许多精彩故事。

秦统一全国后，推行郡县制，境内置榆次、阳邑、祁、中都、邬、界休（今介休市东南）、马首7县，属太原郡（治晋阳）辖。西汉初年，全境为代王恒领地。王莽新朝时，各县隶属未变，部分县名有所变化，榆次改太原亭，阳邑改繁穰，祁改示，京陵改致城，界休改界美。东汉建立后，各县复旧称。

三国时，全境归魏国并州统辖，分隶于太原、上党、西河、乐平4郡。榆次、阳邑、祁、邬4县隶太原郡，轑河县属上党郡，中都、京陵、界休3县属西河郡，乐平、沾县2县属乐平郡。西晋时，境地仍归并州统辖，分属于太原国（太原郡改）、上党郡、乐平郡、西河国（西河郡改）4郡国。其中，榆次、阳邑、祁、中都、京陵、邬6县属太原国，武乡县（治今榆社县社城镇北17.5公里）属上党郡，沾、乐平、轑阳（轑河县改）、寿阳4县属乐平郡，介休（界休县改）属西河国。十六国时期，邬、介休县废，其余各县先后为汉（前赵）、后赵、前燕、前秦、西燕、后燕统治。北魏时期，实行州、郡、县制，郡县兴废不定，分合频繁。北魏分裂为东魏和西魏，晋中全境属东魏。北齐取代东魏，全境遂归北齐控制。北周灭北齐，全境悉归周。

这一历史时期，晋中英才辈出，可谓帝王将相功业赫赫、文人儒士文章煌煌。居于代国（今平遥为代王都城）的汉文帝刘恒和生于代国的汉景帝刘启开创了中国封建社会的第一个盛世——“文景之治”，而生于榆社的羯族人石勒创造了耕奴成为皇帝的神话。还有东汉护羌校尉温序、司徒王允，曹魏陈仓守将郝昭，东晋大将军温峤，刘宋大将军王玄谟，萧梁大将军王僧辩等，文韬武略，出将入相。再有东汉大名士郭泰，为三万太学生领袖、数千儒弟子导师；孙楚、孙绰、孙盛祖孙三人在两晋文坛上前后辉映，成孙氏一门之美事，晋中千年之胜景！

文景二帝的晋中之缘

公元前180—前141年，是史家所称的“文景之治”时期。在此期间，汉文帝刘恒与他的儿子汉景帝刘启以慈、俭、谦爱民治国，人民休养生息，安居乐业，创造了西汉初年的一个黄金时期。创造“文景之治”的这两位父子皇帝，与晋中大地、晋中人，有着诸多的缘分。

汉文帝刘恒（前203—前156），是汉高祖刘邦的第四个儿子，为薄太后所生。《史记·孝文本纪》载：“高祖十一年春，已破陈豨军，定代地，立为代王，都中都。”①刘恒在平遥生活了约17年，直到高后八年（前180）吕后去世，众大臣奉他即帝位，才离开平遥。在平遥，刘恒在城西的杜村、桥头村一带修筑宫室，当时叫中都宫。平遥县现存的双林寺，原名叫中都寺，还有一座桥叫中都桥，遗迹尚存，隐约可见，不远处还有个高高矗立的烽火台。有专家认为，中都寺就是汉文帝的官署，现双林寺大雄宝殿四角之外的四个大柱石以及残存的中都桥的桥顶即为佐证。

汉文帝以仁孝闻名天下。母亲卧病三年，他常常目不交睫，衣不解带；母亲所服的汤药，他亲口尝过后才放心让母亲服用。他在位24年，励精图治，重德治，兴礼仪，注重发展农业，使西汉社会稳定，人丁兴旺，经济得到恢复和发展。

---

①刘恒是汉高祖刘邦分封的第三任代王，据《史记·高祖本纪》记载：最初分封的代王辖云中郡、雁门郡和代郡3郡53个县，地域包括今山西省的北部和内蒙古自治区托克托县一带、河北省西北一带；到刘恒为代王时，又把韩王信的太原郡21个县划归代地，代地据有4郡74县，辖今山西省中北部的广大地域。关于刘恒为代王时的都城，另有建都晋阳（今太原市西南古城营村）和先中都后晋阳之说。《汉书·高帝纪》记载：燕王卢绾、相国萧何等32人举荐刘恒为代王时说：“子恒贤知温良，请立以为代王，都晋阳。”张纪仲《山西历史行政地理·汉朝》考据：“刘恒初封代之时都中都（平遥县西南），后迁太原。”

汉景帝刘启(前 188—前 141),窦漪房(窦太后)之子,汉惠帝七年(前 188)生于代国中都(今平遥县西南),文帝即位时随父迁至长安。公元前 157 年成为西汉第六位皇帝,在位 16 年。刘启在位期间,继续采取文帝时期的政策,减轻赋税与徭役,与民休息。“百姓无内外之徭,得息肩于田亩,天下殷富。”进一步促进了社会经济的稳定和发展,国内殷富,府库充实。据说,汉景帝后期,国库里的钱堆积成山,串钱的绳子都烂断了;粮仓满了,粮食堆在露天,有的霉腐了。汉文帝与汉景帝统治时期,被史家誉为“文景之治”。

晋中的山水养育了“文景之治”的开创者文景二帝,还有一位晋中人为文帝即位立下了汗马功劳,他就是介休人宋昌,爵封壮武侯。

宋昌,西汉初界休(今介休)人。其父宋义,原为楚令尹。秦二世二年(前 208),楚怀王以宋义为上将军,率军数万北上以解巨鹿之困。因与次将项羽在战略上有分歧,被项羽所杀。宋义死后,宋昌随刘邦起义。刘邦建立汉朝后,成为代王刘恒的中尉。

高后八年(前 180)吕雉死,诸吕欲发动叛乱。丞相陈平、太尉周勃、朱虚侯刘章等诛诸吕,与朝臣商议欲立代王刘恒为帝,并派使者往迎代王。代王就此事征求左右谋士和郎中令张武等人的意见。张武等人议论说:“朝廷大臣都是当初高帝时的大将,熟习兵事,多谋善诈,如今刚刚诛灭诸吕,名义上说是迎接大王,其实不可轻信。希望大王假托有病,不要前往,以便观察他们会有什么变化。”

宋昌则进言说:“众位大臣的议论都是错误的。当初秦朝政治混乱,诸侯豪杰纷纷起事,自以为能得天下的人数以万计,然而最终登上天子之位的是刘氏,天下豪杰已经不再存有做皇帝的希望,这是第一点。高帝封刘氏子弟为王,封地像犬牙一样彼此交错,互相制约,这就是古人所说的宗族坚固,有如磐石,天下人都为刘氏的强大而折服,这是第二点。汉朝建立以后,废除了秦朝的苛虐政令,与民商定新的法令,对百姓施以恩德,人心安定,难以动摇,这是第三点。再者吕后把持朝政,独断专行,然而太尉凭朝廷一支符节进入吕氏把持的北军,只是一声呼唤,将士们就都表示要辅佐刘氏而抛弃吕氏,最终消灭了诸吕。这是天意所授, 而不是人力所能做到的。现在高帝的儿子就只有淮南王和大王您了,而大王您又年长,贤圣仁孝闻名天下,大臣们是根据天下人的心愿要迎立大王做皇帝，所以大王您不必怀疑。”

代王还是犹豫，没拿定主意，他先是禀报太后商议这件事，后来又派太后的弟弟薄昭前往京城会见绛侯周勃。周勃等人原原本本地向薄昭说明了迎立代王的原因。薄昭回来报告说：“全是真的，没什么可怀疑的。”代王于是笑着对宋昌说：“果然像你说的那样。”随即，命宋昌担任随车的参乘，一同前往长安。行至距长安数十里的高陵时，代王又生疑虑，停止行进。派宋昌先驱车前去长安观察情况有无变化，宋昌毫无畏惧地乘车而去。

行至渭桥，宋昌见丞相以下的官员均已在那里迎候，便对众说明代王将至，先行通报。然后他返回高陵，领代王一行兼程来至渭桥，诸大臣见到代王皆跪伏称臣。这时，太尉周勃上前说：“我有事单独向大王禀报。”宋昌说：“你说的如果是公事，就请公开说，如果是私事，在王位的人不受理私事。”太尉于是跪下献上皇帝的玉玺和符节。代王辞谢说：“等到代邸再商议吧。”然后驱车进入代王官邸。群臣也跟着来了，他们匍匐在地说道：“大王如今是高帝的长子，最应该做高帝的继承人。希望大王即天子之位。”代王说：“既然宗室、将相、诸王、列侯都认为没有人比我更适宜，那我就不敢推辞了。”于是，代王即位做了天子，也就是汉文帝。

皇帝当天晚上就进入未央宫，连夜任命宋昌为卫将军，统领两宫卫队南北军。第二年（文帝元年）六月，封宋昌为壮武侯。

宋昌说王护驾的故事，《史记》有精彩的描述。从那时起，宋昌后人开始定居在山西汾阳、介休等地，称西河宋氏，宋昌为西河宋氏之祖。

汉魏时代的晋中英才

汉魏时期，晋中大地盛事迭现、英才辈出。其中，温序、郭泰、王允、郝昭、王凌、孙资等六人就是在当时有巨大影响并在后世名垂千古的人物。他们以卓越的仁德、超人的智慧和传奇的人生，展示着那个时代晋中人的风采。

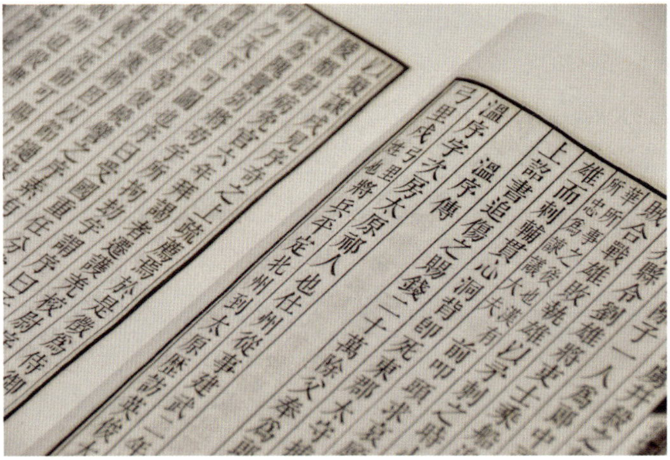

《后汉书·温序传》书影

温序（? —30），字次房，汉朝太原祁（今祁县）人。王莽篡汉，致使天下大乱。刘秀建立东汉政权后，张步、董宪、隗嚣、公孙述等诸多豪强依然拥兵自重，称霸一方。为此，刘秀遍访贤良俊彦，以为己用。建武二年（26），汉骑都尉弓里戍率兵平定北州叛乱，经过太原时，得以结识温序。回朝以后，弓里戍将温序举荐给朝廷。光武帝任命温序为侍御史，不久又升他做了武陵都尉。就在温序雄心勃勃准备一展抱负的时候，一场大病令他卧床不起，他只好辞官回家养病。

建武六年（30），温序病愈，出任护羌校尉，驻守边防重地。其时，汉军正与称霸西北的隗嚣战得难解难分。一天，温序出巡襄武（今甘肃漳县），被隗嚣部将苟宇拘劫，落入叛军之手。温序的才德，苟宇早有耳闻，他一直想将这个英气勃发的汉将拉入自己的阵营当中。苟宇诱劝温序："将军若能与我们同心协力，则天下可图。"温序正气凛然，义正词严："我担当国家重任，理应尽忠效命，岂能贪生怕死，背负皇恩！"苟宇心想，假以时日，施以恩惠，温序也许就会回心转意。

过了些时日，苟宇觉得火候已到，便同他的手下再次劝降温序。不料，温序双眉倒竖，眼喷怒火，指着苟宇破口大骂："胡虏焉敢胁迫堂堂大汉将军！"话音未落，已挥节击杀了几个敌人。苟宇的手下一看情势不妙，便拔出刀剑扑上前来。苟宇摆摆手，示意手下收起兵刃，无奈地发出一声叹息："这是真正的有节义士啊！给他一把剑让他自尽吧。"温序从容地捋捋被风吹乱的长髯，缓缓地抬眼看看围在四周的叛军，说："今日虽然丧命贼兵之手，却也不能让我的须髯沾染污垢。”说罢将自己秀美的长髯含在口中，然后挥剑刺入腹中，旋即又拔剑拄地。一股鲜血喷涌而出，可温序依然昂然屹立，怒目圆睁，好似天神金刚一般，吓得叛军将士魂飞胆裂。

温序的忠义赢得了敌手的尊敬，苟宇让汉军收拾他的尸体回朝安葬。汉光武帝也为这种忠贞许国的壮举所感动，下令厚葬温序于洛阳城下，并授予他的三个儿子郎中等官职。之后，温序的长子温寿上表辞官，请求将父亲骸骨移归家乡。皇上体恤他一片孝心，准其所奏。一代义士，最终魂归故里。

郭泰(128—169)，字林宗，东汉末期大教育家，太原界休(今介休市)郭家村人。曾有人举荐他作“有道”(汉代选举科目之一)，被后人颂号有道先生，尊称“郭有道”。与兴晋贤臣介子推、宋朝第一名相文彦博并称介休“三贤”。

郭泰早年丧父，与母亲相依为命。长大成人后，母亲想让他去县衙谋差，改变家庭经济的窘迫处境，他却不愿与衙门中鄙猥小人为伍，遂不依母命，独自游学，欲通三坟五典，将来成就大业。郭泰二十出头称冠太学，他顺应太学生批评时政之潮流，发动组织耿直的官僚名士、太学生，同作恶多端的宦官集团作斗争，由贫家孤儿跃为天下名士，成为三万名太学生的首领。

郭泰画像

“党锢之祸”后，年仅二十六七的郭泰，离洛返乡，先后在汾州(现汾阳)城内天宁寺及界休北关(现介休市东顺城关)华严寺,创办林宗书院,教授生徒数千。郭泰刚直耿介、洁身自好的高贵品质,备受仰慕。中国旧时蒙学课本《幼学故事琼林》载:东汉“郭林宗名重京师,士争归之,刺常盈车。”刺,指谒笺、谒帖,相当于现代的名片。郭泰在界休华严寺梧桐院开设林宗书院,常以自种的青菜为馅,制饼充饥,诸弟子及乡邻效之以尝,以为得意,赞称此“合子”为“林宗饼”。有一次,郭泰身着布衣外出,脚穿贫民吉莫靴(极粗糙的皮鞋),骑马操鞭,将头巾折起一角,以挡雨淋,人们见后争相效仿,以至无雨之时亦将头巾折起一角,以示俨雅,并喻之“折角巾”、“林宗巾”。郭泰每逢外出借宿住店,总要检查一番用品是否有损坏,如有则照价赔偿;并把房间设施及地面收拾干净,与主家道别致谢方才离去。人们得知此情,皆学着他的做法去做,一时纯朴礼仪之风大兴,城乡传为美谈。郭泰外出若闻母亲身体不适,必急速赶回家中奉侍照护。母病故,他悲痛欲绝,以致呕血发病,调养一年之后,方才痊愈。

《后汉书》记载:“郭泰以四十二岁盛年卒后,陈留蔡邕、范阳卢植、扶风马日磾等四方人士千余人,前来会葬,持朋友服,志同道合者刻石以示敬重。其中,心丧期年者有韩子助、宋子浚等二十四人,门人弟子著锡衰者数以千计。自弘农函谷以西、河南汤阴以北二千里,负笈荷担弥路,柴车苇装塞途,盖有万数来赴。赴丧众人掬土为坟……”郭泰坟在介休城东二里俗称“石门子”的地方,坟前有碑多通,其中最著名的是《郭泰碑》即《郭有道碑》,亦称《郭林宗碑》。原碑乃郭泰逝世两年后,由东汉著名文学家、杰出书法家蔡邕撰文并以隶书勒石。该碑早已丢失多年,后有南朝济宁一书家、明末清初傅山、清初郑谷口等以蔡邕撰文重书刻石。《水经注》载:“蔡伯喈谓卢子干、马日磾曰:吾为碑铭多矣,皆有惭德,唯郭有道无愧色耳。”因此《郭泰碑》又名“无愧碑”。

王允(137—192),字子师,太原祁(今祁县)人,东汉末年名臣。王允出身官宦世家,少年时期,就已经成为满腹经纶、学富五车的才子,远近文人学士都对他刮目相看。习文阅经之余,王允还坚持习武强身。他崇慕卫青、霍去病的威猛和气度,同时也佩服他们誓死卫国的精神。鉴于他的才能和表现,王允被朝廷征召为侍御史。

永汉元年(189),董卓废少帝,立献帝,挟天子以令诸侯,赤裸裸地表现出对权力的贪婪欲望。从董卓的种种倒行逆施中,王允意识到董卓

祁县王允墓

将成为威胁东汉政权的最大隐患，必须拔除。可是，董卓手中掌握有强大的军事力量，党羽众多，董卓本人又凶残毒辣，如果主动出击，无异于以卵击石。于是，王允开始在表面上一味听任，甚至顺从董卓，让他放松对自己的戒备。董卓见王允不但具有才识，而且对自己忠心耿耿，便把王允当作心腹亲信，朝政上大小事务，都托付给王允处理。王允借此时机，亲自主持了一些恢复王室和发展社会经济的具体事务。

初平三年（192）春天，王允和士孙瑞、杨瓒等人借登台祭祀乞神降雨之机，商议谋杀董卓的行动方案。王允提议，可以安插内应，里应外合，杀他个措手不及。他利用董卓与吕布之间的矛盾，秘密召见吕布，委他作内应，吕布与董卓爱妾私通，怕董卓发现报复，于是便答应下来。事前，吕布派同郡骑都尉李肃等人带领十多名心腹亲兵，穿上宫廷侍卫的服装，潜伏在宫殿侧门两边。当董卓大摇大摆地出现在侧门外时，立即遭到潜伏在门后的李肃等人的突然袭击。董卓急呼吕布，吕布手捧圣旨，大呼：“奉旨杀贼！”董卓在绝望中被吕布所杀，并诛三族。董卓被杀，朝廷上下一片欢腾。王允巧设连环计诛杀董卓，匡扶汉室，留名千古。

《三国演义》郝昭绣像

郝昭（？—229），字伯道，三国时榆次（今榆次区）人，是镇守河西多年的将领。历史上对他的评价是：“为人勇而有谋，以功封杂号将军，镇守河西十余年，民皆服畏。”(《三国志·魏书·明帝纪第三》引注《魏略》)《三国演义》中,郝昭身长九尺,猿臂善射,深有谋略,少年从军,屡立战功,受魏大将曹真推荐镇守陈仓,防御蜀汉。

当年,诸葛亮带兵包围了郝昭镇守的城池陈仓,并且自以为胜券在握。诸葛亮先派蜀大将魏延夺取陈仓,但魏延久攻不克,他便又派郝昭同乡靳详在城外劝降。郝昭站在陈仓城头对靳详说:“魏国的律法,你是熟悉的,我的为人,你是了解的。我深受国恩,只有一死而已。你回去告诉诸葛亮,让他来攻打吧。”靳详把郝昭的话转告了诸葛亮,诸葛亮再次让靳详劝告郝昭,说:“兵众悬殊,抵挡不住,何必白白自取灭亡。”然而郝昭仍是厉绝归降,说:“前面已说定了,我认识你,箭可不认识你。”靳详只好返回。

诸葛亮见劝降无望,便开始了攻城。诸葛亮手下有几万兵马,郝昭才有一千多兵众,兵力悬殊很大。趁援兵还没有赶到的时机,诸葛亮对陈仓城发起了猛烈的攻击。蜀军架起云梯,郝昭便令火箭齐射云梯;云梯火势熊熊燃烧起来之后,郝昭又用绳子系上石磨,掷击汉军的冲车,冲车被击毁;诸葛亮制作百尺高的井字形木栏,向城中射箭,用土块填塞护城的壕沟,郝昭便在城内筑起一道城墙;诸葛亮挖地道,想从地道进入城里,郝昭便在城内挖横向地道进行拦截。就这样昼夜攻守,双方相持二十余日,诸葛亮仍无法攻克。不久,魏国曹真派遣费曜领援军到来,诸葛亮因粮草匮乏唯有退军。

郝昭由于这次对陈仓的成功坚守,受到了魏明帝褒奖,赐爵列侯。当时魏明帝对站在旁边的大臣孙资高兴地说:“卿乡里乃有尔曹快人,为将灼如此,朕复何忧乎?”(《三国志·魏书·明帝纪第三》引注《魏略》)正当魏明帝要重用郝昭之时,郝昭却于魏太和三年病逝。他在遗书里表示希望子孙薄葬自己,并在临终前告诫其子:“厚葬无益于死者也,汝必敛以时服。”(《三国志·魏书·明帝纪第三》引注《魏略》)

王凌(171—251),字彦云,太原祁(今祁县)人,王允之侄。他是曹魏政权中的重要人物之一。王凌出身仕宦之家。董卓之乱,王氏一门被董卓部将李傕、郭汜诛杀,只有王凌及其兄长逃回家乡。建安初,王凌得举孝廉,出任县令,不久因罪被罚5年苦役。服役期间,正好遇到曹操巡部,曹操得知他是司徒王允之侄,又系因公犯罪,便下令解除其劳役,任他为郡中骁骑校尉的参谋。待曹操灭袁绍为冀州刺史后，擢拔他为郡守，后又为丞相府主簿，与杨修、贾逵共掌丞相府日常事务，当时号称“三主簿”。

魏国建立，王凌始出典州事。他每历一州，都有显著治绩，颇受当地百姓称赞。任青州刺史时，因其地地处东陲，政令不能推行，官吏多不奉公守法。王凌到任后，从教化入手，布政施教，赏善罚恶，整顿社会秩序，整饬吏治，使一州之内社会秩序有了明显改善，受到当地百姓的交口称赞。后来，王凌先后为扬、豫两州刺史。在豫州任上，他按照儒教的礼治观念，集中精力恢复这一地区的封建秩序和伦理道德，以儒家的忠孝节义来教诲百姓，使这里出现了“文治”的升平局面。豫州是曹魏政权的腹心，这里的治理情况，事关全国之大局。王凌在豫州的礼治措施，在全国范围内起到了率先垂范的作用。

齐王曹芳正始元年（240），王凌转任征东将军，都督扬州诸军事，成为曹魏镇守东南的最高将领。扬州不仅是曹魏的军事重镇，也是东南粮仓。周回300余里的芍陂，水网纵横，灌溉着淮南千里稻田。为确保这座粮仓，曹魏在此设置了大批屯田士卒，并有常驻军队守护。正始二年（241），吴国乘魏明帝丧，派大将全琮掠地淮南，企图破坏芍陂水利，切断曹魏东南粮食供给。为了保护芍陂屯田，王凌率淮南相邻的诸州士卒与吴军展开了激烈的争夺战，连战数日，终于击退了吴军，保住了这座粮仓，王凌因此而被加官为车骑将军。

后来，司马氏集团篡魏活动日紧，王凌和那些反对司马氏集团的力量联合，反对司马氏集团。然而，事与愿违，王凌败给了司马懿，服毒自杀。

孙资（？—251），字彦龙，汉魏时太原中都（今平遥县）人。孙资三岁时父母就去世了，由兄嫂抚育长大。孙资聪颖过人，博学多识，司空曹操召他做官，先为功曹，后任计吏、丞相谋臣等职。建安十八年（213），曹操胁迫汉献帝封他为魏公，以孙资、刘放为秘书郎，并倚为心腹和耳目。建

孙资画像

安二十一年(216),曹操进为魏王,孙刘二人分别任左右丞。黄初元年(220),曹丕称帝,改秘书省为中书省,以刘放为中书监、孙资为中书令,共同执掌朝政。魏明帝曹叡继位之后,二人权势益重,备受宠幸。孙资足智多谋,是曹叡的心腹,曹叡的众多战略部署都离不开孙资的谋划。

魏明帝太和元年(227),蜀国丞相诸葛亮趁魏文帝曹丕新逝,兵发南郑(今陕西汉中市南部),朝中谋臣提议发兵征讨,只有孙资不以为然。他以曹操当年征伐南郑为训,劝谏明帝不责将士之力,不争一朝之忿,见胜而战,知难而退,养精蓄锐,增强国力。魏明帝采纳他的建议,占据险要,严防固守。数月之后,蜀军无功而返。也在此时,吴国人彭绮自称将军,率众数万攻城掠地,引起吴国震荡。魏国又有人提议乘此良机出兵灭吴。还是孙资提出异议:"吴国法禁严整,国力强盛,彭绮起事,不过是疥癣之疾,而非腹心之患,时下出兵,徒劳无益。"曹叡因此打消了伐吴的念头。

作为朝廷重臣,孙资对外能高瞻远瞩,审时度势;对内能顾全大局,妥善调停。征东将军满宠、凉州刺史徐邈等人远离朝廷,镇守一方,均为国之栋梁。可是,朝中奸佞之臣屡次在魏明帝跟前谤毁他们。魏明帝将信将疑的时候,孙资总是力称满宠、徐邈的功劳,赞誉他们的忠勇,消除了主上对臣下的疑虑。

景初三年(239),魏明帝卧病在床,自知不久于人世,便着手安排后事。他想任燕王曹宇为大将军,由领军将军夏侯献、武卫将军曹爽、屯骑校尉曹肇、骁骑将军秦朗一同辅政。孙资、刘放寻思:倘若夏侯献、曹肇辅政掌权,他二人轻则罢官夺爵,重则诛家灭族。于是,二人便设计阻止他们掌权,力主司马懿入朝辅政。魏明帝把自己的想法说给燕王曹宇,曹宇谦辞推让,称自己没有能力胜任大将军之职。明帝便将孙资、刘放召入内室,问:"燕王为何如此?"孙、刘乘机回答:"燕王自知能力有限,不堪大任,故而推让。"明帝又问:"谁可担此重任?"当时曹爽在旁,二人几乎异口同声:"曹爽可以。"曹爽一听,顿时汗流满面,不知所措。趁明帝不注意,刘放悄悄踩他一脚,还附到他的耳边教他说:"臣以死报效国家!"由此,曹爽、司马懿得以辅政。曹宇、夏侯献、曹肇、秦朗诸人罢官免职。明帝曹叡驾崩,齐王曹芳登基,改元正始,孙资任右光禄大夫;正始六年(245),升任卫将军;正始九年,他以列侯退职归家,居留京师。嘉平元年(249),司马懿诛杀曹爽,孙资官复原职;嘉平二年(250),他二次退位,加拜骠骑将军。嘉平三年,孙资去世,谥号贞侯。

两晋文坛孙氏三才子

两晋时期,士族以门第高低分享特权,逐渐形成“下品无士族,上品无寒门”的局面。在此背景下,两晋文人务为博闻多识,务求典雅华美,出现了张载、陆机、潘岳、左思、王羲之、孙楚、孙绰、孙盛等一大批文风典雅、词彩华美的文章大家。而其中享有盛名的孙楚、孙绰、孙盛祖孙三人正是晋中市平遥县(太原中都)人。

孙楚(220—293),字子荆,西晋文学家。史称其“才藻卓绝,爽迈不群”。孙楚因行事不合时宜,常受压制,年四十余,始以著作郎参镇东军事。魏末,孙楚先入仕为镇东将军石苞的参军,后为晋扶风王司马骏征西参军,晋惠帝初为冯翊太守。孙楚以超群的才藻,留下了大量的诗赋、书信,为研究这一时期的文学创作提供了资料。孙楚的作品在南朝梁时,即有编定的集子。据《隋书·经籍志》记载,当时他的集子共有 6 卷。到清朝严可均辑《全上古三代秦汉三国六朝文》,共收录他的赋 17 篇,另外还有奏议、书信等。

他的诗赋中充满了浓厚的生活气息和奋发精神。他的《登楼赋》“牧竖吟啸于阡陌,舟人鼓枻而扬歌。营巷基峙,列宅万区,黎民布野,商旅充衢”数句,将长安城外的田园风光及城内市区景象,描写得如在目前,逼真可信。孙楚的送别之作亦充满积极向上的精神。《征西官属送于陟阳侯作诗一首》“天地为我炉,万物一何小。达人垂大观,诚此苦不早”,表现了对死生的无虑以及对征人的深切慰勉。

孙绰(314—371),字兴公,孙楚之孙。东晋著名玄言诗人,曾任临海章安令,在任时写过著名的《天台山赋》。其善书博学,是参加王羲之兰亭修禊的诗人和书法家,是东晋士族中很有影响的名士。早年博学善

孙绰《游天台山赋》石刻

文，放旷山水，曾著有《遂初赋》自述其志，与高阳许洵为“一时名流”。

据《晋书》记载，绰袭父爵为长乐侯，官拜太学博士、尚书郎。晋哀帝隆和元年（362），大司马桓温北伐收复洛阳后阴谋篡位，欲迁都洛阳。朝廷及众官皆慑于桓温权势，无人敢提异议。唯孙绰挺身上书《谏移都洛阳疏》，疏中写道：迁都乃“舍安乐之国，适习乱之乡，出必安之地，就累卵之危。”

孙绰信奉佛教，与名僧竺道潜、支遁都有交往。写了很多佛教方面的文章，如《名德沙门论目》《道贤论》等。晋室南迁之后，避乱到江南的士大夫把崇尚佛老和清谈之风带到江南并加以发展，此风影响到诗歌，使催生了中国文学史上盛极一时的玄言诗，孙绰被文史家誉为玄言诗的大师和一代文宗。

孙绰的文采，当时人称横绝一世。文士以绰为冠，王公大臣皆以得绰文为荣。朝中重臣名士如殷浩、桓温、庾亮等的墓志碑文，均出其手。孙绰任右军长史、永嘉太守时，在会稽住过相当长的时间，与谢安、王羲之等皆为一时名流，是当时绍兴文士集团的重要成员。晋穆帝永和九年（353），王羲之、谢安、孙绰、支遁等四十一人会于兰亭，饮酒赋诗。孙绰与其兄孙统各赋诗两首，孙绰并被推举撰《兰亭集诗·跋》。孙绰的《游天台山赋》工丽细致，词旨清新，在晋赋中较为有名。赋中对景物作了细致的描绘。“赤城霞起而建标，瀑布飞流以界道”，“双阙云竦以夹路，琼台中天而悬居。朱阙玲珑于林间，玉堂阴映于高隅”等句，文辞工整秀丽，颇有情韵。孙绰视此赋为平生得意之作，曾对范启说：“卿试掷地，要作金石声也。”

孙绰的著述中，产生影响最大的是《喻道论》。该文以问答的形式对佛和佛道、周孔之教与佛教的关系、出家是否违背孝道等问题进行了论证，是继《牟子理惑论》之后又一部捍卫佛教立场的论著。他认为佛道是至为高深的，人们往往囿於传统的儒家学说，看不到还有比它更博大精深的佛教教义。关于周孔之教与佛教的关系，他提出了“周孔即佛，佛即周孔”的观点，在中国佛教史上第一次用如此明快的语言表达了儒佛一致论。

孙绰作为以玄理为题材创作玄言诗的一代文宗，在中国诗歌发展史上有着不可忽视的地位。孙绰还著有《论语集解》《老子赞》《遂初赋》等，后人辑为《孙廷尉集》，原书已佚。明文学家张溥的《汉魏六朝百三家集》有辑本。孙绰亦工书。唐张怀瓘《书断》列孙绰书为第四等，与羊欣、孔琳之等同列。

孙盛（320—391，一说约 308—379），字安国，也是孙楚之孙，东晋史学家、著名的无神论者，在东晋史学上享有极高的声誉。孙盛从小就受到良好的文化教育，养成了笃学不倦、手不释卷的习惯，很快便以博学多才、强闻博记跻身于当时的文化名流之中。有关他与当时名流们交往辩难的事迹，在《世说新语》中多次出现。孙盛一生著作极多，达数千篇，内容包括诗、赋、论以及医学、卜筮、易象方面的著述，还有《魏氏春秋》20 卷、写晋朝历史的《晋阳秋》32 卷、《文集》10 卷。可惜，《魏氏春秋》和《晋阳秋》早已亡佚。今天我们能见到的部分佚文，分别留存在《弘明集》《广弘明集》《全晋文》《三国志》和《世说新语》等书中。孙盛在哲学上是无神论者，他坚持唯物主义形神唯一论，极力反对当时盛极一时的“图谶之学”。孙盛尤长于辩论，据《晋书·孙盛传》和《世说新语》载，当时最擅长辩论的人是殷浩，能与其抗论者，唯有孙盛而已。孙盛曾任多种官职，最高至长沙太守、秘书监加给事中。

孙盛作史有董狐遗风，极重史德。据载，他著的《晋阳秋》“词直理正，咸称良史”。孙盛曾为东晋征西大将军桓温帐下参军，深受桓温的青睐。他将桓温第三次北伐前燕时的败绩，如实记载于《晋阳秋》中。不久，桓温见到了这部书，看到有关战事的记载，非常气愤，便对孙盛的儿子说：“此战只是偶然的失利，何至于像你父亲说的那样严重！这本书要是流行开，跟你们家族关系至大！”以杀身灭族相威胁。孙盛的儿子连忙叩头谢罪，并说回去请父亲删改。当时孙盛已退休在家，儿子们跪在孙盛脚下，边哭边诉说：“请父亲大人为全家老小百口考虑进行删改吧！”孙盛不但不听，反而大怒，拒不屈服于桓温的淫威，坚持按实书史，不退半步。孙盛的儿子们不敢当面顶撞，但之后还是将这一部分改写，连夜送去给桓温过目。谁知孙盛也担心儿子们私自改写，竟亲自又抄写了一部，派人送给了远在辽东的前燕国主慕容儁。结果，《晋阳秋》就有了两个版本。孙盛正是靠着这种实事求是的品德，据理力争，不畏强霸，成为垂于青史的著名史学家。

南迁的祁县世族名人

西晋末永嘉年间，中原地区战乱，周边部族内徙割据，酿成永嘉之乱。晋元帝司马睿率中原汉族臣民南渡，北方世族豪门纷纷跟随南迁，史称“永嘉之乱，衣冠南渡”[1]。这些南迁世族，以其聪明才智和文功武略，在当时的历史时期，发挥了举足轻重的作用。祁县籍东晋名臣温峤、南朝大将王玄谟和王僧辩就是其中杰出的代表。

温峤（288—329），字泰真，东晋名将，太原祁县（今祁县）人，司徒温羡之侄。温峤17岁出仕，后任刘琨的参军，积功至司空府左长史。晋元帝建武元年（317），温峤作为刘琨的信使南下劝进，从此历任显职，并与晋明帝结为布衣之交。曾任江州刺史，参与平定王敦、苏峻的叛乱。苏峻之乱平定后，温峤拜骠骑将军、开府仪同三司，加散骑常侍，封始安郡公。死后赠侍中、大将军，谥号忠武。温峤“博学能属文”，《隋书·经籍志》有《温峤集》10卷。

---

①唐刘知几《史通·邑里》：“异哉，晋氏之有天下也！自洛阳荡覆，衣冠南渡，江左桥立州县，不存桑梓。”

建兴四年（316），西晋灭亡，琅琊王司马睿渡江南迁，温峤也随之南下。建武元年（317），司马睿称晋王，刘琨以温峤为左长史，派其到建康劝进。临行之前，刘琨对温峤道：“今晋祚虽衰，天命未改，吾欲立功河朔，使卿延誉江南。”温峤欣然受命。同年六月，温峤到达建康，在朝堂之上，慷慨陈词，满朝为之瞩目。当朝名士王导、周顗、谢鲲、庾亮、桓彝等都欣赏温峤的才学与能力，争相与之交往。

温峤画像

晋元帝加封温峤为散骑侍郎，担任骠骑将军王导的长史，又迁任太子中庶子。温峤在东宫期间，数次上表规谏，又献《侍臣箴》，深得太子司马绍器重，引为布衣之交。永昌元年（322）正月，王敦以诛杀刘隗、刁协的名义起兵，进逼京师。三月，朝廷军队尽皆败归，司马绍打算亲自领兵出战。温峤拦马进谏：“臣听说善于作战的人不轻易发怒，善于取胜的人往往不是凭借武力。殿下身为一国储君怎能以身犯险而置天下于不顾？”司马绍这才作罢。同月，王敦攻破建康，欲以不孝之罪废黜太子。王敦大会百官，声色俱厉地质问温峤：“太子有何德行？”温峤正色回答：“探讨高深的治国之道，使国家长治久安，这不是见识短浅的人所能认识的。依照礼义看来，这就是孝。”大臣们尽皆赞同，王敦阴谋未能得逞。

同年十一月，晋元帝去世，司马绍即位，即晋明帝。晋明帝即位后，任命温峤为侍中，不久又改任中书令，参与机要。王敦不满，要求朝廷任命温峤为自己的左司马。温峤假意勤勉恭敬，为王敦出谋划策，又与其心腹钱凤交好，逐渐取得王敦的信任。太宁二年（324）六月，守备京师的丹阳尹出缺，温峤对王敦说：“丹阳尹掌管京师，如朝廷之喉舌，任职的人一定得文武兼备，你应该亲自选择才行，要是让朝廷任命，怕不好控制。”王敦很赞同，问温峤谁可担当此任，温峤说：“我认为钱凤可以任用。”钱凤反过来又推荐温峤，温峤假意推辞，王敦不听，上表让温峤补了丹阳尹之职。温峤担心钱凤明白过来会阻挠，在为他举行的饯别宴会上，来到钱凤席前敬酒，钱凤还未来得及饮，温峤假装酒醉，用手把他的头巾打落，怒形于色说："你是什么了不起的人，我敬酒你竟敢不接受！"王敦真当温峤醉了，于是把他们劝解开去。临走时，握手话别，反复几次，然后才上路。等他动身后，钱凤对王敦说："温峤和朝廷关系密切，恐怕难以信任。"王敦说："温泰昨天醉了，和你产生了一点小冲突，你怎么能因这点小事在背后说他的坏话呢。"温峤回到京师后，向皇帝汇报了王敦将要叛乱的情况，请朝廷要有应变的准备。

同月，王敦得知温峤背叛，大为恼怒，于是以诛杀温峤等奸臣的名义再次起兵，并扬言要亲自拔掉温峤的舌头。晋明帝封温峤为中垒将军、持节都督东安北部诸军事，抵抗王敦。七月，王敦军队到达秦淮河南岸，温峤认为军力不足，援军未到，命令烧毁朱雀桥以阻敌军。两军隔河对峙，温峤亲自率军渡河奇袭，大败王含（王敦族兄），又命刘遐击败钱凤。不久，王敦病亡。王敦之乱平定后，晋明帝下诏将王敦的党羽革职除名，僚属予以禁锢。温峤认为，对陆玩、刘胤、郭璞这样被迫跟从王敦的人应该宽宥，司马绍采纳了温峤的意见。

太宁三年（325），晋明帝病逝，温峤与司徒王导、车骑将军郗鉴、护军将军庾亮、领军将军陆晔、尚书令卞壸等人受诏辅国。因皇帝司马衍年幼，由庾亮执政。咸和二年（327），苏峻起兵反叛。温峤与庾亮起兵讨伐苏峻，传檄天下，宣告苏峻罪状。他们组织起讨伐苏峻的联军，旌旗连结七百余里，声势大振，兵锋直指石头城。苏峻见联军势大，面有惧色，对部下道："我早知道，温峤能得众心。"庾亮、温峤等率步兵万人从白石出战，陶侃都督水军攻打石头城。苏峻酒醉之下，马失前蹄，被陶侃麾下将领斩杀。苏峻之乱平定后，朝廷打算让温峤留在朝中辅政，但温峤要求返回江州。

同年四月，温峤路过牛渚矶，听闻水下多怪物，便命人点燃犀角下水照看。当夜，温峤中风，回到武昌后没有几天就去世了，终年四十二岁。江州百姓听到温峤去世的消息，无不相对而泣。

王玄谟（388—468），字彦德，祁县修善村人。王玄谟出身书香门第，从小孤僻，很少和人来往，乡里中有人评价他：有"大将"风度，长大了可以当"太尉"。

王玄谟进入军界，是从南朝宋开始的。宋的开国皇帝叫刘裕，在刘裕东征西讨的战争中，王玄谟投入刘裕部下，当了一名“从事史”的小官。南朝刘宋，共60年，前后有九个皇帝。王玄谟从宋武帝刘裕，到宋明帝刘彧共侍候过七个皇帝，为官近50年。先后担任过南豫州刺史、雍州刺史、徐州刺史和车骑将军、宁朔将军等职务。刺史属地方高官，在南朝是实权派，很多贵族宁愿到地方担任刺史，也不愿到朝廷担任宰辅等大官。宋孝武帝刘骏死后，他担任“顾命大臣”，一直到公元468年病逝。

王玄谟画像

王玄谟担任刺史的州郡，都在南朝的北边，与北朝的边境犬牙交错，是北讨和防止鲜卑人南侵的前沿阵地。他统帅的军队是刘宋的主力，装备精良，阵营严威。当时，北魏鲜卑兵将或刘宋的叛军，一听王玄谟领兵攻来，均吓得心惊肉跳。他率兵平灭贵族刘义宣和江州刺史臧质的叛乱，又平定了司马黑石的叛乱。

担任雍州刺史时，王玄谟下令九品以上官职的家族必须交赋税。魏晋以来，九品以上官员家中，土地多，不交税，享有特权。王玄谟命令九品以上官员家属交赋税，既增加了国库收入，又减轻了穷苦农民负担。任徐州刺史时，徐州北部遭灾，大部分百姓饿起了肚子，王玄谟筹集私谷十万石，耕牛千头，给灾民们发放。

宋孝武帝刘骏，以给群臣起绰号、侮辱大臣人格为快事。已经年逾七旬王玄谟，说一口祁县土话土音。当时，朝廷内外“吴语”流行，皇帝刘骏不称他“王玄谟”，而称他“太原土包子”。皇帝刘骏说：“太原土包子，快奏。”王玄谟严肃而谈，有礼有节。王玄谟久立不倒，究其原因，除握有重兵，屡建奇功外，主要是很能忍耐，手持中正，他不跟随叛将发动叛乱，也不向皇帝谄媚献宠。年近八旬时，王玄谟寿终正寝，谥“庄公”。

王僧辩（？—555），字君才，也是晋中祁县籍的一位闻名史册的领

王僧辩画像

兵大将。南北朝初期，随父王神念南迁江南。

当时，齐朝灭亡，梁朝建立。年轻的王僧辩投入梁武帝萧衍的七子萧绎部下，担任左常侍。从此，他一直跟随萧绎，指挥着千军万马，为萧绎夺权登基，为平灭侯景叛乱，费尽了自己一生的心血。他先后担任过荆州刺史、巴陵太守，萧绎登基后，他又担任领军大将军、司徒、尚书令，最后被他的好友陈霸先杀害。

梁朝的开国皇帝萧衍，在位时间 48 年。他的子孙们，为争皇位、争地盘，闹得反目成仇，水火不容。而梁武帝萧衍竟然还招抚了北朝一个残忍凶暴的败将侯景，之后便有了历史上的侯景之乱。王僧辩率领大军，屡次击败侯军。侯景攻陷建康后，又派兵进攻岳阳。王僧辩指挥将士固守岳阳。在侯景嚣张的气焰下，王僧辩几次坐着轿子，打着旌旗，吹奏音乐，在岳阳城内和城墙上，巡视防务。侯景指挥他的兵将，攀登城墙，拼死进攻。王僧辩指挥军队用砖、石、弓箭，把侯军兵丁纷纷击落城下，岳阳城岿然不动。侯景又连连喊话，诱逼王僧辩投降，王僧辩以弓弩和砖石作为回应，把侯景军打得落荒而逃。

岳阳之战，是侯景叛梁以来遭到的最大挫折，它改变了梁军的被动局面。各路反侯景的梁军，也鼓起了士气，从各地不断向侯军发动攻击。这时，王僧辩军中缺粮。广州刺史陈霸先，率大军北上，应援，并给王僧辩送来粮米 30 万石。王、陈二军会师，士气高昂，锐不可当。二人率军从江州出发，直指建康。在建康外围，经过姑苏一战，消灭了侯景的主力。侯景见败局已定，乘船东逃，途中他竟把自己的两个幼子推到江中，随从人员中有一梁朝降将，见侯景昏昏酣睡，强令船工调转船头，返回京口。侯景醒来，发现船向不对，那位梁朝降将举起长矛把他刺死。还至建康，这名降将把侯景尸体送给王僧辩。历时五年的侯景之乱，终被平息。

在平定侯景之乱中，王僧辩率领的军队立了大功。但梁元帝萧绎心胸狭窄，满腹猜疑，容不得任何不同意见，内忧外患不断，只在江陵做了不到三年的偏安皇帝，还未到京城建康的皇帝大殿上走一步，就惨死在江陵了。萧绎死后，王僧辩和陈霸先拥戴萧绎的第九子萧方智登基当了皇帝。萧方智才 13 岁，朝廷的军政大权都掌握在王僧辩手中。

此事，引起了朝野的反对。当时，手中握有重兵、在平定侯景之乱中立了大功并且与王僧辩是盟血好友的陈霸先，利用这一局面，借口准备护驾，迎击西魏的进攻，率军进入建康。在王僧辩毫无觉察的情况下，突然把王僧辩逮捕，并立即用绳子勒死。一代名将，就这样草草地结束了他的一生。

草莽英豪——后赵王石勒

石勒（274—333），字世龙，羯族，十六国时后赵开国之君。

两汉以后，生活在塞外的匈奴、羯、羝、羌等少数民族（所谓“胡人”）开始内迁到今山西各地，与汉人杂居。羯族的聚居地主要在上党郡武乡县一带，包括今榆社县大部分及相邻的和顺县、武乡县一部分。石勒的祖父是三国时期迁至当时的武乡县的，他的父亲周曷朱是一个部族的小帅。但由于民族歧视和当时等级分明的士族制度，他们家的社会地位非常低下。

石勒少时壮武有力，善骑射。但家境贫寒，遂务农亦行商。少年时负贩洛阳，一声长啸，惊动王衍，被视为乱世之雄，北宋王安石还专门赋诗“牧奴长啸入都门，相公堂上惊怵音”以记此事。石勒立志以武力夺天下，鄙弃曹操子孙与司马氏依靠权谋从小孩子手中篡权夺国的做法。并自认为若遇汉高祖刘邦，当甘为将领驰骋疆场立功；若遇汉光武帝刘秀，当一争高低，共竞天下。

石勒戎装画像

晋惠帝太安二年(303),山西境内发生大饥荒,并州刺史司马腾派兵抓百姓贩卖到山东(太行山以东)等地为奴,得钱以充实军费。时称"胡人"的少数民族是主要贩卖对象。当时石勒也被抓,两人一枷,由官兵押送卖与山东茌平人师欢为奴。永兴二年(305),石勒与汲桑等起兵,投公师藩。晋怀帝永嘉元年(307),汲桑部攻邺城(今河北境内),杀已改任车骑将军、新蔡王的司马腾,后被西晋军击败。石勒与汲桑分手后,逃到乐平(今昔阳)躲避,依胡人(匈奴)首领张督,共投汉国刘渊(匈奴人),被封为辅汉将军、平晋王。后又诈降乌桓部伏利度,缚其首领,领其部众,得兵两千余人。刘渊命他督山东征讨诸军事,遂向太行山以东攻城掠地,数年时间即拥兵十万余人,并将所俘儒生文士编为君子营加以保护。其间,石勒又晋升为安东大将军。永嘉四年(310),汉王刘聪再晋升石勒为镇东大将军,与王弥合兵攻掠徐、豫各州。十月,数路汉军进攻洛阳,合围西晋都城。次年四月,石勒率军追歼晋军主力于宁平城(今河南鹿邑西南），杀十万余人，坑杀西晋诸王四十余人及司徒王衍以下官员无数。永嘉五年（311）十月，石勒兼并王弥军，实力更雄厚。后因南攻受挫，遂率众北还。次年再攻邺城，招引各地羯族人众，用张宾为谋士，占襄国（今河北邢台）一带为根据地，整军聚粮，雄霸一方。刘聪任石勒为都督，领冀、幽、并、营四州诸军事，兼冀州牧，封上党公。

汉刘聪嘉平四年（314），石勒袭杀西晋幽州刺史王浚，受封为骠骑大将军、大都督、东单于。晋愍帝建兴四年（316），山西境内发生饥荒，石勒派兵两万余人驻并州，招附流民20万余户。刘聪惧其势力过大，连加斥责，石勒不但不收敛，反于十一月又发兵进攻坚守并州的刘琨，驱其逃奔蓟州（今北京市一带），拿下并州摧毁了晋王朝残留在北方地区的最后一支中坚力量。

东晋大兴元年（318），汉国君刘聪死，子刘粲继位，不久被靳准杀死。第二年十一月，石勒于襄国自号大将军、大单于，领冀州牧，称赵王（刘曜已改汉为赵，史称前赵，石勒建国后称后赵）。同年冬建立后赵，即赵王位。东晋成帝咸和三年（328），石勒定年号为太和。十二月，与前赵大战获胜，俘刘曜。次年，又派中山公石虎（字季龙）攻灭刘曜子刘熙，灭前赵，基本占据中原以北地区。

公元330年，石勒称大赵天王，行皇帝事，改元建平。石勒很重视处理民族关系，以促进民族融合团结。尤其在用人上，他注意挑选汉人中的有识之士管理国事。石勒亦十分重视文化教育，于郡国设立数十所学校，还组织文人学士编纂《上党图记》《大将军起居注》等史书。石勒对文臣谋士张宾等信用不疑，对冲撞过自己的人也不计前嫌。有一文士因遭其部下抢掠，衣着褴褛见石勒。石勒问何故如此，他愤怒地回答："羯贼无道，掠夺至此。"石勒虽为羯人，仍笑答曰："羯贼令先生如此，我今向你赔偿。"其大度由此可见一斑。

建平四年（333），石勒死。其侄儿石虎杀其子石弘篡位。继石虎后，即位者还有石遵、石祗，后赵立国三十余年。

从奴隶到皇帝，石勒为中国历史上的第一人。千百年来，人们对他的身世籍贯和功过是非多有关注，众说纷纭。石勒的籍贯，有今榆社县、和顺县和武乡县三说。根据近年地方史研究考证，似乎榆社说比较合理。《晋书·石勒载记》："石勒字世龙，上党武乡羯人也。"这是关于石勒籍贯的早期权威记述。“上党武乡”是指上党郡武乡县。《晋书·地理志》“上党郡，秦置，统县十，户一万三千。潞、屯留、壶关、长子、泫氏、高都、铜鞮、涅、瀼垣、武乡。”其中的“涅”是指涅县，治所在今武乡县故城。涅县西汉开始设立，西汉时叫涅氏县。此后，东汉改为涅县，以后各代因之，直至北魏太和十五年(491)改涅县为乡县，唐初始称武乡县。该涅县(涅氏县)，据考证，治所中心在今长治市武乡县西部的故城一带，也就是说，北魏太和十五年之前，今武乡县一带为上党郡涅县(涅氏县)。而《晋书·地理志》记载的“武乡县”，县治在今榆社县北部的社城镇社城村。《十六国疆域志·后赵》：“晋于涅县西三十五里，置武乡县，石勒时改属武乡郡。”《太平寰宇记·榆社县》：“本汉涅县地，晋于今县西北三十五里置武乡县，属上党郡。十六国前赵石勒即此邑人。”

如此，在两汉至三国时，以今武乡县故城为中心的附近地带属上党郡涅县(涅氏县)，县治在今武乡县故城。两晋时，在原涅县的西北部划设了武乡县，县治在今榆社县西北部的社城镇社城村，而涅县继续存在，县治还在今武乡县的故城。这样的建置一直维持到北魏太和十五年。而在此期间，西晋和前赵时的武乡县属上党郡统辖，后赵时设武乡

 榆社县赵王村石勒墓

郡，治所在武乡（即武乡县，治所在今榆社县），辖武乡县、涅县和沾县，武乡县仍属武乡郡。依此，《晋书》所述“上党武乡”只能存在于西晋至后赵之前，其地望应为今榆社、和顺、武乡一带，其中心在榆社县，邻近的和顺县和武乡县各有一部分，治所在今榆社县社城镇社城村。故而依据《晋书·石勒载记》“上党武乡羯人”的记载，认为石勒故里应为今晋中市榆社县，是适宜的。但当时武乡县地望确也包括邻近的和顺县和今长治市武乡县的一部分，加之后赵时又增设武乡郡，涅县、武乡县和沾县（治所在今昔阳县西南，地望包括今昔阳县、和顺县北部一带）统归武乡郡统辖，本属武乡郡统辖的涅、沾（今武乡、和顺）都称当地为石勒故里，并各有许多遗迹、地名故事佐证，也是可以理解的。

据《晋书》记载，石勒曾说：“武乡，吾之丰沛，万岁之后，魂灵当归之。”魂归故里为其夙愿。关于石勒陵墓，历来说法有四：河北邢台、山西榆社、山西陵川、山西武乡。2006 年 12 月，文物工作者几经寻访，在传有石勒墓的榆社县北寨乡赵王村找到了一通清咸丰十一年（1861）“重修赵王庙碑”。此碑保存完好，字迹清楚，从实物遗迹角度佐证了所谓“上党武乡”的所在。[①]在今榆社县社城镇社城村东南 10 余公里的北寨乡赵王村的后山，现存封土高 10.8 米，占地 26.4 平方米，保存基本完好，应该就是石勒墓的所在。

石马寺石窟及摩崖造像

三国两晋南北朝时期，佛教传入晋中。行教初期，在石山上开凿石窟或摩崖造像，是一种风尚。其后，佛教活动逐渐由雕凿石窟、石龛、摩崖、石刻转向修建佛寺。晋中现存规模较大的石窟有昔阳县石马寺石窟、榆社县庙岭山响堂寺石窟及邓峪村石塔等。其中，昔阳县石马寺石

①陈跃平：《榆社风》，大众文艺出版社 2008 年版，第 65-66 页。

昔阳县石马寺

榆社县响堂寺摩崖造像

窟及摩崖造像是这一时期的典型遗存。

石马寺石窟及摩崖造像位于昔阳县城西南12公里。据寺内题记载,寺内的摩崖造像开凿于“大魏永熙三年”(534)。隋唐时期又继续镌造,距今有近一千五百年历史。寺院最早叫“鹰落寺”,继而因寺内所凿石佛而易名“石佛寺”,后在寺前立石马一对,又改名“石马寺”。五代以后,各代在石刻周围随地形广狭建殿筑阁,以保护石刻免遭风雨侵蚀。据宋熙宁元年(1068)《寿圣寺记》碑文载:“熙宁以前,乐平(今昔阳)共有寺院二十三所。”其中就有石马寺。寺院由岳海捐创,共修佛殿、房庵、屋宇等三十余间。后奉中书下牒,特赐寺院“寿圣寺”匾额。据《重修石马观音阁记》碑文载:“金大定重修,元至正年间两缮。”明天顺、嘉靖、天启,清雍正、乾隆、嘉庆、同治、光绪时都进行过重修或补修。可以说从北魏至明清,这里的摩崖造像雕凿和木构建筑建设一直没有间断过。

石马寺石窟及摩崖造像分布在三块巨石的七个崖面上。崖面最高7米,总长70余米,共有造像龛313个,石窟3个,造像总数达1500余尊,大者高5米,小者仅5厘米,1米以上造像60余尊。早期石刻从北魏末开始,东魏、北齐的都有;晚期为隋唐作品及明代泥塑彩妆。

早期作品主要有三个石窟、两个五米大龛、三个方形小龛、西崖龛造像和摩崖浮雕礼佛图,早期造像约占造像总数的百分之七十。早期石窟平面呈方形、平顶、三壁三龛,四周设低坛基,单铺组合均为一铺三尊。佛龛形制有方形、方形抹角,也有尖拱楣圆拱龛。造像题材为一佛、一佛二弟子、二佛二菩萨、一佛二菩萨二力士、千佛、礼佛图等。佛像造型,高肉髻,面相扁平,颊颐丰腴,双目俯视,耳垂腮下,神情静谧。身着褒衣博带袈裟,内着僧祇支,裙裾覆座前八字展开成锐角,衣纹较密,颇显厚重。刀法为平直阶梯式。菩萨头戴花冠,面相清癯扁平,下颌尖微向前突。宝缯飞扬,披帛横肩呈三角状,沿身侧下垂至腹前穿环打结,衣裙垂于足下向外微张。特别是南崖五米大龛造像,主尊面相威严,目光下视;体型上细下粗,身躯端立;衣裾下垂至足,层叠翻覆;衣纹上简下繁,概括洗练,均产生一种重心向下的“力”的感觉,加强了体态的稳定、沉静、肃穆、庄重。左右胁侍菩萨,长颈秀眉,面带笑意,加之飘逸飞扬的宝缯,流畅明快的衣纹,颇显温情洒脱、含蕴至深、余味隽永。整铺造像给人一种宁静、高超、飘逸、睿智和超脱之感,是石马寺北魏造像的精品。

西崖浮雕礼佛图，造像形态均为静态，但由于整个构图的行列气氛和方向的引导，给人以静中见动、动中有静之感。子孙殿内的石窟造像，既承袭有北魏中期的造像遗风，又表现出新的变化和发展。衣裾下摆在佛座前，纹饰反复曲折，形如水波，起伏较大，颇有韵味。同五米大龛和方形龛造像相比，在风格上可能是同期作品的早晚差异。南壁石窟内的造像较为粗糙，佛像肉髻低平，面形浑圆，左右胁侍体形呈圆柱状，出现有平行的横向衣纹，既有北朝风格，又有唐风萌芽，是北朝到唐过渡时期的特征。

隋唐及以后造像主要分布于第一块巨石的北崖、南崖、东崖和第二块巨石的北崖。这些全部为龛造像，龛形出现部分横置长方形尖拱弧形龛。题材有如来佛、观世音、十八罗汉、一佛、三佛等。佛像多为水波纹肉髻，面相丰腴，双肩敷披袈裟，六角束腰莲座，束腰部分雕壶门有狮子力士托扛。小佛多为带梗莲座。菩萨头束高髻，项饰华丽，披巾婉转自如，刻工较为洗练。隋唐造像重在神似，不在形似。衣纹刀法不再像北朝那样僵硬、厚重。衣着有一种纱罗透体之感，写实性强，人情味浓厚。特别是北崖上部的自在观音，造像比例适度，姿态舒展自如，表情温和亲切，似乎不再是超然自得、高不可攀的神灵，而是管辖世事的权威主宰，吸引着世俗的膜拜者。可以看出这一时期我国雕塑艺术已由北朝的成熟期发展到高潮期。

石马寺有北魏、隋唐造像，也有东魏、北齐造像，还有明代泥塑彩妆，可以说这里陈列的造像跨越了一千余年。佛教造像具有一定的程式和宗教仪规，但不同时期不同区域又有不同的表现手法和造像风格。石马寺内的造像与天龙山、龙门、巩县等石窟的同期作品相比有相似之处，应该是受到了这些地区造像风格的影响，而且与洛阳龙门为代表的都城皇家石刻有着密切的联系。它对于综合研究我国古代石雕艺术的发展脉络以及地方石雕艺术特征提供了可靠的实物资料。盛极一时的佛教雕刻艺术活动早已成为过去，但留在这里的石刻造像饱经世事变迁，历经人间沧桑，就如一部佛教文化编年史，记录着佛教的兴衰、社会的动荡和王朝的更替。

响堂寺位于榆社县城西南五公里的庙岭山。北魏至唐时依山造像，随之即像造宫，建成寺院，明清重修。现寺宇已毁，佛像尚存，并有千佛洞一区。今存摩崖造像一尊，高 3.3 米，面形方圆，肩披袈裟，罗纱透体，结跏趺坐，周围配有美丽的花纹，雕琢精细，形态逼真，为唐代石刻造像之精品。邓峪村石塔，雕刻于唐开元八年（720），单层楼阁式，高 3 米，平面方形，周长 3.65 米，基座为八角形，周围刻有莲花等图案，塔身中部四周饰以石栏、石柱，柱身刻有二龙戏珠，四面中部刻有大小佛像 10 余尊，顶部边檐刻有花纹图案，塔身下侧佛座以上刻有“大唐开元八年岁次庚申三月寅朔十五日戊辰云骑尉耿立”。

寿阳出土的铜造像

1986 年 7 月，寿阳县水利局在县城北 1500 米处修建房舍时，发现了一个埋藏有铜佛像的窖穴。圆形窖穴口径约 50 厘米，距地表深约130 厘米，出土有佛像、菩萨像、力士像、护法狮像、发愿文碑等 90 余件。

佛教造像是中国古代雕塑艺术的重要内容，其中石刻造像和泥塑占有相当大的比例。相比之下，金铜造像要少得多，而隋唐以前的早期铜造像更是凤毛麟角。

寿阳出土的这批铜造像中，有铭文者 40 件，占到全部造像的近一半，其中有确切纪年的 35 件，自东魏武定四年（546）至隋大业九年（613），历经东魏、北齐、隋三个朝代，长达 67 年之久。没有铭文纪年的造像，大部分与有纪年的造像在造型、风格、铸造工艺、雕刻技法方面大同小异；只有少部分造像时代较晚，可能迟至盛唐。这不仅为这批造像的分期断代提供了可靠的依据，也为其他地区出土的同一时期无铭造像提供了标尺。

东魏时期有确切纪年的造像有 3 件，2 件菩萨像 1 件佛像。其中武定六年（548）“故六□阿奴造”观世音像最为华丽精致。造像通体鎏金，金光灿灿，高 20.8 厘米，跣足立于圆形覆莲座上。头戴高宝冠，宝缯垂至两肩，面相略显方圆，鼻高目长。袒胸，颈饰项圈、悬铃，披帛绕臂十字

寿阳县出土东魏武定六年观世音铜造像

寿阳县出土三联铜造像

交叉于腹部，下着短裙，饰腕钏。右臂上屈，左手下垂于腹前。座下四足床，身后为舟状浮雕火焰纹背光，周边及顶端饰透雕莲瓣火焰纹，顶端正中为一化佛，头后有圆形莲瓣纹头光。足床右、后、左侧刻发愿文："武定六年九月十日，佛弟子故六□阿奴造观世音像一区，上为玉帝、主师僧、父母所生□□身□妻眷属大小并及一切法界众生一时成佛。"这件高品质的观世音鎏金铜造像，不仅赴日本参加了"奈良·丝绸之路博览会"文物展，而且被确定为山西省可移动文物中的精粹。

北齐时期有确切纪年的造像为数也不多，造像题材仍以观世音、菩萨为主，并出现了释迦多宝佛，除多宝佛为双身并坐外，其他的都是单身立姿。佛像一般是高肉髻，身披袈裟，内着僧祇支，手施无畏与愿印。观世音菩萨像头戴宝冠，宝缯垂肩，有的身披袈裟，有的披帛加身，有的施无畏与愿印，也有的手提净瓶。武平五年（574）弓寄姜造释迦多宝并坐像，通高13.2厘米，像高3.4厘米。两像结跏趺坐于长方形覆莲束腰须弥座上。两像均高肉髻，身穿通肩圆领大衣，禅定印。座下设四足床，前侧床楣刻卷云纹，两前足正向各以阴线刻一菩萨，均有桃形头光，立于覆莲座上。像后合铸一舟状火焰纹背光，又在两像后用阴线刻舟状火焰纹背光、头光。背光的背面以阴线刻一结跏趺坐的坐佛，高肉髻，斜披袈裟，袒右胸，手作说法印，身后有舟状火焰纹背光及圆形头光。

足床右、左两侧刻发愿文:“武平五年二月九日,清信女弓寄姜为亡母智阿豆云食自然侍佛。”

早期发愿文碑非常少见,随这批金铜佛像出土的发愿文碑,为人们认识和了解发愿文碑的演变过程提供了参照。北齐武平五年(574)王贵礼发愿文碑,通体鎏金,通高 11.4 厘米,4 厘米宽,0.25 厘米厚。螭首高 2.5 厘米,双龙双兽透雕。碑身高 8.7 厘米,碑身正、背两面阴刻发愿文 10 行 100 字:“大齐武平五年岁次十二月甲午丁亥朔廿三日己酉,成州长流参军王贵礼,合家大小知身无常,财非己有,咸割资财,敬造当来弥勒像一区,杂事并佛练,上为诸天贤圣、皇帝陛下、群僚百官,后为七世父母、见存父母、因缘眷属、法界众生、弥勒下生,俱时受记。”长方形碑座,上有方、圆形小卯各一,可见这种小金铜碑应该插于某种器物上。

有纪年金铜造像,最多的是隋代作品。从开皇二年(582)到大业三年(607),多达 16 尊。其他无纪年的完整造像,经过比对,有 15 尊也是这一时期的作品。隋代铜造像的题材,仍然以观世音菩萨为主,释迦牟尼佛次之。看来,佛教传入我国以后,到东魏、北齐、隋,也就是六世纪前期到七世纪前期,人们对观世音菩萨倍加信仰,认为观世音菩萨能给人间带来平安幸福,免除一切灾难痛苦。隋代仍以立像为主,不论是佛,还是菩萨、观音均是立姿。不过,出现了一佛二弟子、一观世音二胁侍菩萨的三尊像组合。

开皇四年(584)杨林造观世音像,鎏金,通高 13.3 厘米,身高 5.1 厘米。跣足立于圆形覆莲座上。头戴三瓣莲花宝冠,宝缯垂至两肩。裸上身,颈饰项圈、披帛交叉于腹部、绕臂披肩垂于体侧,下着裙。手施无畏与愿印。座下为四足床,身后是舟状火焰纹背光,头后有同心圆头光。足床右、后、左侧刻发愿文:“大隋开皇四年十一月十五日,佛弟子杨林□□要脚不远那愿造观世音像一区, 愿患甲养后为七世父母前生父母回家眷属一时成佛。”

大业三年(607)的一件侯冰如造观世音像,是一尊一观音二胁侍菩萨组合造像。通高 13.4 厘米,身高 4.3 厘米。主像观世音跣足立于圆锥形座上,头戴宝冠,身着通肩大衣,手施无畏与愿印。身后为舟状火焰纹背光,头后有桃形头光。二胁侍菩萨位于床两侧的莲台上,均高 3 厘米,头戴宝冠,头后有桃形头光。床下为双层四足高床,下层床前、右、后侧刻发愿文:“大业三年四月二十三日,佛弟子侯冰如为息玉□安造像一区。”

隋大业九年（613)□永贵发愿文碑特别引人关注。碑鎏金，通高10.1厘米,宽3.9厘米,厚0.3厘米。二龙浮雕螭首。碑身正、背两面阴刻发愿文9行81字:“大隋大业九年九月八日，佛弟子丰川府□杨郎将□永贵征辽平安，在辽西郡敬造观世音像一躯，上为皇帝陛下圣化无穷,干戈永息,又为亡过七世父母托生西方妙乐国土,现存眷属乃法界有缘,俱同斯福。”很明显,这里记载的是隋炀帝三征高丽,给百姓带来的无尽苦难。“丰川府□杨郎将□永贵”从军“征辽平安”,在辽西郡造观世音像,归途至寿阳还愿,厌恶战争,希望干戈永息,能够过上安定的生活。人们认为信仰观世音菩萨,世人遇危难时,称呼其名,菩萨观其音声,即可救其解脱。

还有一尊力士像达到了至高的艺术境界。这尊力士像也是通体鎏金,通高11.7厘米,身高9.7厘米,跣足立于束腰须弥座上。头戴宝冠,宝缯垂至两肘,面相方圆,高鼻大耳,大口长目,作忿怒相。裸上身,细腰鼓腹,颈饰项圈、悬铃,肩有两圆形饰。长巾绕臂,披肩垂于体侧及座。腰系帛,下着大裙,肥而短,下摆外张,夸张有力,衣纹简练流畅,动感十分强烈,手施无畏印。双腿分立,粗短有力。身姿威武,坚毅忠勇之态跃然眼前,为北齐金铜造像之佳作。这尊像不仅赴日本展出,而且被山西博物院当作馆藏精粹收藏展示。

据有关专家分析,寿阳这批金铜佛造像数量之大、品位之高,实属罕见,当属窖藏,是当时佛教徒有意埋藏的。埋藏的时间应该在盛唐,有可能与唐中期的安史之乱有关,不可能晚到唐武宗会昌灭佛之际。

北齐库狄回洛墓遗珍

历史上,北齐只存在了28年,留下来的文物很少。寿阳贾家庄与上湖峪之间,有一座高大的坟丘,民间称为“徐王墓”。1973年春夏,山西省文物工作委员会和寿阳县文化局、文化馆共同打开了这座古墓，确定这是一座北齐太宁二年（562）定州刺史、太尉公、顺阳王厍狄回洛的墓，并不是什么“徐王墓”。

寿阳县北齐厍狄回洛墓老叟舞蹈胡人俑

厍狄回洛墓是由封土堆、墓道、墓门、甬道和墓室组成的大型砖石墓。封土堆高大，气势非凡，用夯土层层夯筑而成，高 12 米，周长 120 米。墓室平面呈方形，长宽各 5.4 米，四壁向外弧。砖券顶已全部坍塌，推测高度在 4.6 米左右，是四角攒尖、层层内收的砖礁顶。墓门的门楣、门框、门槛和板门用灰粗砂石做成，然后在门上涂红，再绘青龙、白虎和朱雀。甬道壁绘人物画像，富丽堂皇，鲜艳犹新。墓内放置着一椁一棺。其中木椁是墓内的精华，也最为珍贵。这座木椁被称为木构“屋宇”，也就是北齐时候的一座小型木结构建筑。它面阔三间，进深三间，长宽各约 3 米。斗拱、插檐板、雀替、梁枋、椽，这些古建筑构件样样都有。由于墓室礁顶的坍塌，木构屋宇已被压毁，各部位木构件多数脱节，相互倾折杂乱无序，有的已经腐朽酥散，但终归让人们看到了中国最早的木结构建筑构件。

厍狄回洛是鲜卑贵族，高官，墓里的随葬品十分丰富，有金器、玉器、玛瑙器、鎏金铜器、铁器、釉陶器、陶器、骨器、漆器、陶俑、动物俑和墓志等约300多件。其中有些随葬品具有很高的科学研究和艺术观赏价值。比如鎏金高足铜杯和玛瑙雕刻走狮镶嵌器，雕刻都十分精细，形态非常生动。特别是那只阴刻走狮，昂首翘尾，栩栩如生，西域风格十分明显，从这里我们看到了当时中外文化交流的情形。另外，墓中的壁画也很精美，壁画的风格和技巧，可与大同北魏司马金龙墓的屏风漆画相媲美，可以说是继承了汉魏以来顾恺之的铁线勾勒和平涂的画技，构图和塑造形象都古朴优美。

这座墓葬，规模宏大，巧夺天工，屋宇椁室精雕细镂，室中壁画鲜艳生辉，富丽堂皇，随葬品十分丰富，象征奴隶的陶俑数以百计，应有尽有。这些随葬品有些属于高超非凡的艺术珍品，老叟舞蹈胡人俑最具有代表性，它体高身细，表情生动，笑逐颜开，举手屈膝，翩翩起舞，塑造形象极其生动优美，作者在刻画人物形象上抓住了人物的内心活动和情感，取得了很高的艺术成就。当时匠人细腻、写实、生动的艺术表现手法，使得每一件陶俑都呈现出极其高超、完美的艺术效果。

厍狄回洛墓出土的珍贵文物还有墓志。墓志书法艺术水平极高，字体为魏晋时期的楷书，遒劲有力。《北齐书》中厍狄回洛有传，但是很不详细，出土的墓志弥补了史书的不足。在地理行政区域方面，北齐政区多沿袭北魏，虽然史书中有记载，但是州、郡、县往往冠以东西南北以示区别，致使后人对治地管辖多不知悉。比如《魏书·地形志》中说，朔州寄于并州，其置地不详。厍狄回洛墓志回答了这个问题，北齐时的朔州，就寄治于寿阳县境内。这不仅充实了寿阳县历史沿革的内容，也反映了当时社会动乱的历史状况。

千年古村张壁古堡

张壁古堡，位于介休市龙凤镇，是我国现存比较完好的一座融军事、居住、生产、宗教活动为一体的古代袖珍“城堡”。它集中了夏商古文化遗址、隋唐地道、金代墓葬、元代戏台、明清民居等许多文物古迹，特别是隋唐地道、刘武周庙、琉璃碑等为全国罕见。张壁古堡被中国军事科学院军事战略研究专家概括为“古庙神佛异，明堡暗道奇”；被中国古建筑学家罗哲文先生称赞为：“张壁古堡，历史悠久，文物丰富，国之瑰宝。”

张壁古堡，海拔 1040 米，占地面积约 12 万平方米，系顺塬势建造，南高北低，居高临下，既是一处井然有序的村落，又是一处“易守难攻，退避有路”的战略防御基地。堡墙就地取材，用修筑地道挖出的黄土逐

介休市龙凤镇张壁古堡琉璃碑

层夯实，顺崖势而建。古堡有南北两个门。北门叫新庆门，原为丁字结构，后因补风水改为曲尺形。新庆门与外北门之间的开阔地带为瓮城，瓮城在碑文中写作“瓮圈”，瓮城四周构筑物林立，空间封闭，是一个适于瓮中捉鳖的军事缓冲之地。南堡门叫永护门，以青石块拱置。南门的外侧门拱中央伸出石雕汲水兽，匾文为“护村镇河”，并有一行纪年小字“大明嘉靖三十八年建”。古堡中间是一条用红砂石砌成的街道，街东三条小巷，街西四条小巷，由街中向上延伸，并有出村的通道。街道两旁是过去遗留下来的店铺门面以及古朴的民居，抱柳的古槐，别致的巷口门楼，充满了古色古香的北方民间建筑的色彩。小小一个村堡，不仅有民居，而且还有唐宋以来建造的十余处庙宇殿堂、亭台楼阁。这些建筑都是琉璃覆顶，油漆彩饰。最为罕见的是两通琉璃碑。碑之通体为琉璃烧制，孔雀蓝底，黑字书写，并有青黄绿二龙戏珠的碑额。据专家考证，这两通碑是我国目前唯一发现的琉璃碑，具有很高的文物价值。小小的村

介休市龙凤镇张壁古堡

落能有如此众多的佛教庙宇和道教庙宇，是十分独特和神秘的。

古堡地下，遍布地道，四通八达，构成一个地下军事防御体系。地道为三层立体，高层距地面 1 米余，中层距地面 8 至 10 米，底层距地面 17 至 20 米，各高 2 米左右。弯曲迷离，形成网状结构。堡外南北面沟中有洞口，既可作为进出口，又可用作哨位。地道内有通气孔、水井；壁洞每隔一段有一小坑，是放置油灯的地方。高层有喂养牲畜的土槽，中间和底层，每隔一段有存粮的洞穴以及栖身的土洞和屯兵的大洞，从地道里可以清楚地听到地面上的脚步声和马蹄声。专家考证，如此庞大而复杂的地下工程，绝非民间建造，而是古代按兵法所说“明堡暗道”而修筑的地下军事设施。

在古堡东南隅上有座可汗庙，全庙随土丘而筑，有三丈高垂墙与堡街错落。墙顶有战道蜿蜒，并矗立一根古灯竿，历代相传的“张壁点灯，介休看明”即与此灯竿有关。此地可登顶魁星楼眺望四周，领略当年军事要塞的风采。大殿建于庙院北端，通往大殿的台阶内含须弥台，暗示大殿台面的地位与天际等同。可汗殿廊下明代《可汗庙重修记》记载：“可汗庙创自何代殊不可考，而中梁书延祐元年重建云……睹故宫而泣下者有之”（故宫即指大殿）。又述：“可汗，夷狄之君长也，生为夷狄君，死为夷狄神，夷狄之人宜岁时荐俎焉，以我中国人祀之，礼出不经，然有其举至莫敢废也，况神之福庇一方，护佑众生，其精英至今在，其德泽至今存……”可见古堡人崇拜的可汗，是他们心中很了不起的人物。

20 世纪 60 年代，村民在修建关帝庙窑洞时，意外从后墙壁里发现一尊“泥包铁像”，神像的位置与可汗殿里的主像在同一轴线上。前来考察的山西省考古研究所原所长张庆捷认为，泥铁像的帽子具有古鲜卑民族风格，衣着和帛囊等也带有浓厚的草原民族气息，泥铁像与“可汗”紧密联系在一起。

关于明堡暗道的始建年代，目前仍未有准确定论，主要有以下两种观点：一是十六国北朝说。公元 534 年，北魏正式分裂为东魏与西魏两个对峙的国家。把持东魏朝政的高欢迫于西魏的攻势压力，出于战争需要和陪都太原的安全考虑，将老家朔州的军人调遣至介休备御外患。备御外患首先要为自身的安全打算，在东魏与西魏相持的二十多年时间里，驻扎在这里的军队，修建了这城上、城下神奇的防备设施，形成有通

介休市龙凤镇张壁古堡千年古地道

行道，有通气孔，有丁岔口，有储藏穴，有养马槽，有伏击洞等多层次的网状设施。古地道，也许就是他们“备御外患”的历史见证。二是隋末唐初说。此说认为张壁古堡是隋末唐初在山西举兵的刘武周与李世民交战时用过的军事壁垒。

目前，千年古堡还是一个笼统的概念，因为我们不能准确定位它的创建年代。但它承载着各个时代的历史特征与信息以及由此而衍生出来的古老传说，足以证明它历年之久远、内涵之深厚。

第四章

盛世王朝 星光璀璨

（隋唐五代十国）

概述

隋唐五代又十国，是中国封建社会史上最辉煌的时代。在这一时代，晋中这块热土既上演着一幕幕金戈铁马、英雄争锋、功勋卓著的历史大剧，也书写了一幅幅先贤迭出、文采熠熠、艺术繁华的壮美画卷。

隋朝统一后，一度实行州、县两级制。废乡郡、乐平郡；介休郡改设介州，领平昌、灵石、平遥、清世等县。开皇十六年(596)，境内设辽州，治乐平，领乐平、辽山、东山、交漳4县；其余县属并、韩2州。属并州的县有中都、寿阳、祁县、梁榆、辽山、平城、阳邑等县，属韩州的有榆社县。

唐朝，晋中的大部分地方在并州太原郡的管辖范围内。境内设立的榆次、太谷、祁县、寿阳、乐平、平城、和顺、辽山8县属并州(太原郡改)，灵石县属吕州(霍山郡改)，榆社县属韩州；境内复置介州(介休郡改)，领介休、平遥2县。

五代十国时期，全境相继为晋唐、后唐、后晋、后汉、北汉领属。州、县建置基本未变。

隋开皇年间，挖河开道获陨石，以为祥瑞，谓之“灵石”，遂割介休西南地而置灵石县,县名一直沿用至今。“灵石”这位天外来客见证了一个地域的演变和发展:唐王李世民在雀鼠谷一日八战刘武周。交通要道贾胡堡,既是兵家必争之地,又是商贸集散中心,还是东西方文化交流地。还有“温氏三杰”温彦弘、温彦博、温彦将,贞观诤臣王珪,边陲名将王忠嗣……他们挟晋中三川灵瑞,为盛世王朝建立了盛世伟业。五代十国时期,沙陀豪杰刘知远由农民而为后汉开国皇帝,李嗣昭、王建立、张公铎、侯益、武行德等人由农村行伍而成为宰相、节度使,这一时期呈现出一幅“乱世英雄起四方”的景象。

再看这一历史时期为晋中争得无限荣光的名人:“汉人成佛第一人”田志超被唐帝封王,祁县王氏家族走出了两位唐代皇后;而祖籍祁县、太谷的王通、王绩、王勃以及王维、白居易、温庭筠等一批文人雅士,他们不仅以出色的作品在中国文学史上留下了盛名,而且为晋中增添了多彩的文化之光。

天赐灵石

晋中市灵石县天石公园内有一座“灵石亭”，亭内陈列的“灵石”是坠落在地球上的一块铁陨石。

《隋书·高祖本纪下》中记载，开皇十年（590）二月至四月，文帝（杨坚）曾巡幸并州。地方文献记载，隋文帝到了今天灵石这个地方，挖河开道获一石，似铁非铁，似石非石，其色苍苍，其声铮铮，并有“大道永吉”四字，因以为瑞，遂割介休西南地置灵石县。由此看来，灵石县是以“灵石”命名的，这块铁陨石自发现距今已 1400 多年。

就重量而言，“灵石”在全国已经发现的铁陨石中数第二。“灵石”正视形似碑碣，上下并不对称，侧视状若坐椅，靠背略向后倾，左高 1.57 米，右高 1.5 米，底宽 1.55 米，厚 1.64 米，顶宽 1.3 米，露出地面部分的体积大约 1 立方米，重量 6.8 吨。由于长时间风吹雨淋，灵石表面已成褐色，突起处略有光泽，给人以影影绰绰之感。灵石孔洞密集，尤以出地 0.7 米以上更为明显。孔洞多椭圆形、不规则形，有的大如杏仁，有的小似蝌蚪。断开的新鲜面呈银白色，金属光泽，硬度 5.5—6，有磁性。经酸侵蚀呈现密集的麻点和带有周边突起的溶洞及凹坑。经化验分析，其成分中含铁量达 96.17%，镍、钛、锰、锌等含量不超过 1%。同铁陨石化学成分平均值相比，铁超出 5%强，而镍含量偏低，可以说是研究天文、地理、物质、化工的一块活化石。

灵石县历经唐、宋、元，县城建置逐渐完备。“灵石”作为镇县之宝，置于县城上首北门外高地，当静升河入汾河汇合之要冲，修河神庙一座，对“灵应之石”备加呵护。由于时人对大自然认识的局限，“灵石”一直被尊为神石，各种文化的交流碰撞，在这块陨石上都留下了印迹。

河神庙，具有浓重的民俗色彩。灵石县城的前身，是水运码头，静升河汇入汾河，形成冲击淤漫地带，在这样的地势上筑城，势将遭受水害。

 灵石县“灵石”

古人企盼“灵石”保佑，并修河神庙祀之，把县城地址比作一条船，把“灵石”比作一座挽揽的柱石，水涨船高，不遗后患，这就是通志中所说的“镇水灾、捍城垣”，居民官商，世世代代对“灵石”顶礼膜拜。

明清之际有道人入住，又把“灵石”视为金石。为化顽石为神奇，驾临“灵石”，修行布道，后人将河神庙改修扩建为吕祖庙。道教的介入为“灵石”又增添了一层神秘的色彩。

古往今来，“灵石”见证了地域演变，时世沧桑，留下了一个又一个文化发展的印痕。

雀鼠谷与贾胡堡

灵石县的雀鼠谷与贾胡堡在中国历史上与许多重大的事件联系密切，因而也颇有名气。

雀鼠谷是太岳山与吕梁山夹峙的峡谷，是连通晋中盆地与临汾盆地的孔道。一般以灵石县北端的冷泉关（今冷泉村）为雀鼠谷北口，以灵石县南端的阴地关（今灵石南关镇）为雀鼠谷南口。这里自古为战略要地，曾发生过李世民与宋金刚的“雀鼠谷之战”等多次重要战争。

隋大业十二年（616），高阳地区的一支反隋力量由甄翟儿率领从河北到山西，占领介休、灵石。当时李渊是太原留守，受隋炀帝之命讨伐甄翟儿。李渊亲自率兵南征，与甄翟儿相遇于雀鼠谷。李渊兵不过数千，被甄军重重包围。17 岁的李世民率精骑来救，勇冠三军，冲破重围，救其父李渊于万众包围之中，并大败甄翟儿于雀鼠谷。

大业十三年（617）五月，李渊起兵太原，开始南进。在长安的隋恭帝杨侑闻讯大惊，派虎牙郎将宋老生率兵两万屯军霍邑迎战。隋军前哨驻守雀鼠谷，唐军受阻，加上阴雨不止，道途泥泞，军粮不支，后援困难，加上北方突厥、刘武周的威胁，李渊有退守晋阳之意。在李世民、李建成的极力主战下，李渊才决心与隋军决一死战。唐军用当地人作向导，从山间小路迂回敌后，出其不意、兵临霍邑城下，与宋老生发生激烈的战斗，血流成河，横尸遍野，宋老生战死于城下，唐军全歼隋军四万多。其后，唐军沿汾河而下，直到河东。

唐武德二年（619），李渊刚刚建唐，刘武周进兵太原，李元吉弃城而逃。刘武周继续南攻，任用宋金刚，统率全军占领太谷、祁县、平遥、介休。李渊派左武卫大将军姜宝谊、行军总管李仲文迎击，兵至霍邑。刘军大将黄子英先占雀鼠谷，伏兵四周，自带少量部队多次来往雀鼠谷间，进行挑战，以诱敌深入。唐军急不可待，果受其诈。两军一接触，黄子英就假败而走，唐帅指挥全军出击，深入谷中，刘军伏兵四起，唐军大败，姜宝谊、李仲文被俘，宋金刚率全军直抵平阳府。

武德三年（620），李渊派李世民领兵三万渡龙门，其中有著名战将秦琼、程咬金。取柏壁（河津境内）下绛州，进军霍邑，与宋金刚再战雀鼠谷。两军激烈交战于城寺、西靳屯、岳家湾、十里铺之间。唐军南北两路包抄推进，掌控雀鼠谷、强占汾河渡（今介休刘屯），宋金刚部退至十里铺渡口。据《旧唐书·刘武周传》记载："雀鼠谷一日八战，唐军皆破之，斩俘宋金刚部数万人。"使其大伤元气。唐军也曾多次处于险境，粮草被宋

雀鼠谷灵石县出口处

金刚的部队切断，军中仅剩一只黄羊可吃，李世民用匕首将烤黄羊切成若干小片，与士兵分食。他对将士们的关心与体贴，不仅鼓舞了士气，而且赢得了当地村民的信任和支持。村民们为唐军送来粗米饭、老浊酒。猎户们提供的柳皮火箭筒帮助唐军粉碎了宋金刚部队的封锁，最终疏通了粮草栈道，击败了对手，并乘胜追击宋金刚部队到介休城下，致使刘武周全军覆没，部分战将投降，其中有著名战将尉迟敬德等。

雀鼠谷大战唐军大胜，奠定了唐王朝基业。李世民曾在介州城南苹果园设八碟八碗“秦王宴”，犒赏有功军民。李世民擂响大红鼓，军乐奏响《秦王破阵乐》，将士们随乐起舞，齐声欢唱：“受律辞元首，相将讨叛臣，咸歌《破阵乐》，共赏太平人。”李渊为此题诗《赐秦王》：“圣德合天地，五宿连珠见，和风拂世民，上下同欢宴。”

贾胡堡是雀鼠谷中靠近阴地关的一个村庄，是一个军事要地、交通要塞，曾经发生过两件影响历史进程的大事。

其一，隋大业十三年（617），李渊父子统军在这里驻扎过，并做出一个关乎李唐王朝命运的重要决策。据正史记载，太原留守李渊举兵起义，西图关中。六月，李渊建大将军府，敦煌公李世民率领右军占领隰城、介休、孝义、平遥四县。七月，三万大军“师次灵石县，营于贾胡堡”。此时吕州霍邑有虎牙郎将宋老生严密防守，顽强抵抗，又遇秋雨连绵，粮草接济不上，大军不能前进，被阻半月有余，高祖准备还兵太原。李世民在军门大哭，说服了父亲，振作士气，全军进发，“斩宋老生，平霍邑”，才使唐军打开了胜利的大门，成就了一代王朝的霸业。贾胡堡的这次决断是唐王朝建立的转折点。

其二，武德三年（620），刘武周反唐军至晋州。秦王李世民自柏壁收复晋州所属临汾、洪洞、神山、岳阳、霍邑、赵城、汾西诸县。刘武周部将宋金刚被唐军一路追击至雀鼠

灵石县贾胡堡

谷,“一日八战,皆破之,俘斩数万人,获辎重千余辆,金刚走入介州,王师逼之。”刘武周看到大势已去,率五百轻骑弃并州北去,后被突厥所杀。史书记载宋金刚在贾胡堡拒唐兵,指的就是这一仗。

灵石县素有“燕冀之御,秦蜀之经”之称,地处三晋南北交通咽喉区位,自古就是兵家必争之地,也是商贾云集之地。早在西汉初年,这里已有一条官道北通幽燕、南达秦蜀。古代的“丝绸之路”始于长安,横贯亚欧大陆。山西是“丝绸之路”的重要货源地,许多商人(包括胡商)参与了丝绸贸易和长途贩运,“贾胡堡”也与此有关。民国版《灵石县志》载,养蚕、缫丝、织绢是灵石的传统产业,产品大部分通过贾胡堡运往长安,再通过“丝绸之路”销往西域各地。另外,晋、冀、鲁的大量农产品、手工业品都要通过灵石这条通道先到长安,再销往西域、西亚、东欧各国。贾胡堡 2000 年前曾是内地与西域贸易往来的一个重要商品集散地。20 世纪 80 年代初,当地人修路时,曾掘出一古墓穴,墓葬中全部为男性,被葬者全部站立而不是躺着。初步推断,应该是僧人或胡贾的墓葬。

初唐功臣温氏三杰

初唐时期,祁县会善村的温氏三兄弟,为开创大唐盛世建立了不朽功勋,被誉为“温氏三杰”。他们是:老大温大雅,字彦弘;老二温彦博,字以行;老三温大有,字彦将。他们的父亲温君悠,曾担任过文林馆学士。

隋炀帝大业十三年(617),李渊出任太原留守。当时,皇帝暴戾,朝政腐败,李渊在太原广纳人才,扩充势力。温大雅和温大有赴太原投奔李渊,成为李渊的幕僚。隋炀帝杨广在长安得知李渊有反隋的嫌疑,派遣密使潜入太原。已担任太原县令的温大有,发现太原副留守王威等人偷偷开启城门,引长安密使进入。温大有会同兄长温大雅汇报了李渊。李渊捕杀了密使和太原副留守王威等人,宣布杨广罪状,大举“义兵”反隋。温大雅草撰檄文告示,传示河东各州县。这一天就成为李渊、李世民父子公开起兵反隋的日子。李渊太原起兵后，温大雅担任“大将军府记室参军”，专门负责草撰文书、檄文，并参与顾问参谋工作。温大有担任太原县令，筹集粮草、招募兵丁，跟随李世民进攻西河郡。占领西河郡后，李渊又派温大有进入“大将军府记室”，同温大雅一道参加军机策划和起草文告的工作。兄弟二人跟随李渊、李世民父子转战并州、雍州、豫州，为唐朝的建立立下了汗马功劳。

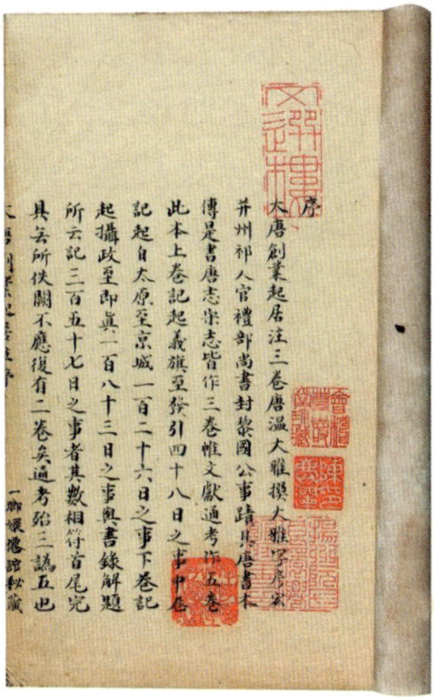

序

大唐創業起居注三卷唐溫大雅撰大雅字彥宏并州祁人官禮部尚書封黎國公事蹟具唐書本傳是書唐志宋志皆作三卷惟文獻通考作五卷此本上卷記起義旗至發引四十八日之事中卷記起自太原至京城一百二十六日之事下卷記起攝政至即真一百八十三日之事與書錄解題所云記三百五十七日之事者其數相符首尾完具云所佚闕不應復有二卷矣通考殆三譌五也

温大雅《大唐创业起居注》序书影

温氏三杰中的老二温彦博在唐朝的建立和发展中同样功不可没，而且以敢于直谏、敢于与皇帝争论是非闻名于朝野内外。隋末大乱时，温彦博在幽州总兵罗艺部下当司马。温彦博说服罗艺归降了李渊。为此，唐朝建立后李渊提拔温彦博进入尚书宰府，担任了中书舍人，后又提升为中书侍郎。唐初，邻国高丽派使者赴长安朝贺，表示愿意称臣纳贡。可李渊竟然要赶走使者，不接受其称臣。温彦博立刻制止：辽东之地原为周朝箕子之国、汉之玄郡。魏晋之时，也在封疆之内。我大唐天朝，理应接受其称臣纳贡。若高丽抗礼不臣，则四夷何以安抚？在他的据理力争下，李渊礼貌地接受了高丽贡品，允许其称臣，保睦邻友好。

同样是在唐初，突厥屡次入侵，掠夺烧杀，有几次甚至包围了长安城。唐朝军队多次与突厥发生战争。有一次，战争在太原南展开，温彦博也参与其中，结果战败后被俘。突厥首领得知温彦博是唐朝皇帝近臣，再三威逼，要温彦博说出唐朝的兵力部署和战略计划。温彦博一字不吐，被押解至阴山。后来唐军击败突厥，温彦博才被释回朝。

唐太宗时，突厥内部分裂为东、西突厥两部，西突厥远走西亚，东突厥大批拥入关内，欲归附唐朝。面对曾经的入侵者，朝廷该怎么处置？温彦博认为：已进入关内的突厥人，不能驱逐；留居塞外的突厥人，不能强行迁移，这样对经济恢复、边塞安定都是有利的。魏徵却不同意温彦博的主张：认为突厥人"人面兽行'，"强必寇盗，弱必卑服"，既不能全部诛灭，就应全部迁其出关，以免后患。据《旧唐书·突厥传》记载，温、魏争论此事，竟争辩了四年之久。最终李世民采纳了温彦博的主张：已进入关内的突厥人，就地安置，发给耕牛种子，允许其耕种；居留塞外的突厥人，允许他们逐草而居，继续放牧。同时取消给突厥首领封"可汗"王位的制度，改划为州、府、县，委任突厥首领担任大将军、中郎将、州府县等官职。这一决定使唐朝后期直至五代时期，长城内外的突厥人再未叛乱。温彦博也作为一代"谏臣"为后世铭记。

在唐朝，温氏三兄弟的最高官职分别为：老大温大雅，礼部尚书；老二温彦博，官至宰相，任中书令、尚书右仆射；老三温大有，中书侍郎。兄弟三人同朝同期做朝廷大官，这在历史上是十分少见的。"三温"在唐朝宰府六部辅佐高祖、太宗两代皇帝，长达数十年，政绩为人称道，人品同样被世人称赞。

贞观诤臣王珪

王珪，祁县大桑村人，唐朝有名的谏臣。其祖父是南朝梁大将军王僧辩。

唐朝建立，王珪在好友举荐下入朝，先做了世子府谘议参军，又做了太子李建成的老师。太子李建成与二弟李世民暗中争夺皇位，事情败露后，李渊归罪于做老师的王珪，将他赶出东宫，流放到数千里之外的嵩州（今云南大理一带）。"玄武门之变"后，李建成等被诛，李世民登基，他爱惜人才，虚心纳谏，虽然明知王珪是其兄长李建成的心腹幕僚，依旧让他重出江湖，担任了谏议大夫。王珪之后升任守侍中、侍中，成为人才济济的"贞观名相"之一。

有一次，李世民同王珪等几位大臣饮宴，他说："君与臣相遇，犹如鱼与水一样。昔汉高祖刘邦，仅仅一介种田农夫，手提三尺剑，而定天下。其原因就在于得到很多贤臣帮助。朕虽不智，幸得诸大臣匡助，始有今日太平盛世。”几位大臣纷纷点头称是，唯有王珪语出惊人：“臣闻木从绳则正，王从谏则圣。古者，圣主必有谏臣七人，言而不用则相继以死。陛下开圣虑，臣等不讳之，愿罄其狂瞽。”李世民认为可行。当即下令：凡中书、门下及三品以上官员入朝，后面必须跟随“谏官”，负责指出皇帝和大臣的错误行为。

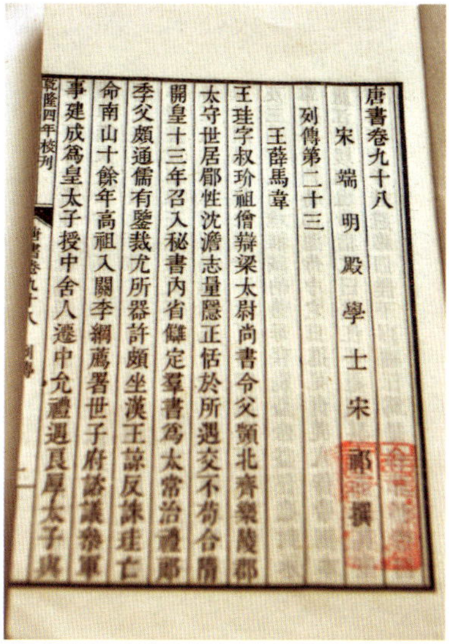
唐書卷九十八
宋 端 明 殿 學 士 宋 祁 撰
列傳第二十三
王薛馬韋
王珪字叔玠祖僧辯梁太尉尚書令父顗北齊樂陵郡
太守世居郿性沈澹志量隱正恬於所遇交不苟合隋
開皇十三年召入秘書內省讎定羣書爲太常治禮郎
季父頗通儒有鑒裁尤所器許頗坐漢王諒反誅珪亡
命南山十餘年高祖入關李綱薦署世子府諮議參軍
事建成爲皇太子授中舍人遷中允禮遇良厚太子與
乾隆四年校刊

《新唐书》中关于王珪的记载书影

太常少卿祖孝孙精通音律，善于操琴吹奏。李世民因命祖孝孙教授宫中乐女学乐，祖孝孙认为这是对他的侮辱，于是“抗旨”不教。李世民勃然大怒，扬言要杀祖孝孙。王珪和温彦博闻讯后急忙劝谏李世民：“孝孙乃朝中大臣，清高雅士，让祖孝孙教这类人，每天与那些卑贱的女奴厮混，陛下不怕天下人耻笑吗？”李世民听了更加恼怒，厉声斥责二人：“二卿皆朕心腹，理应为朕尽忠献直，为何欺上罔下，替祖孝孙说话呢？”王珪答：“臣王珪，本服侍太子东宫，获罪当死。陛下爱护，置之机枢。陛下屡劝臣进谏，今祖孝孙事，臣等并无私心。此为陛下负臣，非臣负陛下也。”结果不欢而散。李世民思忖再三，第二天上朝时对他说：“王卿，识鉴清通，尤善谈论。昨日事，朕已忘却。今日，对诸公请加评论，各自品德、才华，孰与诸子贤？”李世民这话暗含深意，第一，给王珪吃了个安心丸，昨天君臣脸红之事，他已忘却；第二，给王珪出了道难题，你王珪不是能言善辩吗？看你当着众大臣的面，怎么评论别人，评论自己。王珪略一思索，坦然对答：“孜孜奉国，知无不为，臣不如(房)玄龄；才兼文武，出将入相，臣不如李靖；敷奏详明，出纳惟允，臣不如温彦博……谏诤为心，望仰尧舜，臣不如魏徵。”李世民颔首称善，众大臣思量自己，亦觉得王珪的评价准确。

王珪的儿子叫王敬直，被唐太宗招了驸马，当了南平公主的丈夫。按当时的规矩，公主下嫁于臣民家，身份不变。公公婆婆要按君臣礼节，给儿媳妇叩头行礼。但王珪却在举行婚礼那天和夫人坐在大庭上，要求南平公主与儿子一同给他们下跪叩头。此后，公主下嫁臣民家，拜见公婆、姑舅，也成了定制。

贞观十三年(639)，王珪在长安染病而卒。唐太宗李世民打破常礼，身穿素服，亲赴王珪灵前悼念。魏王李泰率朝廷百官一同在灵前伏地痛哭。一代谏臣，就这样带着别人发自内心的尊重与惋惜离去了。

边陲名将王方翼、王忠嗣

王方翼、王忠嗣，是唐代的两位武将，他们英勇善战，智谋过人，为守卫边陲、平定战乱立下了卓越功勋。

王方翼(622—684)，字仲翔，并州祁人。祖父和父亲都曾为官，父亲死后，因母亲与祖母不和，少年王方翼随同母亲住到乡下农庄。王方翼每天练武学艺，希望能跃马弯弓，为国家效力。

贞观二十三年(649)，王方翼出任安定(今甘肃泾川)县令，后又被任命为肃州刺史(今甘肃省酒泉市)。他勤勉为官，造福一方，百姓立碑铭记他的功德。

永淳元年(682)，西突厥贵族十姓阿史那车簿啜起兵反叛，围攻弓月城(今新疆霍城西)，王方翼被调任庭州(治今新疆吉木萨尔)刺史，反击叛乱，与叛军在伊犁河发生激战并大获全胜。不久，阿史那车簿啜又纠集10万叛军来袭，王方翼率军在屯热海(今苏联伊塞克湖)与叛军展开激战。王方翼身先士卒，中箭后抽佩刀断去箭杆，仍坚持战斗，一举击退了叛军。后叛军又阴谋策动王方翼军中的少数民族士兵倒戈，王方翼洞悉了阴谋，以召集军事会议为名，把通敌的首要分子逐个斩首，并借机整顿军队，提振了唐军士气。王方翼率领部队趁刮大风之机全面出击，歼敌7000余人，生擒叛军头目突骑施等300余人，粉碎了西突厥贵族分裂祖国的阴谋。

王方翼在西域征战有功，朝廷为了表彰他，擢升他为夏州（今陕西横山）都督。王方翼上任之初，查阅了大量古籍，发明了一种新式农具。这种农具“施关键，使人推之”（《旧唐书》卷185上《良吏传》），“力省而见功多”，称为“耦耕法”（《新唐书》卷111《王方翼传》），有力地推动了当地农业生产的发展。

唐高宗永淳二年（683），朝廷召王方翼进京商议西域战略，唐高宗在奉天宫盛宴款待这位保卫边疆的英雄，看到他的箭伤后感叹良久，下令对他褒奖。不久，绥州（今陕西绥德）步落稽白铁余煽动百姓造反，唐高宗下令让当时著名的将领右武卫将军程务挺为元帅，王方翼为副将，领军进剿，他们很快平定了战乱，并将白铁余擒拿归案。因此战有功，王方翼被封为太原郡公。

无论在什么地方任职，王方翼都敢作敢为，功勋显赫。他一生中的大部分时间是在边疆或在地方上任职，为守护边陲，维护国家统一做出了重要贡献。只可惜受家族牵累，武则天在诛杀大将程务挺时，将他逮捕下狱，后又流放崖州（今海南）。王方翼身心疲惫，积劳成疾，在路途中忧愤而死。

王忠嗣（705—749），原名王训，太原祁人，是唐朝著名的军事将领。他的父亲王海宾就是一位骁勇善战的武将，于唐开元二年（714）七月，在与吐蕃作战时战死于沙场。当时王训只有9岁。父亲为国捐躯，皇帝怜恤遗孤，任命王训为尚辇奉御，并赐名忠嗣，将他养在宫中。

日渐长大的王忠嗣坚毅刚强，威严庄重，深通武略，立志为父报仇，保卫边疆。唐玄宗认定王忠嗣日后必为良将，便试着重用他，任命他为代州别驾。上任后，土豪劣绅果然畏惧王忠嗣的威严，在他面前不敢造次。因为王忠嗣经常轻骑出塞，玄宗皇帝担心他有闪失，又将他召回宫中。不久，担任河东元帅的信安王李祎和河西节度萧嵩又将他招至麾下，玄宗还是操心他，下诏不得轻易让他担当一军统帅。但他还是在赞普大酋阅兵郁标川时，提刀率众冲杀过去，斩杀敌军数千人，缴获羊马万头。玄宗见他日渐成熟，先后任命他为左威卫将军、代北都督，并封清源县男。

王忠嗣秉性耿直，曾对陇右节度使皇甫惟明的义弟王昱的所作所为表示不满，皇甫怀恨在心，伺机陷害，致使王忠嗣获罪，被贬职为东阳府左果毅，王忠嗣的人生陷入了底谷。但不久后，河西节度使杜希望想夺取吐蕃新城，有谋士力荐王忠嗣，杜希望随即请奏，诏追王忠嗣立赴河西。果然，在攻占新城的战役中，王忠嗣奋勇当先，力拔头功。此战再度建功，他被授予左威卫郎将，专知行军兵马。

就在当年秋，吐蕃大举进兵，以报复新城之败。一天清晨，吐蕃军神不知鬼不觉地将新城围得铁桶一般。大军压境，兵临城下，眼看寡不敌众，守城官兵无不惊慌失措。危急时刻，王忠嗣闻讯率部策马赶来，以万夫不当之勇左右驰突，独杀数百人，蕃众遂乱。此时三军从左右两翼包抄过来，吐蕃大败。王忠嗣又一次因战功卓著，被朝廷褒奖，拜左金吾卫将军，领河东节度副使、大同军使，不久又升为节度使。到开元二十九年（741），又出任朔方节度使，兼灵州都督。第二年，王忠嗣率部北伐，与奚怒皆大战于桑干河，三战三胜，俘虏无数，耀武漠北，高奏凯歌而还。

王忠嗣不仅骁勇过人，而且足智多谋。当时，与唐朝时有冲突的突厥发生内乱，王忠嗣陈兵碛口以威振之。突厥可汗乌苏米施十分害怕，想降唐，又瞻前顾后，迟迟下不了决心。王忠嗣便巧施反间计，联络突厥内部的拔悉密、葛逻禄、回纥三部落首领合力赶米施可汗下台。王忠嗣趁乱出兵讨伐，俘虏突厥右厢军而归。见大势已去，突厥大小头目纷纷率部投降。王忠嗣因功加封左武卫大将军。天宝二年（743），又再平奚怒皆及突厥的数次进犯。天宝三年（744），突厥九姓拔悉密叶护等斩杀米施可汗，献首级于京城太庙。从此，塞外安定，边境再无人敢犯。王忠嗣于天宝四年（745）徙官河东节度使，进封清源县公。到天宝五年（746），又任河西、陇右节度使，掌控朔方、河东节度，佩四将印，劲兵重镇，遥制万里，自唐朝建立以来，还从未有一人拥有如此重大的兵权。

但就是这样一位每战必胜、屡建奇功的英雄，同样没有躲过奸臣的陷害。石堡城系吐蕃之军事重镇，玄宗计划攻克它，给吐蕃致命一击；王忠嗣认为强攻会伤亡惨重，应该秣马厉兵，伺机以待。玄宗对王忠嗣的态度不满意，时任礼部尚书的李林甫借机大做文章，谗言陷害，编造谎言，说王忠嗣曾有过“早与忠王同养宫中，吾欲尊奉太子称帝”的言论，致使玄宗大怒，竟将王忠嗣定了死罪。后在众臣请求下才免了死罪，贬为汉阳太守。到天宝七年（748），又迁官至汉东郡。第二年郁郁而终，年仅 45 岁。

史家有这样的评价："以忠嗣之才，战必胜，攻必克，策石堡之得不当所亡，高马值以空虏资，论禄山乱有萌，可谓深谋矣。然不能自免于谗，卒死放地。自古忠贤，工谋于国则拙于身，多矣，可胜吒哉！"（《新唐书·王忠嗣传》）

王焘与《外台秘要》

王焘（670—755），太原祁人，后移居陕西眉县。他出生于官宦世家，祖父为贞观时有"直臣"之称的王珪，他也曾任银青光禄大夫、刺史、徐州司马等职。王焘自幼多病，后又因母亲身患疾病，感于"齐梁间不明医术者，不得为学子"的话，萌生了学医的兴趣，并最终成为"精通医学"的奇人。王焘做官赴任途中曾染患瘴疾，当时"染瘴婴痾，十有六七，生死契阔，不可问天"，幸而他学过许多医经、医方，才得以医治。这次经历，使他有了编著《外台秘要》的动机。

《外台秘要》成书于天宝十一年（752），是继《诸病源候论》和《千金要方》后的又一部医学巨著。《外台秘要》是在前两部著作的基础上编撰的，无论在理论方面还是方药的应用上都有进一步的拓展。王焘曾在台阁（国家中央机关）弘文馆（图书馆）工作过，汇集了大量难得的资料，搜集了古代方书五六十家，唐代新作数千百卷，荟萃历代医学名著之精华。这部著作对保存、推广当时一些著名医家和许多民间有效的单方、验方起了巨大作用，也为后人保存了不少医学参考文献。

《外台秘要》全书共 40 卷，分 1104 门，共载方 6000 余。在病名下分门，每门项下都有论、有方。该书涉及范围十分广泛，包括内科、外科、胃科、皮科、妇产科、小儿科、精神和神经科、眼科、齿科、耳鼻喉科、兽医、各种中毒和螯咬伤以及人工急救和护理法等。

《外台秘要》中对某些病的描述和方药的应用，在今天临床诊断和治疗上依旧有参考的价值。如对肺结核，《肘后备急方》中就有记载，而

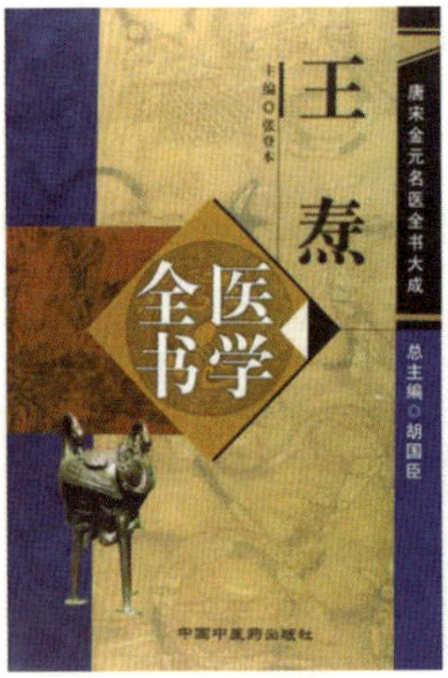

《外台秘要》书影

王焘像(祁县剪纸大师王德林作)

王焘论述更为精详,他认为一般患者下午都可能出现潮热、盗汗、面部潮红,身体日渐消瘦,如见有赤黑色大便或腹水等并发症出现,则是病情发展严重的征象。该书中记载的用水银或雄黄与猪脂混合制成软膏用于皮肤病,与现代所用基本相似;在牙科方面记载的“必效杀齿虫方”为用雄黄末(三硫化钾)以枣和之为丸,塞牙孔中,说明当时我国已用砷剂治疗齿病了;在眼科方面,王焘吸收了印度医学有关眼科的知识,介绍了金针拔内障的技术,这些记载都是有重大意义的。

《外台秘要》不仅具有很高的学术价值,而且具有很高的历史文献价值。王焘的努力不仅为后人保存了丰富的医学参考资料,而且为中华医学的发展与传播做出了独特的贡献。

空王佛田志超

绵山石佛殿内供奉的主佛像，面部丰满圆润，表情祥和庄重。这尊彩塑佛像的内部是真人的遗体，这种造像叫做包骨真身像。著名文化学者、作家冯骥才先生誉之为“活着的木乃伊”。真身包骨像是我国的一种独特的宗教造像方式，所造的偶像不是神像，而是修炼成功的僧人。石佛殿内供奉的这位僧人是在当地颇具影响的空王佛田志超。

田志超（571—641），原籍陕西冯翊（今大荔县），后移居山西榆次源涡村。少年睿智过人，有志于佛。父母念其独生，患无嗣，17 岁时聘妻，行合卺礼。是夜，田志超对妻子言明志向，前往五台山削发为僧。后返住本村施霖洞修道，多做善事，人称田善友。27 岁时，他投奔并州开化寺，

介休市绵山石佛殿空王佛包骨真身像

拜高僧慈瓒禅师为师，洁身正心，勤履众务，凡有苦役差事必身先。又被派往定州禅学，参与了禅宗临济宗的创立。学满后，他回到太原西北的静乐县，旋回凤凰寺创建禅林。

隋大业初年，因为僧侣反抗官府，朝廷下令关闭僧门，不许僧侣外出。田志超孤身一人前往郡城请愿，并到江都扬州要求面君。

唐武德元年(618)，唐高祖李渊称帝，田志超率 20 余人到京城参加庆典，唐高祖李渊待以殊礼，奉若神仙。唐武德五年(622)，田志超返晋，经义棠弘济寺、张壁古堡辗转到今介休市绵山抱腹寺聚徒弘法，介休县为之建光严寺。田志超前后共度化弟子千余人。唐贞观十五年(641)三月十七日圆寂，享年 71 岁。后僧界有“奉敬戒法，罕见其俦，护慎威仪，始终无替”之评。

关于空王佛田志超，民间有许多传说。唐贞观十四年(640)，长安大旱，八百里秦川赤地一片。太宗李世民率文武大臣向绵山跪拜祈雨。志超令正在做饭的弟子摩斯将淘米水向西南方向洒去。长安一带普降甘霖，干旱解除，万民欢腾。第二年三月，李世民亲率众臣上绵山拜佛谢雨。田志超不愿领受皇恩，听到太宗朝山的消息后，便到绵山深处隐藏。李世民来到抱腹寺后，银空接驾，说“吾师已圆寂西归”。李世民拜佛未见佛面，不禁仰天长叹道：“此行空望佛矣！”话音刚刚落地，天空中便出现一面金牌，上书“空王古佛”四个大字。李世民一行赶忙跪地叩拜。

自绵山抱腹寺而上，登六十级台阶就是空王活佛真身石佛殿。石佛殿以山体基岩作台基，全部构件均为石材雕刻而成，殿门楹联为“真山真水真人修成正果，古岩古洞古佛炼就金身”。殿内正中供奉空王佛真身，两侧左为摩斯、银空二弟子，右为绵山二龙王和五龙王。

关于田志超辗转绵山的经历，唐代道宣撰《续高僧传》卷二十《释志超》有记载：“武德五年，入于介山创聚禅侣，岩名抱腹，四方有涧，下望百寻，上临千仞，泉石结韵于仙室，风雨飘清于林端，遂使观者至止陶铸尘心，自强诲人无倦请益。”空王佛田志超是绵山十五尊真身舍利之一，有专家评曰：“空王佛是‘汉人成佛第一人，闭关辟谷炼金身。修行胎息包真容，筋骨不断形有神。’”

韩愈题诗太安驿

寿阳县太安驿村，地处寿阳县城西25公里处。在古代，太安驿是通京大道上的著名驿站。北魏孝昌中侨置太安郡于原寿阳县，领狄郡、捍殊二县。清代，太安驿是太原府东道至京师的主要驿站。清人傅山到寿阳五峰山龙泉寺拜郭还阳为师，曾住宿太安驿站，在太安驿桥北留有书碑："明雨师还阳先生返真之墟。"

《寿阳县志·名食掌故》记载着唐代大文豪韩愈在太安驿驻留并题诗的典故。唐长庆二年（822），兵部侍郎韩愈赴镇州宣慰乱军，途经寿阳，在太安驿歇息。当时，长途跋涉、鞍马劳顿的韩侍郎已是饥渴交加。驿丞上茶后，苦无新品，他急中生智，用中午烙饼所剩的面包上糖馅，用鏊烤制端上。韩侍郎问驿丞这是什么点心，驿丞称"专为大人饮茶而制"。韩侍郎闻后脱口而出："噢，茶食！"并大加赞赏。夜间的太安驿寒意料峭，韩侍郎回想长安早已花红柳绿，对比寿阳的寒冷与荒芜萧索，让肩负平叛重任的韩侍郎心情犹如夜雾的一轮冷月。他触景生情，将幽思诉诸笔端，写下了"风光欲动别长安，及到边城特地寒。不见园花兼巷柳，马前唯有月团团"的诗句。这首诗被题在驿馆壁间。随着时光的流转，诗人骚客每逢驻留驿馆，品味诗句，免不了步韵和诗。至今《寿阳县志》所收仿韩文公诗者已有百十余人，成为品味驿馆文化的一道独特风景线。

寿阳茶食

“诗佛”王维与“诗王”白居易

在唐朝成千上万的诗人队伍中，王维是一颗耀眼的明珠。他为后世留下诗作400多首，以边塞诗和山水田园诗为主。他的诗淳朴清淡，少用生僻的典故和艰涩的词汇，因此被广泛地传抄、吟诵、传唱。

祁县王维墓

王维（701—761），字摩诘，祖籍太原祁县。唐开元九年（721），21岁的王维参加科举殿试，被取为进士第一名，是中国科举制度兴盛初期祁县考中的第一个状元。

唐玄宗器重王维的文才，委任他担任吏部郎中、右拾遗、监察御史、给事中等官职。当时的宰相张九龄也偏爱王维的文才，与他交往甚密。安禄山叛乱，王维在长安被俘。安禄山知道王

王维《千岩万壑图卷》(局部)

维有才华,要他出任伪官"给事中",他不敢应命,也不敢推辞,便喝了泻药,告安:"我拉肚,不能上任。"安禄山把他禁闭在洛阳一个叫普施寺的寺庙中。诗人裴迪到普施寺看望王维并告诉他:安禄山在凝碧池上举行庆功宴会,召集梨园乐手奏乐庆贺,这些乐手边奏边哭……王维听了,潸然泪下,随口咏道:"万户伤心生野烟,百官何日再朝天。秋槐叶落空宫里,凝碧池头奏管弦。"

安禄山叛乱被荡平,唐肃宗李亨即位,对平贼功臣行赏,对附贼官员处罚。王维曾经被俘,又被委任过伪官,论罪不轻,但这首《凝碧池》救了他,皇帝李亨看到这首诗后去了"杀"意。加之王维的弟弟王缙升任宰相,愿削去官职代兄赎罪,李亨终于赦免了王维,让他担任了太子中允,后又升中书。

唐玄宗后期和安史之乱之后的唐肃宗时期,王维在长安附近的蓝田购得一块农田,修建了"辋川别业",过起了半隐半官的生活。作为历史上有名的田园诗人,他的许多名篇就是在辋川别业中吟咏而成的。诗中显露着陶渊明、谢灵运的诗风。他精通声律,善抚琵琶,又善于作画,是集诗、文、乐、画于一身的高手大家。据说他从小跟随母亲皈依了佛教,有一部《维摩诘经》,是佛教中一位高僧维摩诘向弟子们讲学的书,王维佩服维摩诘的学问和辩才，拆开了他的名字，给自己命名为“维”，字“摩诘”。据史书记载，他“食不荤，衣不纹”，是一位超凡脱俗的佛教信徒。

王维有《王右丞集》《王摩诘文集》传世。他去世后，他的胞弟王缙将他的诗词乐章整理编辑为《王维诗乐集》。

白居易(772—846)，字乐天，号香山居士、醉吟先生，是唐代伟大的现实主义诗人，有“诗王”之称。

白居易出生、逝世、埋葬的地点都在河南，但他的祖籍是太原阳邑，也就是今天的山西晋中太谷县。虽然没有在这里生活过，但白居易不忘根祖，自称“太原人”。他的同辈、后代人也一直称其为“太原白公”。

白居易贞元十六年(800)29 岁时中进士，先后任秘书省校书郎、盩至尉、翰林学士，元和年间任左拾遗，写了大量讽喻诗，代表作是《秦中吟》十首和《新乐府》五十首，这些诗使权贵读之变色、怀恨在心。白居易 44 岁时，宰相武元衡和御史中丞裴度遭人暗杀。白居易十分气愤，上疏力主严缉凶手，以肃法纪。可是那些掌权者反而说他是东宫官，抢在谏官之前议论朝政是一种僭越行为，又说他母亲是看花时掉到井里死的，他写赏花的诗和咏井的诗，有伤孝道，于是他被贬为江州司马。

贬官江州后，白居易仍然勤于政事，为百姓做了不少好事。他疏浚李泌所凿的六井，解决人民的饮水问题。他在西湖上筑了一道长堤，蓄水灌田，并写了一篇通俗易懂的《钱塘湖石记》，刻在石上，告诉人们如何蓄水泄水，认为只要“堤防如法，蓄泄及时”，就不会受旱灾之苦了。这道长堤就是有名的“白堤”。

白居易的诗歌主张和诗歌创作，以其通俗性、写实性，在中国诗史上占有重要的地位。在《与元九书》中，他明确说：“仆志在兼济，行在独善。奉而始终之则为道，言而发明之则为诗。谓之讽喻诗，兼济之志也；谓之闲适诗，独善之义也。”在《新乐府序》中，他明确指出作诗的标准是：“其辞质而径，欲见之者易谕也；其言直而切，欲闻之者深诫也；其事核而实，使采之者传信也；其体顺而肆，可以播于乐章歌曲也。”这里的“质而径”、“直而切”、“核而实”、“顺而肆”，分别强调了语言须质朴通俗，议论须直白显露，写事须绝假纯真，形式须流利畅达，具有歌谣色彩。也就是说，诗歌必须既写得真实可信，又浅显易懂，还便于入乐歌唱，才算达到了极致。《琵琶行》与《长恨歌》是白居易的代表作。

白居易的诗在当时就广泛流传，其声名还远播新疆和朝鲜、日本。白诗对后世文学影响巨大，晚唐皮日休、陆龟蒙、聂夷中、罗隐、杜荀鹤，宋代王禹偁、梅尧臣、苏轼、张耒、陆游及清代吴伟业、黄遵宪等，都受到白诗的启示。后代剧作家也用白诗故事进行再创作，如白朴、洪昇根据《长恨歌》分别作《梧桐雨》《长生殿》；马致远、蒋士铨据《琵琶行》分别作《青衫泪》《四弦秋》。白诗词句，也多为宋、元、明话本所采用。

白居易的《策林》七十五篇，识见卓著，议论风发，词畅意深，是追踪贾谊《治安策》的政论文。《与元九书》是唐代文学批评的重要文献。《草堂记》《冷泉亭记》《三游洞序》《荔枝图序》等文，为唐代散文中的优秀之作。白居易还是词创作的有力推动者，《忆江南》《浪淘沙》《花非花》《长相思》诸小令，为文人词发展开拓了道路。

白居易去世后，唐宣宗李忱写诗："缀玉连珠六十年，谁教冥路作诗仙？浮云不系名居易，造化无为字乐天。童子解吟《长恨》曲，胡儿能唱《琵琶》篇。文章已满行人耳，一度思卿一怆然。"对白居易的一生作出了很高的评价。

"花间鼻祖"温庭筠

唐朝中后期，"词"在诗的花丛中绚丽绽放。温庭筠为词的产生做出了巨大贡献。

温庭筠（801—866），字飞卿，本名岐，祁县会善村人，是唐初宰相温彦博的六世孙。幼年时，"苦心砚席，尤长于诗赋"。同时，他喜爱音乐，也是著名的音乐家。

据新、旧《唐书》记载，唐宣宗大中末年，温庭筠参加过科举考试，竟在考场为八个人当"枪手"，替八个人写了诗文，自己还写了 1000 余字的考卷。"作弊"被监考官发现，当然没有被录取。温庭筠考场失利后，同一些青年诗友狂游江南。史书上说温庭筠"士行尘杂，不修边幅，能逐弦

温庭筠画像

吹之音，为侧艳之词，公卿家无赖子弟裴诚、令狐缟之徒，相与蒱饮，酣醉终日，由是累年不第”，是个花花公子。但也承认：“庭筠著述颇多，而诗赋韵格清拔，文士称之。”(《旧唐书·文苑下》)

温庭筠开了细致描写妇女形象的先例，填了许多如《菩萨蛮》《更漏子》《酒泉子》《杨柳枝》等不同曲调的“词牌”。这些描写妇女神貌情态的词，被后人称为“花间词”，温庭筠自然成为花间派诗人的开山宗师。

在填写大量词调的同时，温庭筠在乐府体和格律诗的创作上，也取得了丰硕的成果。他的乐府诗、格律诗与李商隐齐名，当时人称“温李”。他把曲子词由唱词演变为一种新的独立体——词，后经唐末韦庄、南唐李煜，到北宋的欧阳修、苏东坡、柳永等人，词完全脱离了音乐，终于演变成一种独立的文学体裁。温庭筠是词的开拓者，为诗词开辟了一片崭新的文学天地。

温庭筠生活上受尽坎坷，历史上颇有争议，但他是唐代最伟大的诗人之一，对古代诗词文化的发展做出了卓越的贡献。

沙陀豪杰刘知远

刘知远(895—948)，属沙陀部族。其父刘琠早年流落到榆次乌金山脚下的左付村，后应征在晋王李克用帐下效力，战死于沙场。刘知远 17 岁那年，继承父亲遗志于太原从军，在李克用养子李嗣源的部队里充当饲马的军卒。

一日，一匹战马受惊向南奔去，刘知远骑马去追，追到榆次鸣李村头，见一村姑正从井里汲水，那匹受惊的马已停下来，凑到水桶边饮水。刘知远与村姑一见钟情。村姑名叫李三娘。刘知远喜欢上李三娘以后，多次托人到李家求婚，但李三娘家人不同意。刘知远年轻气盛，干脆邀几位朋友前往"抢亲"，与李三娘终成眷属。刘知远和李三娘的爱情故事有好多版本，还被改编成了戏剧，诸如《刘知远白兔记》《磨房产子》《井台会》等，涉及多个剧种，李三娘也成为家喻户晓的传奇女子。刘知远当上后汉开国皇帝后，李三娘谏言献策，对刘知远的帮助很大。刘知远去世后，刘承祐即位为隐帝，作为皇太后的李三娘在治国安邦方面更是做出了贡献。

刘知远能当上皇帝，与一个叫石敬瑭的人不无关联。石敬瑭是后唐明宗李嗣源的女婿。一次，李嗣源部与后梁军队打仗，石敬瑭在撤退途中马鞍断裂，跌下马来，危急时刻，刘知远救了他的命。李嗣源即帝位后，石敬瑭任河东节度使，将刘知远调到身边担任了押衙（总管衙内事务的官员），成为心腹。李嗣源去世后，其子李从厚即皇帝位（即后唐愍皇帝）。不久李嗣源养子李从珂谋反，率部攻入洛阳，李从厚仓惶出逃。在卫州（今河南汲县）与正赶赴京城洛阳的石敬瑭相遇。李从厚令石敬瑭剿灭李从珂，石敬瑭却顾及与李从珂的关系不置可否。李从厚大怒，令随从诛杀石敬瑭，刘知远在危急之时又一次救了石敬瑭的命，并抓获了李从厚。

在刘知远等人的怂恿下，石敬瑭拟在太原起事，夺取天下。但又自知力量不足而犹豫不决，有幕僚主张向契丹称儿、称臣、割地、纳贡以换取援助，刘知远说："称臣可矣！以父事之太过；厚以金帛赂之，自足致其兵，不必许以土田，恐异日大为中国之患，悔之无及。"（《资治通鉴》卷 280）但刘知远的主张没有被石敬瑭采纳，为了夺取后唐的天下，石敬瑭不但向契丹纳贡称臣，还决定割

榆次乌金山天缘谷刘知远、李三娘雕塑

让燕云十六州给契丹，甚至称比自己小十一岁的契丹主耶律德光为父，在历史上留下了“儿皇帝”的千载骂名。

石敬瑭称帝后，任命刘知远为检校太保、侍卫马步军都指挥使，领忠武军镇许州（今河南许昌）节度使。但不久，石敬瑭让他改任归德军镇宋州（今河南商丘）节度使。刘知远深知石敬瑭是在提防和排挤他，便厉兵秣马，不断发展壮大自己的实力。石敬瑭以他为患，但还来不及采取行动，就于天福七年（942）六月得病身亡。石敬瑭死后，他的养子石重贵继位，加封刘知远为检校太师，进位中书令，继而又封太原王，兼北面行营都统。在刘知远的建议下，石重贵对契丹不再称臣，并向契丹索要燕云十六州。契丹主耶律德光大怒，接连派兵南下伐晋，意欲取道太原攻取大晋京师开封。刘知远在忻口（今山西忻州）大破契丹军，之后又在朔州阳武谷再破契丹军。耶律德光绕道幽蓟，攻陷开封，石重贵投降，后晋灭亡，契丹在开封建立了大辽国。

刘知远见此情形，欲在太原称帝，而后起兵攻辽。但由于军饷不足，刘知远准备向百姓征收重税。李三娘向他进谏：“方今起事，号为义兵，民未知惠而先夺其财，殆非新天子所以救民之意也。今后宫所有，请悉出之，虽其不足，士亦不以为怨也。”（《新五代史·汉家人传第六·高祖皇后李氏》）刘知远认为李三娘说的在理，放弃了征税的打算，倾宫中所有为军饷，果然赢得了人心。此后他在太原称帝，建立了五代史上第四个政权，史称后汉。

刘知远称帝后，为了赢得民心，争取后晋旧臣的支持，没有急于改变国号，而是沿用石敬瑭的年号，称天福十二年（947）。接着，他下诏禁止各地向契丹进贡钱帛，并下令将留在各地的契丹人一律处死，还亲自慰劳武装抗辽的民众。这些政令与措施对晋朝旧臣是一个安慰，同时也适应了民众反辽的要求。此后，他采纳了郭威“由汾水南下取河南，进而图天下”的建议，命史弘肇为先锋，举兵南下，很快拿下了洛阳并攻入开封。就在他沉浸在中原平定的喜悦中时，长子开封尹刘承勋不幸病死，令他陷入了哀痛中。

天福十三年（948）春，刘知远在开封登基，改名为“暠”，改国号为大汉，改天福十三年（948）为乾祐元年。但由于丧子之痛，再加上连年征战，登基后他便一病不起，不久不治而亡，时年 54 岁。

状元宰相王溥

王溥（922—982），字齐物，祁县人，出身于书香门第，是五代末期和宋朝初期有名的宰相，同时也是一位成绩卓著的史学家。

王溥生活的时代处于南北大分裂时期。后汉乾祐元年，26 岁的王溥参加科考，考取了进士第一名。这是继王维之后，古祁县的又一名状元。

当时后汉的宰相和将军郭威，重视文人，广纳贤才，王溥在他手下当了一名小官。后汉末年，郭威在率军平乱时从叛将的军营里搜得很多书信，全部为朝中亲贵大臣与这些叛乱者的来往密信。郭威欲逮捕这些大臣，王溥全力劝阻郭威：“魑魅之形，伺夜而出；日月既照，氛沴自消。愿一切焚之，以安反侧。”（《宋史》卷 249《王溥传》）郭威听从了王溥的建议，放火把这些信烧掉了。王溥的主张，拯救了这些大臣的性命。公元 951 年，后汉末代皇帝刘承祐派杀手暗杀郭威，郭威率军攻入开封，杀死刘承祐，建立了周，做了史称周太祖的后周皇帝，将王溥委任为中书侍郎平章，即副宰相。

郭威死后，养子柴荣登上皇位，这就是闻名史册的开明皇帝周世宗。柴荣登基后对王溥越发信赖。在王溥等人的协助下，柴荣采取了一系列有利于恢复经济、澄清吏治的措施，社会经济逐渐得到了恢复。柴荣登基当年，北汉联合辽国向后周大举进攻。面对强大的敌人，柴荣主张迎战，许多大臣却反对，在朝会上展开了激烈的辩论。当柴荣在辩论中处于弱势时，王溥挺身而出，慷慨陈言，说服了反对迎战的大臣。柴荣挥师北渡黄河，指挥数千周兵击溃汉军数万人，取得了大胜利，这就是有名的高平之战。

“陈桥兵变”后，王溥作为周世宗的旧臣又在宋初担任宰相五年。但赵匡胤只给他名号，不给实权。乾德二年（964），在他卸任离开宰相府时，赵匡胤对着朝中文武大臣评价：“王卿，为相十年，三迁一品，其功其

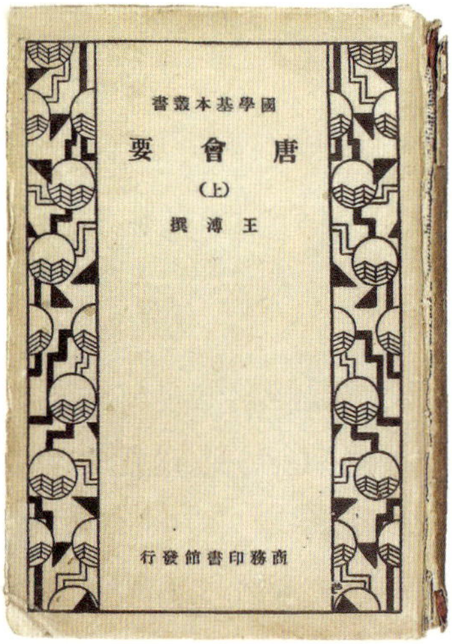

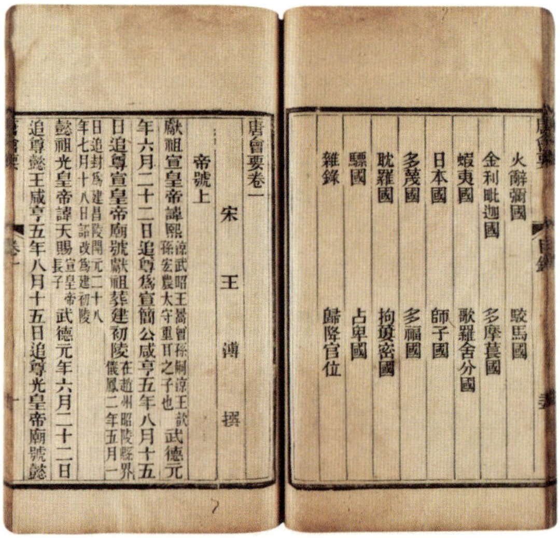

《唐会要》书影

德，近世未见其比也!”(《宋史》卷 249《王溥传》)

在这有职无权的五年中，王溥编著了两部史学著作，一部叫《唐会要》，共 100 卷；一部叫《五代会要》，共 30 卷。这两部书开创了一种新的史学体裁，专门记录皇帝制定的政事民事的礼仪规章、政策法令、文物及发生的故事。凭借这两本著述，王溥奠定了他在史学界的地位。宋之后的很多史学家都对他有很高的评价，认为在西汉司马迁创立纪传体，东汉班固创立断代体之后，王溥又创立了一种专史的新体裁——会要体。

五代木结构建筑——镇国寺

1997 年，镇国寺和双林寺作为平遥古城的组成部分，被联合国教科文组织正式确定为“世界文化遗产”，列入《世界遗产名录》。镇国寺万佛殿是我国现存唐朝和五代时期 7 座结构完整的木构建筑之一。

镇国寺位于平遥县城东北的郝洞村，距县城 12 公里。创建于唐末五代时期，原名京城寺。寺内东西碑廊下保存有 20 多通碑碣，大多为寺院的重修碑记。从中可知，寺院建成以后，历代都有修葺，但改动不大。元、明时期利用寺内空地，前筑山门、天王殿和东西两侧的钟楼、鼓楼；后建三佛楼和东西厢房、观音殿、地藏殿，规模始具。嘉靖十九年（1540）改称镇国寺。清雍正、乾隆年间重修东西两廊。嘉庆元年（1796）至嘉庆二十年（1815），又在山门外修戏台，佛阁西侧建经堂，添东西厢房，在万佛殿之前新建左右亭，又建禅房等。在这次大规模的维修过程中，对万佛殿墙宇"因旧而葺之，栋梁之挫折皆易之，设色藻绘工成之"。此后，又于光绪二十年（1894）移建三灵侯、财福神两祠于寺内碑亭之北，成今日所见之规模。

整座寺院坐北向南，两进院落，布局完整，前院紧凑，后院疏朗。中轴线上有天王殿、万佛殿、三佛楼。天王殿两翼配有钟、鼓楼和掖门。一进院东西廊有碑亭、三灵侯殿、二郎殿、财福神殿、土地殿。二进院东西有观音殿、地藏殿和东西厢房。殿宇建筑跨越唐末五代、元、明、清，是一座名副其实的千年古刹。

平遥县镇国寺

寺院的山门，也是天王殿，创建于元代。后经修葺，仍保持了元代的建筑风格。面阔三间，进深三间，单檐悬山顶。殿内四大天王像是清代重塑。南方增长天王，手执青风剑，气势磅礴；东方持国天王，眉清目秀，慈善温和，怀抱琵琶；西方广目天王，手执雨伞，泰然自若；北方多闻天王，手托舍利塔，气贯长虹。他们各自护卫着东南西北四方。四大天王手中所持之物，《圆觉经》中解释是分别代表土、金、风、水。但受到中国传统文化的影响，转变成了“风、调、雨、顺”，寄托着百姓“五谷丰登、天下太平”的美好愿望。

镇国寺的精华在万佛殿。万佛殿建于北汉天会七年（963），殿面阔三间，进深三间，平面基本呈方形，单檐九脊歇山顶。除门窗外，前、后墙及两山墙均砌厚厚的墙体。墙体下面厚，上面相对较薄，有明显的收分，外檐有几根檐柱支撑。檐柱均向内倾，有侧角。四角柱有生起。柱头上仅施阑额而无普拍枋，转角处阑额不出头。大斗直接坐在柱头上，柱高 3.42 米，斗拱总高 1.85 米，斗拱总高度超过柱高的三分之一，这种做法在古代建筑中极为罕见。斗拱的分布有柱头斗拱、补间斗拱和转角斗拱，因其所处的位置不同而名称有异，作用也不相同。柱头斗拱七铺作双抄双下昂重拱偷心造，批竹式昂，耍头为短促的下昂形。斗拱出跳 1.43 米。两柱头斗拱间施一朵补间斗拱，补间斗拱五铺作双抄偷心造。

万佛殿的当心设佛坛。佛坛上有彩塑一佛二弟子二菩萨二供养菩萨二天王二供养童子 11 尊，都是五代时期的原作。主像释迦牟尼面相丰腴，螺髻，身披袈裟，手施拈花印，安逸慈祥，和颜悦目，结跏趺坐于须弥座上，身后有大型舟形背光。紧依主像的是迦叶和阿难尊者。阿难身着僧衣，一副出家人打扮，显得脱颖、慈善，完全是一位才气横溢的青壮年形象。另一侧为迦叶，迦叶从小出家，历经千辛万苦。于是他被塑造成了一位饱经风霜、含辛茹苦的老人形象。前面四尊为两菩萨和两供养菩萨。由于他们的身份和地位不同，所以将坐像的两菩萨塑造成贵妇人的形象。她们衣冠紧扣，面额丰满，显得非常文雅娴静。两边站着的供养菩萨造型最佳，体型健美，腰臀微曲，有着丰满的肌肉，白嫩的手臂，袒露的胸脐……璎珞佩于胸前，罗纱紧贴躯体，尽显优美的线条。她们面相圆润，发髻高束，表现出少女特有的娇柔之美。

菩萨前为两天王，手执兵器，头戴盔，身穿甲胄，蹙眉怒视。筋骨雄

平遥县镇国寺万佛殿菩萨像

 平遥县镇国寺万佛殿菩萨像

健，姿态威武，气势逼人，与后世天王狰狞之貌截然不同，而与敦煌唐代雕塑的天王像极为相似，唐代风格犹存。虽经后人重装，衣纹线条和色彩等已部分失去原来的风韵，但从躯体、相貌、装饰、轮廓等可以明显地看出为五代时的作品。再看两位供养童子，身体瘦弱，衣着俭朴，一副天真善良的农家少女形象。一尊虔诚祈祷，另一尊心不在焉，四处张望。一静一动，反差恰到好处。

殿中彩塑作品更为珍贵，除敦煌莫高窟中有少量五代彩塑外，万佛殿内的彩塑是全国寺观庙堂中保存至今的唯一五代作品。数量虽然不多，但其所处的历史时期至关重要，对于研究我国雕塑发展史，认识了解由唐到宋雕塑的演进过程是十分重要的。

北汉半截碑的故事

平遥镇国寺的东碑廊下，有一通北汉时期的石碑，因碑体上下左右均残，所以称之为半截碑。清嘉庆二十一年(1816)，镇国寺进行了一次较大规模的维修。工程竣工后，要树碑以记其事，工匠们就在寺院附近找到了这通碑，运回寺内想用它作碑座。负责工程的田增檍发现碑文书法很好，不忍心毁掉，于是，此碑被保存了下来。碑残高 84.5 厘米，宽 58 厘米，厚 36 厘米。由此推断，原碑应该非常高大。碑文行书，19 行，每行 4 至 34 字不等，共 476 个字。其书法艺术高超，风骨直逼晋王羲之，造诣绝不在同时期书家杨凝式、徐铉等人之下，故清代以来摹拓者接踵而至，拓之如获至宝。

清光绪十年(1884)，当地人恩贡生田耕蓝撰写《半截碑记》，记载了此碑发现的过程，勒石嵌于东碑廊的墙壁上，并说：“嗣后，爱而拓之者甚伙。但上下文义不全，现观其大势是当日封王于此，且有天会二十年祀年号，殆亦八百余年物也。”可见，如果不是田增檍首倡保护，其族孙田耕蓝勒石铭记，半截碑可能早已不复存在了。

由于碑残文缺，难以读通，碑所记何人何事，竟成为隐藏在碑里的秘密。20 世纪 80 年代，山西大学历史系教授李裕民通过碑文中“睿宗皇帝”、“仍扶今圣， 克绍宝图”、“王始统领于此军”、“王既当典武”、“王以帝室，深严夙夜之弩”、“剪桐分宝，用光伯升之荣”等词句以及其人天会十二年后任“都点检”的记载，推断这是一通北汉主刘崇之孙、刘继元从弟刘继钦的墓志碑。

据《续资治通鉴长编》《十国春秋》记载，刘继元为大内都点检时，睿宗看他年幼弱小，便委任刘继钦掌管禁卫军保护刘继元。北汉天会十二年(968)，睿宗刘承钧死后，刘继恩即位。不久，刘继恩遇刺身亡，刘继元即位，即北汉英武帝。刘继元即位后，深知自己只是刘承钧的养子，刘承钧的亲兄弟和子弟尚存，他们可能危及他的皇位。因而寻找各种借口，不是把他们流放到荒山僻野，就是杀死。在这种情况下，刘继钦向刘继元谢病辞职，默居交城，俾奉园陵。尽管这样，刘继元还是不放过他，借口“你能为先帝尽职，为什么不肯为我尽力”而杀了刘继钦。这是北汉天会十七年(973)的事情，刘继钦死时才 22 岁。

《续资治通鉴长编》和《十国春秋》只记载了刘继钦最后的官职为都点检。半截碑弥补了史载的不足。从碑上可知刘继钦在刘承钧时的官职爵位为“银青光禄大夫、检校司空、右卫将军兼御史大夫，上柱国”，继而加封为“检校太傅、开国子、食邑五百户”。刘继恩时，“加检校太尉”。刘继元即位时，除升为都点检外，又“兼归义府都督”，又加封为“太尉、彭城郡开国侯，食邑一千户”。

刘继钦被杀死后，刘继元仍给他以王礼埋葬，墓前树立神道碑，而碑铭自然不能书写刘继元谋杀继钦之事。碑文将刘继元美称为“今圣”，并历叙其对刘继钦的友爱之情，加官晋爵，像周成王对待其弟叔虞一样。清嘉庆年间工匠们能从镇国寺附近将其移入寺内，可见刘继钦墓可能距此不远，为寻找刘继钦墓提供了可靠的线索。

北汉碑刻现存极为稀少，至今仅见平遥镇国寺半截碑、太原天龙山千佛楼碑等两三通。平遥镇国寺半截碑虽然已残，但也弥足珍贵，因为它记载着一段鲜为人知的历史，承载着厚重的历史文化。

第五章

南北纷争 民族交融

（宋辽金元）

概述

宋、金、元时期，晋中地区居南北纷争之地，多汉胡交融之事，呈现出一幅幅民族斗争与民族融合错综复杂的景象。

因为战争，宋金元时期晋中地区的行政建置不断变化。北宋乾德元年(963)，宋军攻下北汉乐平县，建为平晋军，寻废。太平兴国四年(979)，宋灭北汉，统辖晋中地区全境。同年，晋阳城毁，并州治所迁至榆次。七年(982)移治唐明镇(今太原城区)。北宋地方行政区划实行路、府(州、军)、县三级制。晋中统归河东路，境内设辽州，领辽山、和顺、榆社、平城 4 县；其余县属太原府、汾州、平定军。其中，榆次、太谷、祁县、寿阳 4 县属太原府，灵石、介休、平遥 3 县属汾州府；乐平县归平定军(太平兴国二年置，治今平定县)。

金灭北宋，晋中地区全境归金统治。金承宋制，设路、州(府)、县三级。各县属河东北路的太原府、平定州、汾州和河东南路的辽州管辖。辽州领辽山、榆社、和顺、平城、仪城 5 县；榆次、太谷、祈县(祁县改)、寿阳 4 县属太原府；乐平、寿阳 2 县属平定州；平遥、介休、灵石 3 县属汾州。

元代实行省、路、府(州)、县四级制，晋中地区全境属中书省之太原路、平阳路。其中，榆次、太谷、祁县、寿阳4县属太原路直辖，平遥、介休2县属太原路之汾州管辖；乐平县属太原路之平定州；辽州领辽山、榆社、和顺、仪城4县，归平阳路直辖；灵石县属平阳路之霍州。大德九年（1305），太原路改冀宁路，平阳路改晋宁路，境内州县隶属不变。

这一时期，晋中发生了许多重大的历史事件，也成就了众多的历史人物。北宋文彦博出将入相，成为晋中千古大贤；金代状元宰相杨云翼和同乡赵秉文共同促进汉胡交融，留下了民族融合的千古美谈；平遥道虎壁王氏妇科医术从宋代名医王厚开始，传承至今已28代，造福桑梓1000余年；太谷无边寺、平遥文庙、榆社福祥寺、和顺合山懿济圣母庙等一座座特色各异的寺庙，不仅显示了佛教的蓬勃发展，也显示了儒、释、道在这片土地上共存共荣、和谐相处的多元文化气象。

北宋名相文彦博

介休有“三贤故里”的美称，三贤是指割股奉君的介子推、东汉名士郭泰和大宋第一名相文彦博。

文彦博（1006—1097），字宽夫，号伊叟，介休文家庄人。文彦博灌水浮球与司马光砸缸、孔融让梨等故事，是我国传统启蒙教材中的经典，广为人知。

文彦博小的时候，和几个同伴在草地上踢球，一不小心，球掉进一个树洞。同伴们趴在洞口伸手摸球摸不到，用棍子到洞里拨球也够不到。正在大家焦急之时，文彦博想出了个好办法，他把水灌入树洞中，水满而球浮出，同伴们喜出望外。文彦博聪明也由此在乡里广为传播。

天圣五年（1027），文彦博进士及第，一生中受任于仁宗、英宗、神宗和哲宗四位皇帝。在任殿中侍御史期间，文彦博建议加强边境作战统帅的权力，当时军中副将犯错，大将要向朝廷请示后才能处置。文彦博认为这种办法在平时还可行，现在连年作战，将领没有自主处置权，怎么能成功呢？宋仁宗听从了他的意见，放权于将，对宋

中国邮政发行的纪念文彦博纪种邮票

廷成功抵御西夏的入侵起了积极作用。

庆历七年(1047),宋仁宗任命他为枢密副使、参知政事。同年11月,贝州王则起事,试图推翻宋仁宗的统治,朝廷派出明镐前往贝州讨伐,但明镐久久不能平叛。文彦博主动请缨到贝州讨伐。朝廷任命文彦博为宣抚使,前往平叛。文彦博率军来到贝州城下,一面让官兵猛攻北城,一面在南城深挖地道,用了一个多月时间,文彦博率军里应外合,一举拿下贝州,王则被活捉,叛乱平息。

文彦博身居高位,体恤百姓。他深感朝廷养兵太多,老百姓的负担太重,就和枢密使庞籍同上奏折,请求裁兵八万。对这样众多的裁军,朝野上下,议论纷纷。宋仁宗对此也有顾虑,担心裁军后外夷来犯,或者被裁军人聚为盗贼引起国内骚乱。文彦博坚定地说:“现在公私困竭,主要原因就是兵员过多。假使这些裁撤的兵士要作乱,臣死也要把这事平定下去。”在文彦博的力主之下,裁军计划终于实施,裁撤的兵士也没有闹事。

文彦博居官数十年,对禄位、名利看得很淡。熙宁二年(1069),宋神宗任命陈升之为宰相,下诏说:“文彦博是世人所敬仰的名臣,令陈升的班位在文彦博之下。”文彦博却说道:“大宋的枢密使职,没有在宰相上面的。这样做紊乱朝廷礼制。”坚决推辞,班位居陈升之下。

文彦博不仅是北宋著名的政治家、军事家,也是著名的书法家。他在退居洛阳之后,和富弼、司马光等十三人,会集卿大夫年龄较大、德行高尚的名人,建立了耆英堂,命名为“洛阳耆英会”。他们置酒赋诗,交流佳作,乐此不疲。当时,文彦博等人经常聚会于洛阳的名园古刹,个个头发眉毛皆白,但仪表堂堂,引得洛阳百姓驻足观看。

宋哲宗绍圣四年(1097)六月十六日,文彦博去世,享年92岁,身后留有《文潞公集》40卷,《全宋词》录有他的词一首。在党争中,他曾因被列入“元祐党籍”而贬为太子少傅,到宋徽宗的时候,特命出籍,被追复太师,谥号忠烈,成为千古流芳的一代名相。

杨赵河边说“杨、赵”

昔阳县境内，有一条缓缓流淌的河流，人称“杨赵河”，以两个人姓氏命名河流，这种方式，历史并不多见。明代文人赵敏有诗《杨赵河》：“养晦穷岩伊吕俦，苍生霖望岂能留。成粲已豫调羹诀，共榻偏饶卧治猷。文柄互持双学士，状元偕第一龙头。而今溪杵依然在，幸捣玄霜漱上流。”这首诗记载和赞颂了这条河所纪念的金代名臣杨云翼、赵秉文两人的丰功伟绩和同窗情谊。

杨云翼（1170—1228），祖籍赞皇檀山村（今属河北赞皇县），后迁到乐平（今昔阳）川口村，到云翼已经是第六代了。杨云翼自幼天资聪慧，才智过人，24岁中进士，殿试为一甲第一名。从此，他以状元的身份走上仕途，长期兼任翰林院的官职，许多重要的圣旨都由他拟稿。金代官制律令：三品以上官员一般不再兼任内廷机要职务。金宣宗特颁诏旨，杨云翼不受此限。金哀宗接任，设立由6人组成的益政院，杨云翼是首选之人，召见时获单独赐座的殊荣。

杨云翼为官时期，金朝已经病入膏肓，内部吏治腐败，权臣揽政，党争不断，民乱迭起；外部则受蒙古族进攻，又与南宋、西夏时和时战。在这种状况下，金宣宗却要起兵偷袭南宋，以补贴败于蒙古的损失。满朝文武官员对皇上的旨意，有的敢怒不敢言，有的一味奉承，只有杨云翼力劝宣宗应内修政事，修养民生，反对“取偿于宋”的战争，警惕蒙古的吞并野心。宣宗一意孤行，不几天便大败而归。事后，宣宗追悔莫及，怒斥手下大将：“让我有何颜面见杨云翼耶！”

杨云翼在从政为官的生涯中，对外反对穷兵黩武，对内反对横征暴敛。金宣宗执政的时候，尚书右丞相高琪主政，多次修改典章，大肆搜刮财富，暗地里指使官员上奏增加赋税，并将油料列入征收范围，名义上是增强国力，实际上是为了个人敛财。金宣宗召集群臣会商，户部尚书

昔阳县杨赵河

以下的百余位官员，都惧怕高琪，个个唯唯诺诺，不敢提出异议。只有杨云翼向宣宗直陈利害，认为这样把天下的流行货物全部纳入征税范围，将对百姓产生极大的伤害，可能会激起民变。宣宗听从了杨云翼的直谏，下令停议赋事。从此，他的"直声"名号，传遍国中。

杨云翼对上直谏直声，对下体恤民情。有一次，河朔有11位村民被游骑追赶至黄河岸边，万般无奈之际，泅水渡河进入南宋境内。按照当时的法律，这种行为是叛国，应定为死罪。杨云翼认为，百姓是被敌寇追赶才到对岸躲避，日后又返回家乡，不但不是叛国，而且是爱国的表现。由于杨云翼上书直言，言辞恳切，宣宗收回了成命，11位百姓被无罪释放，免遭杀身之祸。

杨云翼做官政声卓著，做文也声名大盛。他数次主持会试，发现和举荐了大批人才，著名学者元好问便是他的门人之一。他一生著作颇丰，除著有若干文集外，还有《大金礼仪校编》《五星聚井辩》等书，在文

昔阳县川口村杨云翼祠堂

化史上留下了不朽的篇章。杨云翼于正大五年(1228)逝世,享年 58 岁。

杨云翼的同窗赵秉文,祖籍磁州,大定二十五年(1185)中进士。他与杨云翼不仅是政治上的同僚,同时也是文学上的挚友。杨云翼主持科举 30 年,赵秉文数次同他轮流执印,文章两人齐名,一时间“杨、赵”之名传于华夏。百姓感念着他们的惠政。一条清清潋潋的“杨赵”河,缓缓流淌,数百年不息,永远传颂着杨、赵两人的卓越功绩。

平遥金代文庙

站在平遥古城楼上向东南望去,一片金碧辉煌、绚丽多彩的古建筑群赫然跃入眼帘,那是文庙、城隍庙、财神庙的精彩组合。在这组建筑群体当中,金代建成的文庙大成殿气势恢宏,雄姿夺目。

文庙是祭祀孔子的庙宇。明、清时期,“文庙”的这一称呼被官方固定下来,成为各地学宫的代名词。据碑文和县志记载,平遥文庙创建于唐贞观初年,原为太子寺,后改作文庙。明清时期不断扩大完善,终成现在的规模。

文庙坐北朝南,布局完整,规模宏大,占地面积达到 35811 平方米。三组建筑一字排开,中间是文庙主体,左右两边是附属建筑东学和西学。文庙棂星门前有一座大型砖雕彩壁,影壁前还有一座“云路天衢”坊,牌坊以文庙位于云路街而得名。棂星门左右两侧还建有两座牌坊。棂星门以里,中轴线上排列着大成门、大成殿、明伦堂、敬一亭、尊经阁。两侧东西相对有更衣厅、斋宿厅、名宦祠、乡贤祠、东西廊庑、神厨、神库、贤侯祠、忠孝祠、时习斋、日新斋等建筑。庙东还有崇圣祠和节孝祠。

文庙建筑中,大成殿、明伦堂、东西廊庑等系明清以前的建筑。

大成殿是平遥文庙的建筑精华,是我国仅存的金代文庙建筑。大成殿前宽阔的露台是旧时举行祭孔大典时奏大成乐、舞八佾舞的礼仪乐舞之地,是体现大成祀典的重要场所。因此,孔庙中的露台历来都是文

平遥县文庙大成殿

庙的一个重要组成部分。平遥文庙大成殿的露台中央铺筑拜石，上刻锦底“寿”字图案。露台前及其左右均作缓坡，正前方青石面上，浮雕“团龙”，俗称二龙戏珠，构图洗练，气韵生动，可能是唐代作品。露台边沿和大成殿基座前左右两角，有青石围栏，栏板上刻博古、花卉、人物图案。

大成殿建在高 1 米的方形基座上，面阔五间，通面阔 25.82 米；进深五间，总进深 24.3 米，基本为方形。檐柱粗大，直径 0.47 米，高 5.11 米，是殿宇总高度的五分之二，柱头均用砍刹手法。四角角柱略高并向内侧倾斜，可以看出有侧角和生起。殿内采用减柱造的作法，减去明间的两根柱子，加大空间，更便于祭拜孔子。斗拱有柱头斗拱和转角斗拱，而补间斗拱则以大斜梁代替。柱头斗拱和转角斗拱均为七铺作双抄双下昂重拱偷心造，批竹形昂，蚂蚱形耍头。外檐斗拱第一跳最长，第二跳

平遥文庙大成殿斗拱

次之，第三跳最短。斗拱总高度 2.3 米，是柱子高度的五分之二略多一点。斗拱总深达到了 1.7 米，出檐深远。每两朵柱头斗拱之间，置一长大的斜梁，外端搭于罗汉枋之上，以承托撩檐槫，后尾则安置在内槽的柱头枋上，以代替补间斗拱。这样的作法很少见到，是这座建筑的特色之一。在我国古代建筑中，斗拱不但起到了装饰作用，而且可以增加建筑高度，加大殿内的采光，分散传递殿顶的负荷，时代特征非常明显，是建筑规制时代变化的晴雨表。

大成殿内施天花板，把梁架分成明栿和草栿。前后槽用乳栿搭牵相构，内柱上有复梁拼成的草栿承重，再上用四椽栿、平梁、叉手、侏儒柱、驼峰等构件层层支叠。梁枋断面大多为 3∶2，表面加工粗糙而简朴。中央置藻井。殿梁架举高 7 米，与前后檐槫之距离比为 1∶3.7，略低于宋代《营造法式》的所载规定。大殿两山墙下宽上窄，收分明显，歇山出际 2 米，单檐歇山顶，布瓦覆盖，瓦件脊饰均属宋、金形制。

前檐明间、次间为隔扇门装修，尽间槛墙上也作隔扇窗。有趣的是，后墙外侧正中有圆形实心门，上书一硕大的魁字。相传当地若有高中状元者，从棂星门中间的甬道进入大成殿，即可打开“魁”字门，通往敬一亭举行祭天仪式，寓“一举夺魁”之意。

金代大定三年（1163）所建的平遥文庙大成殿，是我国古代建筑当中的经典之作。它的雄伟壮观、朴实无华、时代风格与建造艺术，至今令人赞叹，令人折服，被定为全国重点文物保护单位，也是世界文化遗产平遥古城的有机组成部分。

昔阳宋金墓葬

2013 年，昔阳县发现了 7 座宋金时期仿木构砖室墓葬。山西省考古研究所与昔阳县文物管理所、昔阳县博物馆组成联合考古队，对这批墓葬进行了考古发掘，并对其中的三座进行了搬迁保护。

昔阳县宋金墓葬白釉刻花镂空瓷枕

1 号墓位于县城东侧的松溪路，坐北朝南，为平面呈八边形的仿木构单室砖墓。墓顶为穹隆顶。墓底对称铺设两个棺床，棺床间北部铺设有台阶通向北壁壁龛。墓壁一周设角柱，上承普拍枋。普拍枋上有柱头斗拱，四铺作。墓壁用青砖垒砌，磨砖对缝，壁面光滑，工艺考究。东西两壁为对称砖雕假门，东南、西南两壁为假窗，南壁为墓门。整个墓室营造出前厅后室、东西院落的墓葬空间。墓内共埋葬 3 位墓主人，应该是一夫二妻。墓内共出土陶器、瓷器、铜器等各类材质随葬品达 27 件之多。其中有一件白釉剔花镂空花卉纹腰圆形瓷枕，融黑剔花、镂空工艺于一身，虽为地方窑口作品，却是非常难得的艺术珍品。墓内还出土了一套茶具，执壶、茶盏、茶盒、茶匙和陶釜一同放置在陶盘中，形象地展示了宋金时期的饮茶器具组合。

2 号墓是在松溪路拓宽工程中发现的，墓的结构形制与 1 号相似，但墓室高大，墓内设单棺床。墓内有精美的彩绘和壁画。墓室八个角柱下设覆莲柱础，柱身涂红色，上绘筍纹，柱头绘花纹彩绘。普拍枋、阑额等仿木构件上彩绘各色连续半毬纹图案和卷草花卉。斗拱上满是彩绘。

昔阳县宋金墓内壁画

拱身绘弯曲缠绕的龙牙蕙草，斗上绘各式组合的花卉。拱眼壁内绘青龙、白虎、朱雀、玄武四神以及海石榴花等。整个仿木构件上满绘彩绘，彩绘图案繁冗复杂。

墓葬壁面先刷一层薄薄的白灰浆，然后再绘上精美的壁画。由于墓葬常年遭地下水侵蚀，壁画内容多已漫漶，但仍可窥见细致工整的笔触。其东北壁绘男女墓主人对坐图，其身后各有男女侍从待侍。西北壁似绘杂剧人物正在做场。人物线条流畅，构图工整严谨。墓室北壁、东壁、西壁为装饰复杂的砖雕假门。整个墓室通过彩绘、砖雕、壁画等手法营造出富丽堂皇之感。让人感受到两位墓主人身份地位非同凡人。

4、5 号墓是在中医院旧址发现的。4 号墓平面八边形，仿木构砖雕壁画单室，叠涩穹隆顶，墓底部砌“凹”字形棺床。墓壁设角柱，上承普拍枋、斗拱等。角柱朱绘，普拍枋、阑额、斗拱等构件上以红、黄两色勾绘花卉、卷草等图案。墓北壁绘黑地莲花，其余壁面用粗线条和色块勾勒出直棂窗、板门等。彩绘壁画整体笔意草率，笔法粗犷，不注重细节描绘，别具一格。棺床上两具人骨架，一男一女，应是夫妇合葬。随葬品有陶器、瓷器、铜器、骨器等 12 件，其中白釉印花凤穿牡丹纹瓷碟和“官匠”铭铜镜较为珍贵。

5 号墓营造考究，为八边形仿木构砖雕壁画墓，是这批墓葬中的精品。墓壁拐角均设角柱，角柱通体涂成红色，上用平砖砌出普拍枋，枋上绘黑白牙子。柱头铺作为把头绞项造，斗拱上细线描绘花卉纹样。撩檐枋以黄褐彩绘出木纹，上承飞檐。拱眼壁内描绘青龙、白虎、朱雀、玄武四神和花卉等。墓室北壁、东壁、西壁做砖雕假门，东南、西南壁做砖雕假窗。东北、西北两壁绘有精细的壁画。东北壁绘墓主人夫妇对坐图，画面中部为一方桌，上置瓶花、香炉、经书、铜镜等物。方桌东侧绘一中年男子，头戴幞头，身着圆领长袍，双手相握于腹部袖中，双腿开分端坐于木椅之上，其身左侧为一男侍；方桌西侧绘一中年妇人，着对襟长衫与男主人相对而坐，其右侧身旁站立一侍女。整个画面淋漓尽致地表现出男女墓主人受侍奉的场景。饶有兴趣的是西北壁面绘的一组“庖厨图”，画面右侧一长方形木桌后站着两人，一个在用力揉面，一个在双手包包子，桌子上摆放着包好的包子、装满馅儿的容器、盛面的面篓、擀面杖等。画面左侧上方为两个巨大的水缸。画面左侧下方绘灶上一摞七层蒸包子的笼屉，笼屉自下而上逐层写"一、二、三、四、五、六、七"，灶前坐一人，正在向灶内添柴。整个画面反映了为墓主人准备食物的场景，形象逼真，生活气息浓厚。东南壁下方绘有粮仓、石磨盘、石臼、公鸡和鸡笼等，西南壁面绘有牧童放牛、放羊的场景。墓内一幅幅壁画就像连环画，描绘着一个农业社会富裕人家的形象。

墓内出土的木质买地券，以朱砂楷体书写，上有"十七岁年次丁酉……大金国……"等字样，"大定"是金世宗完颜雍的年号，金代年号超过十七年的只有大定，干支也吻合，说明这座墓葬是金大定十七年(1177)建造的。另外，墓内还出土了散乱的木制供桌，实物与壁画都为我们研究宋金家具提供了翔实的资料。

7 号墓在澳垴山，也是一座八边形仿木结构砖雕壁画墓，坐北朝南，与其他墓葬不同的是，这座墓西壁带有一个长拱形耳室。墓内棺床宽大，大约占了墓底面积的四分之三。棺床上东西各置两具骨架，耳室内也有两具人骨架。墓内仿木构彩绘，壁画画工精湛，非常精细。墓葬东北壁上绘三对墓主人夫妇对坐图。画面中部是一张有帷幔的方桌，上面布置着食物、勺筷、托盏等。方桌左侧自北而南绘三位男性，年龄渐次变小，均袖手坐在木椅上，其背后有一侍童。方桌右侧绘三位女性，年龄也依次变小，中间的女性正双手捧食盒走向方桌。方桌后为花儿，上置瓶花。从墓内放置骨架数量和组合关系来看，发掘者推测这组壁画反映的正是三代墓主人生前生活的景象。西北壁绘有蒸包子内容的"庖厨图"，西南壁绘放牧图，南壁绘井、辘轳、石磨盘等，基本意境与 5 号墓相同。东南壁上绘制的杂剧、鼓乐团为研究宋金时期的戏曲、鼓乐增添了新的内容。

宋金墓葬山西中部并不少见，墓葬形制大都为八边形或六边形砖室墓，有的墓内有壁画。昔阳一次发现 7 座宋金墓葬，而且规模较大，这在东山地区是前所未有的，它和左权石匣的金代家族墓地，构成了宋金墓葬不同形制的组合，反映了宋金时期的风俗民情和不同阶层的现实生活。

元代平遥两位亲民官——杜丰与梁瑛

在金末至元代的百年历史长河中，平遥县有两大官宦家族，他们分别是杜家与梁家。两个家族对山西的历史产生了一定的影响，并被载入中国的元代史书，他们的代表人物杜丰和梁瑛，更是因亲民、爱民而被广为传颂。

平遥城西四十里，有一个西汾村（今称凤落村）。金明昌元年（1190），乡官杜珪家的第三子杜丰出生。在城东四十多里的麓台村（今梁官村），金明昌二年（1191），乡官梁秉钧家也生了第三个儿子，取名梁瑛。梁秉钧与杜珪都任金朝评事，是多年好友，两家都为儿子请了名师传授经史、武艺。所以，杜丰、梁瑛少年时在平遥就小有名气。

金末的平遥，战争气氛日渐紧逼。金泰和八年（1208），梁瑛的大哥梁瑜被任命为平遥县令。次年，20岁的杜丰被任命为义军谋克，两家联袂成为平遥县地方武装的指挥官。元军攻取太原，梁瑛召集乡勇议事，对他们说："我们汉人为金朝卖命，战事一起不知有多少百姓死于非命，这样做有何意义呢？"在他的主导下，梁家兵归降元军，并招降了附近的一百多处堡寨，梁瑛被授元帅左监军。次年，杜丰也率部归降元军，也被任命为征行元帅左监军。担任征行元帅左监军的杜丰，所向披靡，战无不胜。金朝的上党公张开带领一万多人攻入汾州（今汾阳），杜丰率五千人马亲临汾州，大败张开，使其退守西山。这时，梁瑛被派回平遥担任平遥长官，职位世袭，以县令之职代行平安州知州工作，很快使刚刚归顺元朝的地方得以安定。

在金宣宗元光元年（1222）后的几年中，杜丰带兵攻取介山（今绵山），招抚沁州所属的四个县，所到之处，深受百姓爱戴。此后，杜丰从太行山东进，攻取山东益都（今山东省青州市）及登州、莱阳等地。在两年多的战争中，杜丰部队收纳了许多俘虏和囚犯。每次战斗结束后，他都发给他们干粮和盘缠，竭力帮他们回归故里，骨肉团圆。而梁瑛驻守平遥，积极抵御金朝的进攻，阻断了金朝一次又一次的攻击，使得平遥城免遭涂炭。

由于屡立战功，杜丰、梁瑛双双升职，他们一道参加了西征，梁瑛迅速攻破了几个城市，杜丰也被任命为沁州长官，职务世袭，回到了山西。当时，沁州关押着俘虏和囚犯三百多人，监狱人满为患，杜丰重新审理了案件，释放了很多俘虏和囚犯，使他们安居乐业。同时，他宽刑减赋，劝导农桑，沁州大治，人寿年丰。为了褒奖杜丰亲民、爱民的为民情怀，沁州百姓为他建立了德政碑。

梁瑛在征战的过程中，十分体恤百姓，宽待俘虏。在河南唐州、邓州战役中，梁瑛与金兵大战三峰山，大败金兵，生擒降兵三千多人。当时，军中无粮，生活极度困难，有人建议把俘虏全部杀死，梁瑛却说："他们也是父母所生，不能杀死。"在他的力阻下，三千多俘虏得以保全性命。梁瑛随元帅塔海甘不围攻资州，战争进行了一个多月，元军才将资州占领，塔海甘不十分恼怒，要将全城兵民活埋。梁瑛闻讯后，赶忙对他说："如果把他们全部活埋，其他州县听到后，一定奋力抵抗，我们以后取胜就很难了。"元帅听取了他的意见，资州城避过了灭顶之灾。

元定宗贵由二年(1247)，杜丰和梁瑛同时向朝廷提出解甲归田的请求，杜丰得到批准，由其子杜思明继任沁州长官。而梁瑛未获批准，反而升任为西京、平阳、太原、京兆、延安五路万户。元宪宗蒙哥六年(1256)三月十九日，梁瑛病逝于平遥，享年66岁。而杜丰也在同年五月三日逝世于平阳，享年67岁。他留下遗言，希望葬于平遥凤落村祖坟，但因为沁州百姓的挽留，葬在了沁州的龟山南麓。

杜、梁两家族是元朝初期山西的两大世宦家族，梁瑛与杜丰对平遥和沁州治理有方，在两地产生了十分深远的影响，成为这一带流传久远的政治佳话。

第六章

晋商称雄 汇通天下

（明清时期）

概述

明清时期，晋中地处中国商业经济版图的核心位置，境内已形成了稳定的行政格局。

明代实行布政使司（省）、府（州）、县三级制。晋中全境属山西布政使司。境内设置有 10 县，辽州直隶州治所设在境内，领榆社、和顺 2 县；其余县属太原府、汾州府和平阳府。其中，榆次、太谷、祁县、寿阳 4 县直属太原府，乐平县属太原府之平定州，平遥、介休、灵石县属汾州府。

清沿袭明制，仍设省、府（州）、县（散州）三级。全境归山西省属太原府、汾州府和辽州、平定州、霍州 3 个直隶州，共 10 县。辽州领榆社、和顺 2 县；其余榆次、太谷、祁县 3 县属太原府，太原府还领属徐沟、交城、文水、阳曲、岚县、兴县、岢岚州等，共 10 县，俗称“府十县”；平遥、介休 2 县属汾州府，汾州府另外还统领汾阳、孝义、石楼、临县、宁乡、永宁州，共 8 县，俗称“汾八县”；寿阳、乐平 2 县属平定州，辽州、平定州所辖 4 县，俗称“东四处”；灵石县属霍州。

政治上的稳定带来了商业和文化领域的繁荣。明清两代是晋商的鼎盛时期，晋商经营盐业、票号、茶业等商业，尤以票号最为出名。特别是以太谷、祁县、榆次、平遥、介休等地的晋中商人,以诚信和团结为旗帜,举商贸之大业,经营范围包罗万象;夺金融之先声,钱庄票号汇通天下。称雄商界五百余年,创造了亘古未有的世纪性繁荣,也在神州大地上留下了丰富的建筑遗产。著名的乔家大院、常家庄园、王家大院、渠家大院、曹家三多堂等古色古香、风韵犹存的晋商庭院,平遥古城、祁县古城、平遥双林寺、介休后土庙等雄伟壮丽、美轮美奂的建筑群,不仅代表着晋中有史以来民居建筑、县城建筑、寺庙建筑的最高工艺水平,还给建筑学和晋商文化的研究提供了难得的直观资料。此外,颇具霸王气的晋剧、极具乡土风韵的祁太秧歌、拳道高深的心(形)意拳等文化艺术的传承与发展,都与晋商有着千丝万缕的联系。

春秋数度,风流尽显,晋商以其辉煌的过去,永垂史册。

《三国演义》作者罗贯中

推开晋中明清时代的大门，迎面而来的首先是元末明初伟大的文学家、中国章回小说开山鼻祖、《三国演义》作者罗贯中（约 1330—约 1400）。他生前默默无闻，身后却声名显赫，一部《三国演义》影响了上至帝王将相、下至贩夫走卒的广大读者，也影响了明清两代中国文学的主流走向，中国文坛出现了一大批章回小说作品。

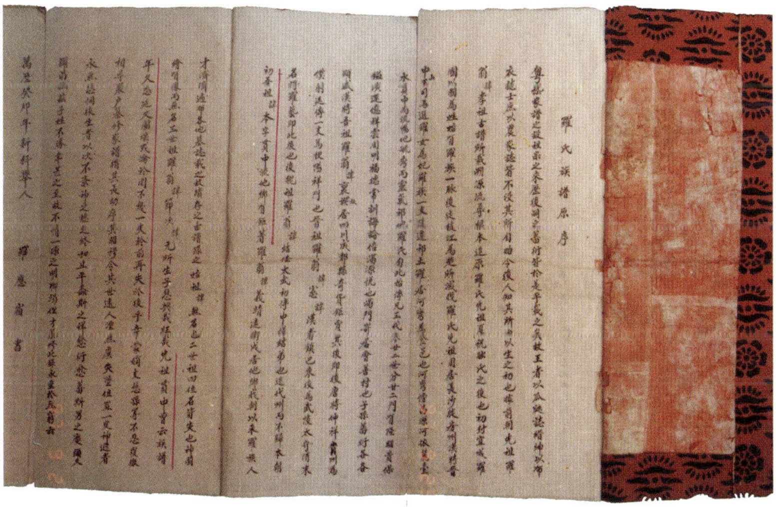
羅氏族譜原序

祁县县志办收藏的罗贯中家谱书影

罗贯中的籍贯，历来争议颇多，有杭州、庐陵、中原、东原、太原等多种说法，而“太原说”又有两种说法：清徐、祁县。[①]元末贾仲名《录鬼簿续

①张亚彬：《历史来不得半点虚假——揭开文学大师罗贯中生平籍贯之谜》，山西日报 2001 年 6 月 8 日。

编》载："罗贯中，太原人，号湖海散人。与人寡合，乐府隐语，极为清新。与余为忘年交，遭时多故，天各一方。"近年来在祁县的发现，对罗贯中是祁县人这一说法多有佐证。祁县河湾村明代《罗氏家谱》记载："……本朝初，吾祖讳本，字贯中，流他乡，有巨著……"在河湾村还有罗氏神祇，罗贯中少年时用过的刻有"湖海置　时年十六"的砚台、罗贯中墓、罗氏祠堂、罗氏后人竹溪山人罗世锦为罗贯中所著章回小说《粉妆楼》作的序。还有流传至今的顺口溜"河湾村三件宝，塔儿、铁牛、芦子草"，"宝塔一支笔，古井万世墨，代代有奇才，辈辈名人出"等等，所有发现和鉴定结论已形成一个证据链，学术界更倾向于罗贯中是山西祁县河湾村人。

罗贯中幼年虽个性"与人寡合"，但勤苦好学，曾投师于麓台仙洞，9岁便成为闻名遐迩的神童。青年时代的罗贯中，为实现"有志图王"的人生抱负，正如他的"湖海散人"名号一样，决定游历天下，有所作为。出晋后，他来到经济发达、文化繁荣的戏剧演出和"说话"艺术的中心杭州，开始了他的戏剧创作，希望有朝一日成为一名像关汉卿一样优秀的戏剧作家。在此期间，罗贯中拜施耐庵为师，两人共同探讨国家大事和文学创作。

步入中年后，罗贯中来到元末农民起义军领袖张士诚帐下效力。但后来由于张士诚不纳忠言，看不起知识分子，有才之士施耐庵、刘亮、鲁渊等相继离开，不久罗贯中也返回杭州。这短短的从军从政生涯，使罗贯中具备了一定的军事才能和丰富的社会实践经验，对历史、对人生有了较成熟的看法。此后罗贯中便开始了《三国演义》的创作，把他的人生理想、军事才干、文艺才华以及远大抱负统统倾注其中。罗贯中听闻了当时社会上流行的梁山泊和宋江的故事，慕名来到山东客居过一段时间。他来到此地，了解当地风土人情，搜集整理英雄故事，成为日后创作《水浒传》等作品的重要素材。1370年施耐庵去世，罗贯中为纪念恩师，决定加工、增补《忠义水浒传》，该书完成于1371年至1377年。此后，罗贯中又陆续创作了一些戏剧和小说作品，使其文学生涯达到了巅峰。罗贯中再次回到杭州时，他结识了贾仲明，就是日后编写《录鬼簿续编》的作者。当时还年少的贾仲明看了他写的乐府隐语和戏剧，很快就被其才

祁县河湾村罗家祠堂

华吸引，遂结为忘年交。①

晚年，罗贯中归居老家河湾村，纂修族谱，重建祠堂，于 1400 年去世，享年约 70 岁。罗贯中一生作品颇丰，他写过乐府、隐语（已佚），著有戏剧作品《忠正孝子连环谏》（已佚）、《三平章死哭蜚虎子》（已佚）、《赵太祖龙虎风云会》，留下历史小说《三国演义》《隋唐两朝志传》《残唐五代史演义》《三遂平妖传》《粉妆楼》以及和施耐庵合著的《水浒传》。其代表作是《三国演义》。

《三国演义》这部巨著讲述了东汉末年至西晋一百年间帝王将相争土争位、斗智斗勇的故事。书中人物栩栩如生，形象鲜明；书中故事匠心独运，跌宕起伏。由此，《三国演义》成为数百年来流传最广、影响最大、人民最喜闻乐见的文学作品，也成为中国章回体小说的开山鼻祖。

这部长篇小说充分展示了罗贯中的文学才华，展示了罗贯中胸中的帝王将相大气象和经邦济国大韬略。千古不朽的《三国演义》，让他身后享受无限的风光和荣耀。

榆次人周铁与《劾四尚书疏》

周铁（1499—1548），字汝威，号钝轩，山西榆次张庆村人。周铁明"嘉靖五年（1526）中进士，授行人"（《明史·周铁传》），是明朝政坛的耿直之臣。他一纸奏疏弹劾了以严嵩为首的四位尚书，这在中国官场上算是前无古人、后无来者了。

嘉靖九年（1530），周铁授湖广道、河南道监察御史。当时，世宗想发

①元末明初，贾仲明《录鬼簿续编》罗贯中传："罗贯中，太原人，号湖海散人，与人寡合。乐府，隐语极为清新。与余为忘年交，遭时多故，各天一方，至正甲辰复会，别来又六十余年竟不知所。《风云会》（赵太祖龙虎风云会），《连环谏》（忠正孝子连环谏），《蜚虎子》（三平章死蜚虎子）。"

动征讨安南的战争，朝臣们都知道这样做的危害，但却不敢直言，只有周𫓩直陈其害，劝阻了皇帝的征伐行动。嘉靖十三年（1534），巡按陕西，组织维修了年久失修的郑国渠，使其可灌溉民田几万顷。嘉靖二十年（1541），鞑靼部俺答兵侵入到榆次城下。当时周𫓩正在榆次故里养病，他听到这个消息，带病上城，指挥守城。守城官兵士气大振。俺答兵攻城不得，退走了。

周𫓩画像

当时朝中宰相严嵩一手遮天，权势极盛，人人巴结迎奉，周𫓩却多次上疏抨击严氏贪污腐化，结党误国，其中著名的《劾四尚书疏》说：“礼部尚书严嵩，谲诈贪奸，钻刺无耻。视草不能一笔，取笑于属官；论事莫措一词，见辱于庭议。近日择字生之选，豪侠子弟，贿赂公行，所取大半乳臭顽童，甚至聋聩之子、优俳之流，白昼杯金，冒名高选，倡言道路，肆侮公庭，士论沸腾，民谣鄙贱。议者以为贷利徒入私门，不若明开事例，犹得少补公需之为愈也。秽玷清曹，神人共愤。”

这篇《劾四尚书疏》淋漓尽致地揭露了礼部尚书严嵩、工部尚书林廷柳、兵部尚书张瓒、户部尚书张云四位重臣的昏庸和腐败。此后，周𫓩多次受到严嵩打击报复，被屡屡降职，直至削职为民。尽管如此，周𫓩却铁骨铮铮，毫不退却，直至去世也没有妥协。他以严嵩专权，发誓不再做官，终于乡里，年仅50岁。

周𫓩出殡之日，乡里来吊唁他的人，把道路几乎堵塞。山西巡抚苏舜泽有“笃确之心，取信广众；粹美之行，不愧衾影”的赞誉。周𫓩死后二十年，穆宗为他平反，恢复他的官秩，赠他为光禄寺少卿。

史记事与史公塔

史公塔，位于晋中盆地南部，为介休人民为纪念明朝万历年间的好知县史记事而建。史记事，字义伯，号莲勺，陕西渭南人。明万历二十三年(1595)乙未科进士，次年任介休知县。史公在介休五年，其清吏治、重教化、正世风、利民生的杰出政绩数百年来一直流传于老百姓的口碑中，刊载于明代以来各种版本的《介休县志》中。

史记事到任不久，有上级税务稽查官临介，并借稽查之名敲竹杠，搜刮民脂民膏。史公深恶痛绝，托词避而不见。税官捞不到油水，拂袖回衙，加重了介休的纲站银份额。史公即往府衙备陈介休黎庶艰辛实情，有理有据，情理夺人，经与汾州府太守交言力争，府守为史公一片冰心所动，最终减免介休摊派银千两。

介休市史公塔

史公在任期间，大力压缩县衙办公开支，规定凡迎来送往，人情礼往，一律从简。衙门办事主持公平公正，不趋炎附势，坚持救助贫弱，严抑强宗，政风开明，史公清誉名闻远近。

万历二十六年、二十七年，介休大旱，五谷薄收，炊烟几断，城乡沉寂，万户萧索。史公率先捐出自己俸银，购买谷物赈济饥民，并率县吏分头劝导富豪大贾出银出粟，认捐认借，协力开仓赈灾。同时积极组织民众开渠引水，凿井提水，进行生产自救。史公辛勤奔波于山庄窝铺，河畔井边，与民共抵天灾。大旱之年不让耕地荒芜，更不让断粮户流离逃荒沦为难民。

汾河从东北至西南穿介休而过，然河水灌溉田亩甚少。史公引领乡民沿河探测，设计引流退水，组织动员二十五村村民开渠成网，使汾河两岸数万耕田农户告别了靠天吃饭，尽收靠水吃水之利。介休东南大片高地，汾河水不能浇灌，一直依赖洪山源神池泉水。北宋年间就有文彦博依田亩、计流程、凿三河分胜水的古例。但因数百年间疏于管理，设施毁坏，致使三河流域村民水利不均，水纷不断。史公亲往该区考察，依田亩、计流程精确定水份额，并重新筑石分开水口，铸铁水平委以专人管理，民称公允，争讼止息。在不影响灌溉的前提下，水稻种植与水碾水磨也迅速发展起来，扩大了水利效益。

靠山坡的土地无法开渠引水，逢旱之年百姓光景难挨。史公鼓励村民凿井抗旱，每开凿一井，借谷米五斗。各村竞相效仿，短短几年增设水井一千三百余口，从根本上保证了农业产量。农闲季节，介休域内的泉水、洪水尽泄于汾河。史公先后劝导二十余村引流挖塘储水，又使六百多顷农田获得灌溉。

史公兴水利、除水患并重，河渠引水泄洪功能兼备。同时，全面修整水闸路桥。县城临津门（西门）外的简易浮梁桥，多少年来山洪一冲就垮，常毁常修，劳民伤财多年。史公到任第二年即组织施工重建，桥头改为砖石结构，主梁举高九尺，开阔桥面，疏浚河道，畅其排洪能力，确保民众交通便利。

史公亦醉心农桑。历史上，介休无棉花种植。史公从平阳购得耐旱高产良种——红花棉，倡导村民种植，授以农艺，广泛推广，丰富了介休农产品，拓宽了农业经济的门路。

史公一向崇拜介休三贤之一的东汉名士、大教育家郭泰。上任伊始，即前往林宗古墓祭祀，并着手修复其石砌甬道。还垦出墓地二十二亩，申请台使免征其钱粮，划给守祠守墓者各四亩，供其用度；其余出租入储，以资祭祀、修葺，并将此规定勒碑垂后。

万历二十五年重修文庙，于文庙东侧创立书院，命名育才馆，并于大成殿后新建尊经阁。这些都是由史公亲自监修的。同时，选编刊印启蒙化愚、诸子古训、四礼集要等经典教材，教化黎庶蒙童，正风导俗，并且亲到书院授课。史公期望以文兴县。他登临城东南的天峻山巅，眺望介休山川形胜，依“塔在巽峰则文运盛”的风水学说，于该处监造了形如管城子、体如冲天巨椽的石砌文峰塔，成为介休人以文兴业的文化象征。此后，自明万历二十八年（1600）至清光绪二十九年（1903）仅三百余年，介休登科及第者有进士 54 名，举人 223 名。这个数字列晋中各县第一，在山西也位列前茅。

万历二十六年，史公在巡城普查的基础上，依山川气脉、城池地势增筑西门、南门的环城悬楼，扩竖悬楼十六座，新增窝铺十四个。史公认为城邑乾位（西北方向）宜建塔，以壮形势。实地勘察后，他亲手绘制了八角七层鞭状宝塔的图样。后因奉命调离，未及施工。百余年后，介休人念诵史公功德，于乾隆十三年（1748），依原图落成现塔，顶覆琉璃，匾题“史公塔”。

史公塔迄今巍然屹立，为介休增添着无限的美丽风光，也为介休传承着无价的宝贵精神。

蓝尚质与《蓝公教织歌》

明朝万历十九年（1591），寿阳县来了一位为民造福的好知县——陕西肤施（今延安）人蓝尚质。

到任之初，蓝尚质看到寿阳地势高峻，气候寒冷，百姓只知力耕，不

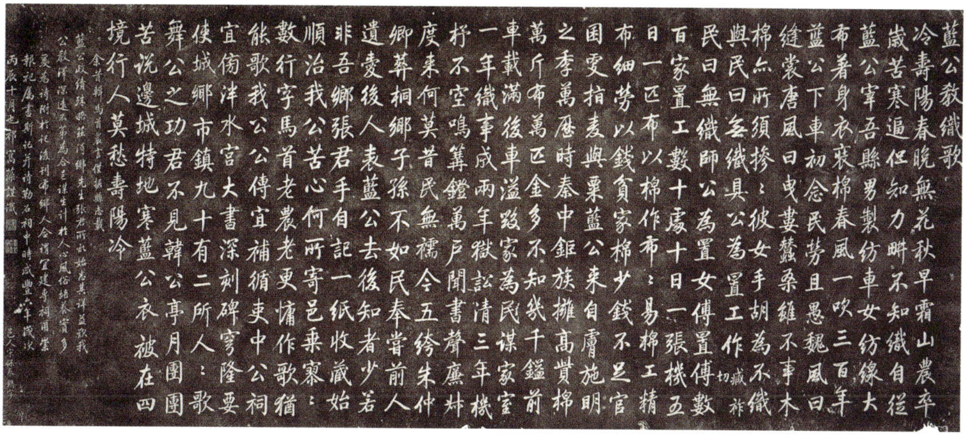

《蓝公教织歌》拓片

知纺织，冬无棉衣，夏无葛布，生活十分苦寒。于是，他花费私财数十万购置棉花布匹运来寿阳，还特地招募有纺织技术的陕西农民数百户，分住寿阳各村，每村分配一两家，教乡民做纺织之器，教妇女学纺织技术。为迅速推广纺织技术，蓝尚质还建立制作纺织机厂数十处，并采取以棉花换布、以布售钱的激励方法，每织布一匹，换棉花二斤；五日能织成一匹布者，赏钱二百文；如遇穷困户，无棉花不能纺织者，另外周济。寿阳的家庭纺织作坊从无到有，从小到大，直至遍及城乡，相沿数百年。

蓝尚质为官一方造福万民，为颂其功德，清朝顺治年间，张所赋撰写了一篇《蓝公教织记》。三百年后，清朝三代帝师、大学士、军机大臣祁寯藻根据张所赋撰写的《蓝公教织记》为蓝尚质撰写了一篇《蓝公教织歌》，并将这两篇记叙蓝尚质功德的文章和诗歌书写出来刻在石碑上，让寿阳人民世世代代铭记蓝尚质的功德。

现抄录祁寯藻的《蓝公教织歌》如下：

冷寿阳，春晚无花秋早霜。山农卒岁苦寒逼，但知力耕不知织。自从蓝公宰吾县，男制纺车女纺线。大布著身衣裳棉，春风一吹三百年。蓝公下车初，念民劳且愚。魏风曰缝裳，唐风曰曳娄。蚕桑虽不事，木棉亦所须。掺掺彼女手，胡为不织与。民曰无织具，公为置工作。民曰无织师，公为置女傅。置傅数百家，置工数十处。十日一张机，五日一匹布。以棉作布布易棉，工精布细劳以钱。贫家棉少钱不足，官囷更指麦与粟。蓝公来自肤施，明之季万历时，秦中巨族拥高赀。棉万斤，布万匹，金多不知几千镒，前车载满后车溢，毁家为民谋家室。一年织事成，两年狱讼清，三年机杼不空鸣，篝灯万户闻书声。廉叔度，来何暮，昔民无襦今五绔。朱仲卿，葬桐乡，子孙不如民奉尝。前人遗爱后人表，蓝公去后知者少。若非吾乡张君手自记，一纸收藏始顺治。我公苦心何所寄，邑乘寥寥数行字。马首老农老吏慵，作歌犹能歌我公。公传宜补循吏中，公祠宜傍泮水宫。大书深刻碑穹窿，要使城乡市镇九十有二所，人人歌舞公之功。君不见，韩公亭，月团团，苦说边城特地寒。蓝公衣被在四境，行人莫愁寿阳冷。

“一门四翰林，三代帝王师”的祁寯藻家族

在清朝的官场上，寿阳县平舒的祁寯藻一家，因其本人及其父祁韵士、弟祁宿藻、子祁世长均为进士并授翰林院编修，故有“一门四翰林”之称。祁寯藻本人历任道光时上书房总师傅，咸丰时赏太子太保衔，同治时在弘德殿授读，又有“三代帝王师”之名。所以祁寯藻一家就有了“一门四翰林，三代帝王师”的美称。

祁韵士（1751—1815），字鹤皋，又字谐庭，别号筠禄，晚年又号访山。29岁考中进士，不久便为翰林院编修。32岁时任国史馆纂修官，编纂《蒙古回部王公表传》一书，历时8年而成。嘉庆年间，因宝泉局的亏铜案被构陷入狱，发配伊犁。虽从高峰滑落到谷底，但他的学识、才华，反而因此而得到提高。谪居期间，他考察、寻访、阅遍当地史料，亲历伊犁山山水水，身感异乡民情风俗，编写出一系列有关西北史地的著作，其中《伊犁西陲总统事略》《西域释地》《万里行程记》均在史地学界享有盛誉，他也因此成为西北史地学的奠基人。他著西北史地之书，是为了表现“山川城堡的雄阔，风土物产之瑰奇”（《蒙池行稿》自序），从而激发人们对祖国西北边疆的热爱之情。

祁寯藻（1793—1866），字叔颖，又字淳浦、实甫，晚号观斋。祁寯藻

为祁韵士第五子，他幼年颖异，勤奋好学，嘉庆十九年(1814)中进士，选翰林院庶吉士，后授编修。历任湖南督学、礼部侍郎，道光二十年(1840)授兵部尚书，二十一年九月命为军机大臣。咸丰元年(1851)祁寯藻升任为体仁阁大学士，翌年令管兵部、工部，仍掌军机。咸丰四年以大学士军机大臣致仕。

祁寯藻是清嘉庆、道光、咸丰、同治四代朝臣，是晋人在清三百年间居官最高最久者，有"半副銮驾祁相国"之称。他举能荐贤，政绩卓著，蔚为一代贤相。他一生勤政廉明，爱国爱民，忠清亮直，学粹品端，高风亮节，文人贤吏视为典范，在民间也享有清官的美誉。祁寯藻在任时多次奉命严禁烟，撰写《新乐三章》刊示各地。1839 年偕侍郎黄爵滋视察福建海防，改沿海炮台为墩，加强了海防，并查禁烟贩，鞫治汉奸，禁止漳、泉两府行使外国货币。1840 年 7 月，英军进犯厦门，被闽浙总督邓廷祯击退，嫉贤妒能之辈谓之不实。祁寯藻前往查案，具陈战胜属实："邓廷祯所奏不诬，定海不可不迅复，水师有专门之技，宜破格用人。"并极力支持林则徐查禁销毁鸦片，是当时清廷中力主抗英的主要人物。

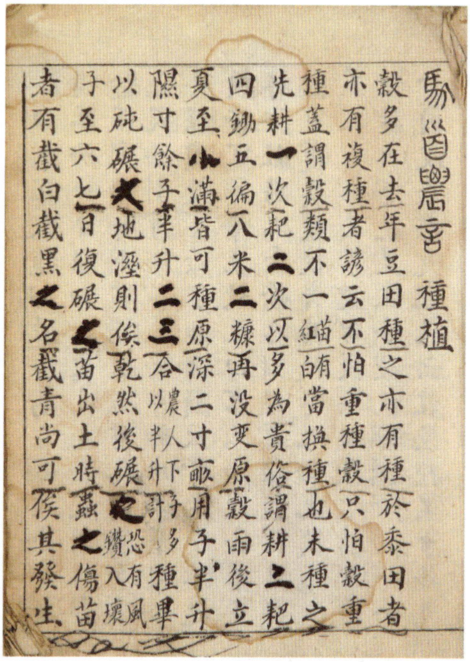

馬首農言 種植

穀多在去年豆田種之亦有種於黍田者亦有複種者諺云不怕重種穀只怕穀重種蓋謂穀類不一緇餔當換種也未種之先耕一次耙二次以多為貴俗謂耕三耙四鋤五徧八米二糠再沒更原穀雨後立夏至小滿皆可種原深二寸畝用子半升隱寸餘子半升二三合農人下手多以半升計種畢以砘碾之地溼則俟乾然後碾之恐有風鑽入壞子至六七日復碾之苗出土時蟲之傷苗者有截白截黑之名截青尚可俟其發生

《马首农言》书影

祁寯藻一生勤于著述，他撰著的《马首农言》是我国的一部宝贵的农书，山西农大将其定为教材，至今对我国北方旱作农业仍有很大的指导价值。他著有《谷曼谷九亭集》等 20 多种作品，文学造诣很高。他的诗歌语言质朴自然，不事雕琢，一生作诗 3000 余首，为道光、咸丰年间巨公工诗者，被推为诗坛领袖。他素讲朴学，根柢深厚，在当时学术界影响很大，蔚为一代儒宗。

他的书法艺术造诣尤深，学书由小篆入真行，悉宗柳公权，又学颜

寿阳县祁寯藻故里

鲁公，参以黄庭坚，笔意直追魏晋，师法“二王”，形成了潇洒练达、舒逸遒健的风格。善榜书、对联，长短篇无一不精，用笔和结体得力于柳、颜，筋骨具备，遒健端凝，楷书中偶夹行意，得颜、柳之精髓。在运笔的顿挫上，严遵柳法，给人以筋骨劲健之美感，且中心紧收、四旁开展的结体，又显示出一种潇洒的旷士之风，练达的高人韵致。他精研“二王”，博览博学，书外修养甚深，使书法艺术日臻化境，故得“二王”之韵致，达到人书俱老的境界，熔众家于一炉，开祁派独特书风的先河。

祁宿藻（？—1853），字幼章，祁韵士之子，祁寯藻之弟。道光十八年（1838）戊戌科进士，选翰林院庶吉士，散馆后授编修。以召对得到道光皇帝赏识，特授湖北黄州府知府，调武昌府。正值湖北连年洪水，祁宿藻赈灾防洪，政绩卓著。官至江宁布政使，咸丰三年（1853）天平军攻占江宁时殉国。

祁世长（1825—1892），字子禾、念慈，一字子和，号敏斋，室名思复党，祁韵士之孙，祁寯藻之子。咸丰十年（1860）进士，授编修，数任乡试、会试主考官，督学直隶、安徽、浙江。同治九年（1870）补侍读，累迁内阁学士。光绪初，连督安徽、顺天、浙江学政，清勤爱士，历礼部、吏部侍郎，擢左都御史。

光绪十年（1884），勘察山东河工，主张疏浚海口以泄盛涨，修防民埝以保大堤，陈时务而救民灾，多持正议，颇著功德。光绪十六年（1890），迁工部尚书，兼管顺天府尹。他清操自励，虽累世为官，但家如寒素，颇受时人称赞。

震惊朝野的“赵二姑案”

道光四年（1824），榆次发生了一桩震惊朝野的赵二姑案。

榆次县东双村有一户赵姓人家，丈夫赵添和，妻子曹氏，女儿赵二姑。赵二姑才十三岁，品貌端庄，是村中少女中的佼佼者。

赵家的邻居还有一户阎姓人家。阎家以开杂货店起家，可以算是本村及相邻几村中的有钱人家。阎家公子阎思虎是个游手好闲之徒，顽劣成性，村民都把他看作一个恶少。农历六月初的一天。赵添和一早就去地里锄地，曹氏做好早饭也去了地里送饭，家里就只留下了赵二姑一个人。恶少阎思虎对邻家的赵二姑垂涎已久，这天他窥知赵二姑的父母都去了地里，就摸进赵家院里，强暴了赵二姑。赵添和夫妇回到家里，见到了脸色苍白、泪痕斑斑的二姑，大惊失色。当她们知道了二姑的遭遇时，如五雷轰顶，一时间不知所措。

在我国的传统社会观念中，女子失身，那可是天大的事。赵二姑遭遇强暴的事，赵添和夫妇出于为自己孩子名声的考虑，想隐忍下来。但赵二姑却不这样想，她说：今日阎思虎对我强暴，来日还会强暴其他姐妹，不能这样便宜他。在二姑的坚持下，赵家决定和阎家对簿公堂。第二天，赵添和一家三口及弟弟赵添中，徒步到榆次县衙击鼓鸣冤，状告阎思虎。

阎家得知赵家要到县城告状，便通过榆次县衙役卜尊周给县太爷送了礼，贿赂官员以求息事宁人。赵家告状后的第三日，榆次知县吕锡龄传赵家、阎家双方在大堂对供。由于吕锡龄收受了阎家的贿赂，在仵作李文和衙役卜尊周的帮衬下，把这个案子定为“通奸”。这个结果被赵二姑严词拒绝。

不久，第二次过堂，赵二姑在堂上毫不屈服。知县吕锡龄想逼二姑就范，这时二姑义愤填膺，指着知县吼道：“大老爷今日如不能为民做主雪耻，我就死给你看！”说着便掏出一把剪刀直刺自己的咽喉。刹那间，赵二姑的热血染红了大堂上的青石地。二姑以身殉节，榆次县衙大堂已乱成一片。赵添中急忙上前营救。知县见赵添中上前营救二姑，浑身是血，反诬陷赵添中杀人灭口，把赵添中当堂逮捕，投入大狱。赵添和的妻子曹氏一气之下撞了大堂的石柱，好端端一家人顷刻间家破人亡。赵添和横下一条心，要把官司打到底，他背着受伤的妻子，带着榆次老百姓的捐募，来到太原府投诉。而阎家又派人赶到太原，打通了关节。太原府知府沈琮也收受了阎家的银子，仍维持原判。

赵添和败诉的消息像长了翅膀一样，传遍了榆次，民声鼎沸，都为赵家打抱不平。太谷有一户珠宝商人贾大成，得知赵二姑一案的冤枉，便给在刑部任职的哥哥贾大夏写了一封信，请哥哥为乡亲伸冤做主。赵添和带着贾大成写的信进京，将状子呈送给了贾大夏。贾大夏一看状子，便知道赵二姑一案是冤案，于是义不容辞，他找到了在朝廷任监察御史的晋中灵石人梁中靖，说明赵二姑的冤情，要为赵二姑案平反。

梁中靖（字与亭，号秋园）是灵石夏门名门望族梁家第十世族人，据《灵石县志》载，梁氏家族仕宦传家，家族中先后有 185 人为官，其中五品以上 66 人，三品以上 18 人。而且，梁家在夏门除建有一处宏大的古堡群，还在汾河岸边建了一座高大的百尺楼，古堡群和百尺楼都十分壮观。古堡群共有大小院落 60 余座，其中有大夫第、御史府、知府院、深秀宅、后堡门外院落、道台院等。百尺楼以峭壁为屏，以峻岭为靠，以汾河为险，以磐石为基。一、二层为三孔窑，三层为四孔窑，四层为云厅。楼长 15 米，宽 4 米，高 40 米，故称“百尺楼”。可见，无论看政治上的发达，还是看经济上的繁荣，梁家都算得上是真正的名门望族。

梁中靖于嘉庆三年（1798）考中举人，嘉庆六年（1801）考中进士，成为清代灵石县第五位文进士、夏门梁氏家族第一位进士。道光二年（1822），已经 58 岁的梁中靖督理五城街道，旋掌京畿道监察御史。就在梁中靖任监察御史时，从贾大夏这里得知了赵二姑的冤案。这梁中靖本就两袖清风，一身正气，更何况是家乡人受到如此大的冤枉？于是，他慷慨允诺，愤然上书，将赵二姑案捅到了大清朝最高统治者道光皇帝那里。

赵二姑牌坊断石

道光皇帝审阅案卷后龙颜大怒，立即传下圣旨，令山西巡抚邱树棠亲审此案。邱树棠接旨后，对此案没有重视，只委托山西按察使卢元伟、太原知府沈琮、忻州知州庆纯、平定知州贾采亮、太原知县章颂椿以及榆次知县吕锡龄进行五堂会审，自己却带领家丁到西山狩猎去了。由于巡抚大人的玩忽职守，拿了人家银子的贪官污吏们敷衍了事，仍以通奸罪告终。五堂会审是封建社会司法界的最终判决，也就是铁案了。赵添和得知这一消息后，当场昏厥在太原街头。

贾大夏得知赵二姑冤枉，竟未雪耻，决心回山西老家，一来探亲，二来微服私访。一天夜里，贾大夏投宿河北正定府，深夜隔窗便有人警语道："此案涉及大吏，岂可因平民而获罪大吏？"贾大夏却毫无畏惧："吾恐畏大吏，天下不畏主章耳（主章：皇帝的章程章法）。"贾大夏将二姑的冤情调查清楚，回京后迅速将全部经过以及山西各地方官吏徇私舞弊、贪赃枉法的事写成奏折，禀报御史梁中靖，请梁中靖再次奏报道光皇帝。道光皇帝得到梁中靖的奏报，即将此案原被告、证人、证物、知情人及全部卷宗、公文一并调回，委官重审。刑部尚书韩崶等又对赵二姑案进行了再审，案情终于水落石出。道光帝当即降旨，将山西各级地方有关官吏、罪犯一一严惩：对恶棍阎思虎处以极刑；榆次县衙门丁巩必达，衙役曹宗洛，散役要维、郝说、武思情、郝添源，仵作李文以及知情人卜尊周等一干奸吏三十余人全部归案办罪；榆次知县吕锡龄、太原知县章颂椿、平定知州贾采亮、忻州知州庆纯、太原知府沈琮、山西按察使卢元伟，全部革职，发配新疆伊犁、迪化等地充当苦役赎罪；山西巡抚邱树棠玩忽职守、渎职，降职按察使使用。

一个巡抚、一个按察使、一个知府、两个知州、两个知县共七人全部因赵二姑案丢官，于是就在榆次流传下了"赵二姑，剪刀硬，一下剪掉七颗印"的民谚。

在贾大夏、梁中靖等晋中籍朝廷官员的积极斡旋下，在道光皇帝的亲自干预下，榆次东双村赵二姑一案几经曲折，终于大白于天下。第二年，榆次县又奉旨在榆次王湖村京陇、京省的官道上，建起了赵二姑贞节石牌坊，以示旌表。牌坊上有两副对联：

其一：素志持贞皎皎争光日月，稚年赴节寥寥表异乾坤。

其二：髫年赴义千秋节，劲气迴天六月寒。

“乐平三李”联袂登科

昔阳县历史上曾出过三个传奇人物，他们同为乐平人（今昔阳），同时在晋阳书院读书，同样都中了进士，还同样都是名留青史的清官，他们就是被并称为“乐平三李”的李鸣凤、李希莲、李用清。

李鸣凤（约1824—1880），字梧岗，号一凡，乐平城内人。16岁入私塾，20岁考中秀才，与李用清、李希莲旅居并州，同学于晋阳书院。每次考试，三人次第循环榜首，无人超出其右，因此声名大振，被称为“乐平三李”。李鸣凤于咸丰九年（1859）中举，次年联捷进士，得知县，但因家贫，路费盘缠无着落，难以赴任，只得申请改任汾州府学官。在汾州府榆梁任云龙书院主讲。汾州府下属1州7县，距府学最远的有200里之遥。每当岁试时，当局为省盘缠计，生员赶不到者则除名，动辄数十人因此除名。李鸣凤爱才惜士，甚为忧虑，在其任内废除这一规定，再无人为此而除名。

李用清画像

李鸣凤一生讲学，固守清贫，被称为“西河教授”。著有《莫如勤斋》《听泉山馆》《清荫轩诸吟》《草借园文集》《观树亭》等。56岁时，卒于汾州学署。

李希莲（？—1897），字亦青，号仙峰，乐平李家沟人。自幼聪颖好学，咸丰五年（1855）

中举，十年（1860）中进士，先在户部观政，后授主事，叙升员外郎、郎中等职。同治九年（1870），随大学士单懋谦总收京通漕运，官居要职，却严禁浮躁勒索，深得上司信赖。光绪十一年（1885）授九江关道台兼督御窑厂，任职七载，成就卓著，在诸司道中称最。光绪十八年（1892）升任山东都转运盐运司运使，主管一省盐务。

光绪二十年（1894）中日战争爆发，山东形势紧张。布政使、按察使都外出督办军务，省内负责官员缺位。巡抚李秉衡奏请李希莲暂署藩臬二司印务，代行布政使、按察使职权。不久李秉衡奉旨赴烟台防守，便将巡抚和提督军务两种印章交由李希莲护理，全权综理军、政、财、刑要务，深得李秉衡赞赏。

光绪二十一年（1895）调任长芦盐运使，不久升任贵州按察使，二十三年（1897）再升陕西布政使。布政使事务繁重，但收入丰厚。李希莲在任内力持公平，严禁胥吏作弊，不让师爷幕僚弄权，简化办事程序，减少不必要开支，除贪索恶习，吏治为之一新。李希莲在陕西为官不到半年，因积劳成疾，身陨陕中。他为官清廷没落之际，身处墨吏贪腐成风之地，却出淤泥而不染，享有“福星青天”之誉。

李用清（1829—1898），字澄斋，号菊圃，乐平杜庄村人。是“乐平三李”中最有作为且名声最显赫的。他从小天资聪颖，7 岁读书，16 岁补县学生员，咸丰八年（1858）中举，同治四年（1865）中进士，选授翰林院庶吉士，同治七年（1868）授翰林院编修，九年（1870）任国史馆、武英殿协修，十年（1871）补国史馆纂修，一度代理总纂职。十一年（1872）为同治大婚撰文，加授侍讲衔。

光绪三年（1877）晋、陕大旱，李用清随阎敬铭奉调山西，归里襄办赈荒。他粗衣俭从，徒步遍及各府州县，不辞劳苦，四处募捐，监放赈粮，勘查粮路，疏通粮道，历尽艰辛，无间寒暑。赈灾的同时，用心考察遭灾原由。史称其“身亲其事，南北奔驰，足迹几遍三晋，专以恤灾黎惩贪暴为己任”，并将亲睹灾荒惨状写成《说贴》《祷雨记》《大荒记》十条，具述饥荒惨状，读来令人怵目惊心，潸然落泪。每到一地必勘究致灾因果及粮路源委，详加记载，积成卷帙，向阎敬铭和巡抚曾国荃反映，名为《十涕书》。

赈灾期间，李用清闻知一些地方官员贪污赈灾银粮，便在微服巡粮的同时，潜查密访，抓“尾巴”，斩“黑手”，杀一儆百。当查清吉州州同、州判视知州与民间“五霸”联手倒贩赈灾粮捞银子，当机立断，绳之以法。巡粮至大同，发现知府郝存富冤斩粮官，作“粮”文章，发国难财，便调兵包围大同府，抓捕郝存富。当得知其躲藏进巡抚衙门，便追至太原，结庵巡抚门前多日，逼着巡抚曾国荃交出郝存富严加法办。曾收受郝存富贿赂的礼部尚书恩承、都察院经承童华，也被李用清上参贬斥。

光绪五年（1879），赈务竣，“刚直之声洽闻于朝廷上下”，李用清却未因赈灾之功而擢升，反被张树声奏请随同协办广西军务，备御法军侵略。不久张树声任两广总督，命其办理海防厘金，整顿边营和炮台事务。李用清以参将之职赴任广西期间，见边关面临强敌，不修武备，官员吃空饷，兵士纪律涣散，便在镇南关等边营整军经武，修筑工事，极力备战，卓见成效。他为严肃军纪斩了不守军规、辱天犯上的李鸿章的马夫范庆，惹恼李鸿章，指使淮系将领——两广总督张树声、广西提督徐延旭合谋，派他去越南边境绘图（实为借刀杀人）。期间遭遇侵越法军偷袭，幸得黑旗军将领莫梦弼率兵相救，虽腿骨骨折，还是逃得一命。

李用清见黑旗军军纪严明，战斗力强，为联合其共同抗击法军侵略，独闯保胜，游说黑旗军主帅刘永福。当探得其“有归国合兵之心”，便向朝廷呈折，请求降旨招抚。他的努力虽然为后来黑旗军归顺大清、合兵抗法立下了大功，但在当时被李鸿章、恩承、童华参为“通匪”。经时任户部尚书的阎敬铭出面，搬起吏部尚书崇绮，说动慈禧太后，才保下性命，降任惠州知府。

惠州地面社会秩序十分混乱，赌盗风行，命案堆积，且往往一案数十人命；又有地痞充当讼棍就中拨弄是非，诈取财帛。对于这样一个烂摊子，他采取“严勒诛条，宽予新路，动以性情”的疏导方针，一面行文示禁，一面亲查监狱，对犯罪开化劝勉，开脱释放有悔改和罪行较轻的囚犯，使之成为社会上现身说法的感化力量。在惠州，李用清破获了震惊朝野的前任知府全家被害案。为缉拿正凶——韩天霸父子，他率兵强攻韩家大院，血洗韩宅，与韩家结下不共戴天之仇，屡遭暗算，祸及家人。他的女儿被韩家人绑架后死于非命，尸首扔在荒郊；胞兄被杀，割去头颅，仅剩一具无头尸。由于他刚正不阿，敢于抗击邪恶势力，矢志保护百姓利益，不久“盗贼敛迹，地方安靖，赌风亦熄”，惠州大治，从而得到人们的拥戴。

光绪九年(1883),法军在越南山西进攻中国军队,中法越南战争爆发。刘永福率黑旗军归顺朝廷,与清军合兵抗法,取得了一次次胜利。朝中言官纷纷上折,为远见卓识的李用清抱不平。朝廷追叙旧日功绩,提升李用清为贵西兵备道,再破例迁升为贵州布政使。

黔省任职期间,李用清大刀阔斧干了三件大事:一是禁烟。李用清对所属官员说:“罂粟不禁,则良田尽变为花田,百姓将无粮可食;良民皆变成烟民,国民尽为无用之人!”为推行禁烟政令,他经常到乡间巡视,明察暗访,并带兵强行没收大绅巨户私藏的鸦片,刈铲烟苗。因此触怒了陈友周等贵州籍朝官,再度埋下祸根。二是率兵征讨草匪。征战半年,经过初讨朱洪竹、智取威宁、兵败盘子湖、大破蜗牛洞等战役,收复了失地。三是平乱。黔西剿匪毕,黑旗军原将领莫梦弼造反,杀官夺城十多个。李用清奉命率贵州威宁、安义、镇远、古州四镇之兵再度出征,破敌取胜,将救命恩人莫梦弼擒拿囚禁于府牢。莫梦弼自刎于牢中。朝中童华、陈友周等大臣借题发挥,参李用清“胁迫钦犯自尽”,逃避“通匪”罪责,被“革职召京”。

光绪十二年(1886)三月,李用清被降为陕西署理布政使。他不计沉浮,以国本民食为要义,节流开源,倡导陕民栽桑种棉,兴办纺织,扩大经济生产。还组织三原县人民修了龙渠,使千余亩农田得灌溉之便,署政不足 3 年,又使陕藩库帑增加 30 万两,翻了一番。

晚清朝纲废弛,政治腐败。李用清不同流合污,先后以已俸禄在黔、陕买谷 1600 余石,充入仓储以御饥荒。陕北地瘠民贫,他以己之俸津贴之,以杜绝官吏鱼肉百姓的恶习。郑州河堤决口,他又慷慨解囊捐银 2 万两。但终因其正直清廉,不与邪恶合流而为恶势力所不容,十四年(1888)又被弹劾。

光绪十五年(1889),李用清因查办残害三十三条人命的凶案,触动黑网,反被对方捏造罪名参弹,再次革职,收禁顺天府大牢。几经周折,冤情得以昭雪,被任用为奏事处章京。但他依然直行直言,因上谏力阻兴办皇家园林工程,惹恼了慈禧太后;又因弹劾珍妃卖官,触怒了时已亲政的光绪皇帝,再次被革职勘问。光绪二十四年(1898),李用清逝于晋阳书院。

藏书家兼目录学家耿文光

耿文光(1830—1910),灵石县苏溪村人,是晚清时期山西一位有成就的学者。他以毕生精力收藏书籍,并读书著述,个人藏书8万多册,著有《目录学》等多种极有学术价值的著作,是我国近代少有的藏书家兼目录学家。

耿文光出身书香世家,他自述“先世多藏书,兼设书肆”,因之,从小“得以书为师”,“自幼嗜书成癖,平生志在读书”。16岁以后,他渐感家藏书籍不敷自读,不惜重价,到处购书。耿文光不但在本县搜求藏书,而且每年奔走于平阳(临汾)、介休、省城太原和京厂(北京厂甸)书肆,收购各种古籍善本。到同治九年(1870)他41岁时,藏书达8万余卷,筑藏书楼,题名为“万卷精华楼”,自称“采万卷之精华遂以名其楼也”。

他将藏书设于十架,分类整理,编《仁静堂书目》8册。从光绪元年(1875)开始,历13年,其间“博考群书,默参校法,精心鉴别,以求一是”,“凡九阅寒暑,四易其稿而成”,编著《万卷精华楼藏书丛记》一书。全书总共146卷,分为经、史、子、集四部45类。“举凡一书之义理、旨趣、支流、派别、篇卷分合皆瞭若指掌”。其目的在于“分门别派,按部读书,据书编目,因目知书”。这部书还介绍了“古人著书之大体,读书之要法”,被称为“治国学者之大门径”,因而为世人所推崇。光绪十四年(1888),耿文光又为专考古书而编订《紫玉函书目》。

清代民间藏书以山东聊城杨氏的海源阁、江苏常熟瞿氏的铁琴铜剑楼、江苏吴兴陆氏的皕宋楼和浙江钱塘丁氏的八千卷楼著称,耿文光的“万卷精华楼”藏书8万卷,足可与上述藏书家相媲美,算得上清代最大的私人藏书家之一。

光绪十年(1884),“忽遭家变,所藏之书即身而散”,“先弃其重者大者,继弃其坊”,一份家产和半世心血顿作云散。耿文光坦然自谓:“自古无久藏之书，此亦何必系恋于怀。”他的藏书至今散存于山西省图书馆、祁县图书馆和临汾图书馆等处。

耿文光的著述除了前面所说的《万卷精华楼藏书丛记》《仁静堂书目》《紫玉函书目》外，还有同治十年（1871）至同治十三年（1874）用三年时间编著而成的《目录学》20卷。《目录学》编撰的目的在于使后学读书人得到“读书之门径”，他在这本书的序言称：“古人读书最重目录，欲治群书先编目录，目录成而学问未有不进者。”“凡经史之源流正变，史家之得失短长，诸子之精言奥语，文法之分流派别，悉于是览焉。”我国古籍浩如烟海，古人读书欲皓首穷经而难如愿。耿文光以他的《目录学》为指南，给学者选取精华，指出纲领，同时又为图书馆古籍的分门别类指出眉目。民国二十三年（1934）山西省组织学者名流成立“山西文献委员会”审定编辑出版大型晋人学术丛书《山右丛书》时，曾将耿文光的著作《万卷精华楼藏书丛记》和《目录学》列为丛书之第一部文献首先出版，当时报刊报道此事：“海内学者以先睹为快。”

灵石县苏溪村耿文光宅院大门

光绪十五年（1889），耿文光60岁时，编著《苏溪渔隐读书谱》。他自号苏溪渔隐，以类似年谱的形式，记述了他生平读书著述的经历和体会。“盖取著书之体，校书之法，读书之记，藏书之目合而为一者也”。这部书的可贵之处还在于记述了他读书方法的得失和开馆授徒的体会，总结了读书之大法和教育教学之实践经验。

耿文光“素性恬淡，毫无恶嗜”，“蔬食布衣，甘之如饴”，将购书、藏书和读书著述视为平生最大的乐事。他“家道素丰，以购书致贫”。到60岁时，在家人和亲友的苦口相劝下，为求生计才勉强参加“大挑”，被选二等，委任平遥县训导。他赴任后，仍称“俸金之入，足以购书，苟得以广所未见，则后之所聚，定胜于前，而笃嗜如吾至老不衰矣”。后以“学行优异”荐升府学教授，辞不就职。山西学政王廷相发现他为“积学之士，且属教职中第一流人物”，曾保举他去做知县，他以年老力辞。

宣统二年（1910），耿文光病逝于平遥超山书院。民国二十三年重修本《灵石县志》记载：“终于教官任所，远近闻之，莫不惋惜！”耿文光的传世著作《耿氏丛书》五种，国内大图书馆均有存书，尤以《山右丛书》中所选的两种传播最广，成为我国文化宝库中的珍贵财富之一。

何家藏书楼与宋版《昌黎先生集考异》

祁县是传统文化深厚的县份，从春秋到宋元，这里出现过281名举人、57位进士和27位状元。历代文士学者嗜书成癖，藏书之丰，虽学宫书院亦无法比拟。清代祁县何氏的对蒙轩，乔氏兄弟的融斋、息影园都是藏书万卷的藏书楼。

20世纪50年代，政府号召”献宝”，这些家族慷慨捐赠所藏书籍，祁县图书馆在此基础上建立。祁县图书馆收藏古籍线装书5.4万册，其中善本1380种1.8万册，古籍涉及经、史、子、集各部，资料珍贵，品相完好。馆藏古籍中还有许多大部头的丛书，如《四部备要》《古今图书集成》《二十四史》等；明代的精抄本、精刻本也为数不少，有明版《高素斋文集》等一批孤本善本。其中，宋本《昌黎先生集考异》是海内外孤本，成为“镇馆之宝”。

该馆馆藏古籍无论在数量上、质量上、版本上，都在全国县级图书馆中名列前茅，祁县图书馆也因此闻名海内外。1992 年，祁县图书馆为国务院古籍出版规划小组提供了《剑策》《心境篇》等 25 种孤本珍本。2009 年，祁县图书馆被国务院、文化部批准为“全国古籍重点保护单位”，是我省唯一入选单位。同时有 12 部古籍入选“第二批国家珍贵古籍名录”，加上首批入选的《昌黎先生集考异》，祁县图书馆已有 13 部古籍入选珍贵古籍名录。

说起祁县图书馆的珍贵馆藏，还有个故事在民间流传：建国初，祁县老城十字街上，有一位推小车卖肉的，他卖的熟肉色泽好，味道香，入口即化，很受食客们的喜爱。1950 年的一天，县文化馆的王又生找老人买肉，老王看到老人从一本线装书上撕纸为他包肉，连忙问道：“你这书从哪里来的？”老人说：“何家大院里可多了，用也用不完！”说者无意，听者有心。酷爱读书的王又生肉也没来得及吃，赶忙跑回文化馆向领导汇报，馆领导又向县政府作了汇报。县里很快决定号召县里的名门望族捐赠所藏书籍，建立县级图书馆。何家的藏书是县里的重点，当时何家的

昌黎先生集考異卷第一
此集今世本多不同惟近歲南安軍所刊方氏校
定本號爲精善別有舉正十卷論其所以去取之
意又它本之所無也然其去取多以祥符杭本嘉
祐蜀本及李謝所據館閣本爲定而尤尊館閣本
雖有謬誤往往曲從它本雖善亦棄不録至於舉
正則又例多而詞寡覽者或頗不能曉知故今輒
因其書更爲校定悉考衆本之同異而一以文勢
義理及它書之可證驗者決之苟是矣則雖民間
近出小本不敢違有所未安則雖官本古本石本

宋版《昌黎先生集考异》书影

人大部分去了外地，只留下五六处宅院和一座藏书楼。留在祁县的何家主人，名叫何晓楼，人称何大少。听到县里的干部找他捐书，没有丝毫犹豫，拿出藏书楼的钥匙，打开楼门，把藏书全部捐献给县文化馆。何晓楼这一次捐出的古版线装书，共 2662 函，21451 册，《昌黎先生集考异》是其中之一。当时，何家的捐书占到图书馆总藏书量的一半以上。

《昌黎先生集考异》是宋代朱熹晚年的著作，朱熹生前没有付梓，朱熹死后由其学生张洽在池州（今安徽贵池）校刻而成。书上印着："宋绍定二年（1229），池州刻本。"这时张洽在池州任通判。昌黎就是韩愈，《昌黎先生集考异》是对《昌黎先生集》进行考证辨析的评论性文集。韩愈和朱熹的著作，流传至今的很多，各种版本在全国各地常见，但宋代版本却极为珍稀。

"敬惜字纸"是祁县人的习惯，爱书藏书是祁县人的传统。祁县人把爱书、敬书、读书、藏书当做高尚的事业，正是在这种特有道德风尚的影响下，才有了何家、乔家等晋商大贾的藏书楼，才有了祁县图书馆的今天。

航海皇商范毓馪

介休范家的发迹颇有传奇色彩：六世祖范明幼时因偷吃了几枚青枣，遭父母责打，愤恨不已，便推一辆小车到独石口做起了生意，由此渐渐发达起来。

到范明的下一代范永斗时，范家已在张家口开设了"永兴寰记"货栈，成为当时著名的山右商人之一。这些山右商人和满族人长期贸易，渐渐结下了友好关系。

清政府定都北京后，由于生活物资的需要，不得不依靠他们信赖的汉人。于是，顺治皇帝把八家入正册的山右商人请到北京，设宴招待，赐给他们房地产，定为内务府皇商。还专门责成范永斗主持内务府的贸易采办事务。凭借内务府的权威，范永斗在其长子范三拔的协助下，一方面主持皇家所需的采办贸易，另一方面则经营自家的商务，从事丝、绸、粮、茶、铝矿和大宗盐务交易，经商范围逐渐扩张到了燕、楚、交（广西和越南一带）、广等地区。

介休市范家墓地

康熙初年，范三拔得疯症归里，商务从此由其子范毓馪接替。

范毓馪（1678—1750），字芝岩。在兄弟五人中排行第三，是众兄弟中最有胆识和才干者，通晓各地市场，尤其熟悉边塞地区的人情地险和商贸概况。范氏一家的店铺字号遍及全国南北各地，族内本家亲情和店铺执事有数百人之多，其中每个人的特长，其人是否机敏，是否忠实，能否吃苦，范毓馪都了如指掌。根据其人其才授之于事，事无不举。从康熙五十九年（1720）到乾隆初年的二十年时间里，范毓馪与其四弟用自行采买的办法为清王朝共输送军粮大约百万石，共节省大司农金600多万两。范毓馪靠自身过人的智力和胆识，敢开历史先河，自售军粮随驾作大军后勤保障，为平息叛乱，为国家长治久安作出了空前贡献。鉴于此，雍正七年（1729），清帝赏给范毓馪太仆寺卿官衔，并再加二级，赏二品顶戴。其四弟随兄西征督运军粮，效力疆场前后八年，也被朝廷赐予布政司参政衔。

清代前期，各局铸钱用料靠云南省产铜供给。随着货币需求量增加，云南产铜供不应求，一些民间商人开始到日本长崎贩运铜料。这些商人往来日本，还兼运贩卖其他杂货，输出和输入皆有厚利。善于洞察商界虚实的范毓馪看到往返日本贩铜有利可图，于是联络张家口的其他皇商，呈请朝廷，承包办理“芜湖、浒墅、湖口、淮安、北新、扬州六关之铜额”。呈书中还提出“自请减价”和“专交承办，不误铜额”等承诺。康熙三十八年（1699）经清政府正式批准，以范毓馪为首的几家皇商，承包了上述六关每年应交给宝泉、宝源二铸局的额铜任务。到康熙五十一年（1712），国内差办进口铜共十四个关的额铜任务，已由原先“招商采办”全部改由范毓馪等内务府皇商经办。范毓馪为首的皇商东渡日本贩铜，开始每年大约采购铜料二百五十万斤左右。之后随着十四关额铜任务全部承包，贩购数量达到六七百万斤。

到康熙五十三年（1714），日本当局开始实施《正德新商法》，对中国入港船只的数量和贸易额大加限制，中国商人采买铜料进入非常困难时期。随之而来，国内发生铜荒，直接影响到朝廷铸币。清政府不分青红皂白，于康熙五十五年一度取消了内务府商人到日本采办铜料的资格，改由八省督抚办解。然而，起用八省督抚的办法并不能扭转国内的铜荒局面。乾隆三年（1738），清廷再次起用范毓馪父子办理铜务。范毓馪明知这一次受命今非昔比，只能奉命冒险飘海。日本当局为限制中国商船采买，加大关税，提高铜价，并限定每船减发 1.2 万斤铜料，造成商船“身大载轻，渡海堪虞。”凡到日本的船商只能在其指定的庙里进行贸易，商人每年还得向庙里缴纳 1.6 万两白银作为租金。另外，与范毓馪贩铜的六位皇商中，有几个人醉心于今朝有酒今朝醉的日子。前后数十年间，这些人竟欠了公款 83 万两之多。债主找上门，范毓馪对这伙不讲信义之人很无奈，只好“一力担荷，按期完纳，不累同事，天下称为长者”。（嘉庆版《介休县志》）

乾隆十五年（1750）范毓馪去世，为朝廷采办铜料的使命由其子范清注接替。不久，范清注英年早逝，采办铜料的任务又先后落在范毓馪的长子范清洪及侄子范清济头上。这时，范家为清政府贩铜已处在“朝不保夕，寅吃卯粮，求退不准”的境地。乾隆四十八年，由于前后拖累，范家亏欠了清政府 156 万两白银。清政府翻脸将其一门查抄，家产全部充公，范清济落了个被囚禁的下场。

一代皇商范家也就走向衰败了。

清代北方最大的旅蒙商号——大盛魁

大盛魁是清代北方最大的旅蒙商号。极盛时，有员工六七千人，有骆驼近 2 万头。业务活动地区包括喀尔喀四大部唐努乌梁海、科布多、乌里雅苏台、库伦、恰克图以及内蒙古各盟旗和新疆乌鲁木齐、库车、伊犁、塔尔巴哈台、俄国西伯利亚、莫斯科等地；在内地则以北京、山西、山东、河北、湖北、湖南、广东等省为主。

大盛魁创建于清康熙年间，创始人是太谷人王相卿和祁县人张杰、史大学。当时，三人都是随着康熙征剿噶尔丹部队做生意的肩挑小贩。清兵征服噶尔丹后，驻地部队的供应，大都依靠山西右玉杀虎口转运，三人先在杀虎口开了一个名叫吉盛堂的商号，后改为大盛魁。总号先设在外蒙古的乌里雅苏台，后又移至归化城（今呼和浩特）。

大盛魁的股本很特殊，一般商号仅有银股和身股两种，它则有财神股、银股、身股和狗股四种。传说，三人合伙经营之初，非常困难。一年除夕，三人因无钱买肉打酒，只熬了一锅小米粥过年。刚端起碗，来了一位身穿蒙古袍的人要投宿，三人殷勤接待。来人放下行囊说出去找朋友，一走不返，打开驮子，尽是白银。三人将这笔钱当作贷款使用，按本计

王相卿、张杰、史大学画像

大盛魁驼群

息，然数十年后仍无人认领，他们认为这是财神送来的钱，便记入“万金账”，算作财神股，这是财神股的来历。

至于狗股，传说不一。一说某年库伦遭灾，物价上涨，是狗送信归化，大盛魁及时得到商情，囤货北运，获利丰厚，狗立了大功；一说一次经理单人行走，途中病倒在草地上，是狗报了信，救了主人；一说狗是草原向导，且能在途中起保卫作用。所以，大盛魁就立了狗股。还鼓励各分号养狗，每当养狗到 1000 条时，还要给狗演一台戏。

大盛魁的机构，按不同性质分两部分。一是直属机构。在外蒙古只有科布多和乌里雅苏台两个分号。总号对直属机构直接发号施令，各营业单位在总号的直接指挥下由归化城载货外出销售；收购回来的牲畜、皮毛和药材等土特产品，也交总号统一经销。二是“小号”。“小号”是由总号投资、独立经营核算的单位。“小号”进货和销货均由自己直接组织，但多以总号的目标为目标，服从总号的全局利益。

由于蒙古人手中没有大量现银，大盛魁的销货采用赊销办法，到收获季节以牧民的畜产品折价偿还，再将畜产品运至内地销售，获取双重利益。这个办法颇受牧民欢迎。为了保证赊销不受损失，大盛魁和地方政府合作，使用一种“印票”。凡欲赊购商品者，须持有地方官吏担保的“印票”，上写“父债子还，夫债妻还。死亡绝后，由旗公还”。并盖地方政府印章。因以印票销售为主，称为放印票账，故大盛魁亦称“大盛魁印票庄”。

大盛魁在蒙古地区的商业辉煌，到晚清时开始逐渐衰落：先是沙俄商人获准深入蒙古、新疆等地进行贸易，大盛魁失去了垄断的市场；后来俄国十月革命后，手中的沙俄卢布成了废纸；接着外蒙古独立实行公有制，没收了大盛魁在外蒙古的数百万资产；加上国内军阀混战，社会动乱……大盛魁最终竟陷入了资不抵债的境地，于 1928 年 10 月宣布倒闭。这道宏大美丽的商业风景在塞外草原大漠上辉煌了 200 余年后，黯然落幕了。

“先有曹家店，后有朝阳县”的太谷曹家

明朝末年，太谷曹家发迹始祖曹三喜独闯关东谋生。他来到朝阳三座塔，先做佣工，后来，曹三喜和当地人合伙开设了一间豆腐坊。又因二

太谷县三多堂

慈禧太后赐予曹家的金火车钟

人意见不合，酿成官司，官府欺三喜是外乡人，三喜只好吃亏了事。二人分坊后，曹三喜筹措资金二次开设豆腐坊，又利用豆腐渣养猪。稍有积蓄后，开设了公义店烧锅作坊，做酿酒生意。不久，又开了三隆号杂货铺，零售豆腐、烧酒，兼售日用杂货。生意兴隆后，叫来儿子曹玉蕃、曹玉台帮工。父子三人艰苦奋斗，苦心经营，生意越办越红火，相继开设了三隆粮店、三太号钱铺、三隆永杂货铺等多家字号。三座塔村的人口也随着经济的繁荣日益增多，政府建立朝阳县制。至今当地还流传有："先有曹家店，后有朝阳县。"

清康熙初年，曹三喜的生意逐渐扩展到赤峰、四平、八沟等地。在赤峰最多开设有 14 个商号，经营行业从做豆腐、烧锅，发展到经营杂货、典当、粮食，后来又投资开办钱庄、典当铺等。康熙中期，曹三喜返回太谷老家，生意交给两个儿子经营。

曹玉蕃、曹玉台二兄弟接任后，不仅在朝阳、赤峰、四平、八沟等四县增设商号，而且放眼东北。经过 30 多年的努力，把生意扩展到建昌、梨树、锦州等地。到康熙末年，曹家商号已遍布关外七厅。同时，曹三喜在家乡也陆续设立商号多处：在本村设麻铺及意记、阜丰、小押当等三座小当铺，在太谷县城设运通五账庄、济源昌烧锅、广誉永烧锅等商号，在太原小店及市区的麻市街也开设了商号。

乾隆中期，曹家已成为名震东北和山西的商业大家族之一。在朝阳新增了三庆成烧锅、三隆皮局；在赤峰增设了乾元太当铺、乾蔚兴百货店、乾蔚丰皮毛店；在平泉设泰和昌钱庄；在梨树北门形成曹家商号一条街。在山西，曹家除在北洸村增设了德顺成药庄、豫生堂药庄等外，还在祁县东观镇增设济元昌粮店，在太谷县城新增振源溥钱庄、汇恒通账庄、锦泰丰西路皮货庄、乾元吉棉布庄。

嘉庆八年(1803),曹家兄弟分家析产,各立门户。不过在商业上仍合资经营,七家各出资本10万两,组成总管理处,称“曹七合”。后因一个儿子出门承嗣去了,曹家兄弟又把“曹七合”改为“六德公”,各门以股取利。六门各有堂名,分别是怀义堂、馨宜堂、留青堂、三多堂、五桂堂,还有一堂佚名。到了清道光、咸丰年间,曹家商业发展到鼎盛时期,在国内形成颇具规模的组织货源、包装、运输、销售一条龙商号,经营地域扩大,业务范围大增,所涉行业多达十几种。同时,开辟恰克图、库伦商路,参与对蒙俄地区的贸易。在库伦、恰克图设立的锦泰亨分庄,太谷的锦霞铭曲绸庄和张家口的锦泰亨、锦泉涌、锦泉兴等都成为专门与蒙俄贸易的商号。

光绪三年(1877),二十一世曹中美继任第四任专东,以雄厚的资金实力做后盾,经商地域进一步扩大,经营品类一应俱全,各类分庄、联号、小号不断增多。国内经营范围从东北、华北扩展到江南的苏州、徐州、上海等地;对外贸易从蒙俄发展到德国、英国、日本、朝鲜等国家,出口商品从茶叶发展到丝绸、青铜工艺品等。此时的曹家已经成为拥有商号640余座,从业职员37000余人,总资产达1200余万两白银的巨型“跨国公司”。

曹氏在商业经营上合资共管,在家庭经济上则各门自立。道光以后,“六德公”各门逐渐衰落,唯独“三多堂”兴旺发达。辛亥革命后,曹氏商业逐步衰落。1931年“九一八”事变,日军侵占东三省,后来又成立伪满洲国,曹氏在东北的商号全部化为乌有。东北商号的垮台,又影响到关内的商号,更加速了曹氏商业的衰落。

如今只有三多堂耸立在那里,默默地向人们展示着曹家昔日的辉煌。“三多堂”为多福多寿多子之意。这座宅院以高耸大雅、厚重古朴的特色冠于群院之首。布局是“寿”字形,宅院坐北朝南,分南北二部分,东西并排三个穿堂大院,连接三座三层17米高的楼房,内套15个大院,房屋280间,共计6000多平方米。整个建筑雕梁画栋,龙楼凤阁鳞次栉比,楼顶还建有三个亭式重楼,当清晨雾气霭霭之时,或黄昏暮色茫茫之际,站在远处观赏,三座顶楼和整个建筑一起,酷似古代祭祀用的牛、羊、猪头像。这种追新逐奇的建造意识,给宅院平添了几分辉煌和神秘。

太谷贠家与志成信票号

太谷贠家原籍彭城郡(今江苏徐州市),明朝迁至太谷县城内居住,后移居太谷城东南的沟子村。贠家以加工售卖豆腐、豆芽起家,后从事南北贸易,设纯复堂,主营药材、丝绸、茶叶、杂货等。为不忘创业艰难,贠家在沟子村棒槌楼上一直供奉着做售豆腐、豆芽的全套用具,以励后人。

贠家最有作为的是第四代贠成望。他年轻时就随父辈从事商业活动,积累了丰富的经商经验。当家后,在太谷县城西大街创办志成信苏广丝绸杂货庄并兼办汇兑,后在北京前门开设了义合堂钱庄、隆盛镖局、志一堂账局。以后,又陆续在太谷开设有养和轩参茸庄、庆成豫夏布庄、汇通盛钱庄,贠成望的一系列举措,使贠家生意兴隆,财源广进。

志成信票号旧址

到清道光、咸丰年间,贠家生意达到全盛。分布在太谷、太原、北京、天津、广州、苏州、上海、西安、沈阳、张家口、汉口、四川以及新疆吐鲁番、塔城和俄国恰克图等地的商号达到100余座(票号分庄除外),主营药材、丝绸、茶叶、京广杂货、汇兑等业务。养和轩药庄不但经营药材，还制作龟龄集、定坤丹、玉枢丹、麝香丸等贵重药品。

员家最负盛名的商号是志成信票号，卫聚贤著《山西票号史》称之为“太谷之领袖票号”。康熙年间，志成信商号内部就开办了汇兑业务，后随着票号业的兴起，改为票号。由于资金雄厚，号规严谨，管理有方，志成信的汇兑生意开展得红红火火，在太原、忻州、解县、运城、新绛、曲沃、北京、天津、张家口、沈阳、锦州、营口、上海、苏州、南京、汉口、沙市、湘潭、广州、开封、济南、周村、烟台、吉林等全国重要商埠设分号 24 处。除汇兑商款外，还为官府垫借、汇解关税，进而垄断了粤海关的存款业务。同治九年（1870），志成信广州分号经理马应彪赴岭南（广州），路经上海，适发逆扰乱，江南年饷，碍难转运。于是志成信协力汇运数十万，兵得足饷。事后，两广制台瑞公保奏以中宪大夫，晋封资政大夫。各级官员，纷纷把银子存入志成信票号。紧密的官商关系，使志成信在票号界的地位日益显赫。

咸丰十年（1860），部分掌柜从志成信分裂出去，成立了协成谦票号。同治十三年（1874），志成信进行大规模改组整顿，明确股份，重立合约，设总号于太谷西街，内柜名叫“会通远”，是全号的金融中心。庚子年后，志成信票号的业务中枢移到北京。辛亥革命后，志成信因存款逼提，外债收不回，外欠达 4 万两，终因无法周转歇业。号中负责人连同财东均被拘于刑部狱中。民国三年（1914），志成信票号最终彻底破产。到全国解放时，员家仅存兴胜楼杂货铺等几家小商号了。

“先有复盛公，后有包头城”的祁县乔家

晋商巨族乔家的发迹始祖乔贵发，原本是一个孤儿，于清乾隆初年走西口在包头发迹。其后，乔家商业在乔贵发的子孙手中继续发展，到光绪时期达到鼎盛，有上百个字号，几千万两白银，经营范围下至百姓

日用的针头线脑、柴米油盐，上至关乎国家经济命脉的蒙俄边贸和钱庄票号，可谓包罗万象。在乾隆至民国的二百余年里，乔家六代东家和掌柜们在北中国商界和金融界纵横捭阖，经营规模之巨，持续时间之长，社会影响之大，堪称中国商界之奇观！

乔贵发从小父母双亡，寄食于祁县东观镇舅父家。稍大后回到乔家堡村，靠出卖劳力，为人帮工生活。后到口外闯荡谋生，先拉骆驼，后当店员。乾隆初年，与徐沟秦某合伙，在西垴包（今包头市东河区西部）开设了一个草料店，并经营豆腐、豆芽、烧饼、切面以及零星杂货，买卖颇为兴隆，又开设了经营规模更大、范围更广的广盛公字号，乾隆中后期，乔秦二人告老还乡，广盛公字号交由掌柜管理。

乔贵发有三个儿子，分别叫全德、全义、全美。他临终前给三个儿子分家析产并分立堂名：长子全德为德星堂，次子全义为宁守堂，三子全美为在中堂。

清嘉庆初年，广盛公生意亏赔，濒临倒闭。乔家三兄弟把家中的积蓄悉数垫给字号经营，历经三年，扭亏为盈。他们认为这是复兴基业的起点，一致主张改组字号为复盛公。在这次亏赔中，乔家人拿出全部积蓄垫给字号经营，而秦家人却不愿意从家里拿钱垫给字号经营，所以在广盛公改组为复盛公时，乔家的垫款成了股本，乔家在复盛公字号的股份也就大大超过秦家，成为最大股东了。广盛公改组为复盛公以后，以复盛公为母公司，先后在包头繁衍了复盛全钱庄、复盛西当铺、复盛菜园、复盛油坊、复盛西粮店、复盛西面铺、复盛锦、复盛协、复盛和、复盛兴等众

包头复盛公银号伙友合影

乔致庸像

多的“复”字号，基本垄断了包头最赚钱的金融业和最稳定的粮油米面蔬菜业。

乾隆初年，包头只是萨拉齐厅管辖下的一个村庄，嘉庆十四年（1809）时升格为镇。在同治年间，由大同总兵马升和包头巡检崔际平建起了包头城墙，包头才成了“包头城”。而乔家的复盛公早就繁衍了若干“复”字号，且是包头商的老大了。所以，包头就流传下来一句谚语：“先有复盛公，后有包头城。”

乔家一方面经营“复”字号在包头做大，使包头成了乔家商业的根据地；一方面又紧随中俄恰克图口岸开埠后的茶叶贸易大浪潮，于嘉庆年间分别投资三万两和六万两白银，开设了大德诚和大德兴两个茶庄，南下福建的武夷山、湖南湖北的羊楼司、羊楼洞、聂家市等地买茶山、种茶叶，并制作各种茶饼茶砖，北进中俄边境的恰克图进行茶叶贸易。此时的乔家，经过乔贵发及其子两代人的苦心经营，已经跻身于晋商巨族行列。乔家商业又在乔贵发的孙子乔致庸手中达到了鼎盛。

乔致庸，俗称亮财主。他早年丧父丧母，由长兄乔致广抚养成人，曾考中秀才。后因长兄乔致广辞世，只得弃儒从商。乔致庸当家后，首先，稳定发展包头的买卖字号，使“复”字号在包头一直处于老大的地位。然后，随着票号的兴起，于光绪七年（1881）投资6万两白银开设大德恒票号，并于光绪十年（1884年）将大德兴茶庄改组为大德通票号。乔家的买卖在乔致庸手中繁荣发展，财运滚滚，乔家的商业达到了鼎盛。

乔致庸在商业上的成功，与他自身的学识和知人善任密不可分。有个叫马公甫的一般伙计，复盛公大掌柜派他回祁县回报经营情况，马公甫不仅把包头的情况汇报得有条有理，还提出了本人的许多真知灼见。乔致庸觉得马公甫是个人才，当即给马公甫加了股份，并作为复盛公的掌柜接班人培养。后来，复盛公的大掌柜告老，马公甫便成了复盛公的大掌柜。马荀，本是复盛西字号下属一个粮店里的小掌柜，他经营有方，连年盈利，而复盛西总号却连年亏损。乔致庸就让马荀的粮店独立出来

祁县乔家大院

北京大德恒银号总号同仁合影

自主经营，其后，马荀执掌下的复盛西粮店给乔家赚回了不少银子。此外，大德通票号著名的大掌柜高钰、大德恒票号著名的大掌柜阎维藩也是乔致庸破格提拔使用起来的人才。

乔致庸还善于社交，与许多王公大臣都是过从甚密的至交。这些朋友中有大名鼎鼎的左宗棠。左宗棠由新疆督办回京任军机大臣路经祁县时，亲自到乔家大院拜访乔致庸，并写了一副对联相赠："损人欲以复天理，蓄道德而能文章。"这副对联至今仍铭刻在乔家大院门前的百兽图旁。

乔致庸不仅善于经商，而且也严于治家，他给家人定有严格的家规：一不准吸毒，二不准纳妾，三不准虐仆，四不准赌博，五不准冶游，六不准酗酒。由于他严于律己，以身作则，这些规矩在乔家得到了严格的执行，使乔家商业有了一个安稳的后方。

乔致庸还怜贫惜弱，善待乔家的佣人和乔家堡的村民。乔家的佣人有了难处，乔家总是给予帮助：大人病了，买不起药，给几两银子让看病；父母亡了，买不起棺材，又给几十两银子让料理丧事。乔家堡的人有困难求到在中堂，总不会空手出来；遇有灾年，乔家还主动开仓济贫。

乔致庸于1907年辞世，享年89岁。乔致庸之后，乔家的商业由其长孙乔映霞掌管。此时，中国陷入清末民国的混乱时期，商业经营环境更加困难，但乔映霞用人有方，众掌柜竭力经营，所以，乔家的商业虽然难以避免群体衰落的大势，但在衰落过程中却书写了乔家商业的另一种辉煌：一是恪守诚、信、义的商业道德。二是乔家的大德通、大德恒票号一直坚持到1940年改组为银号，成为山西票号最后的擎旗者。三是乔家在包头的“复”字号一直坚持到建国后公私合营，最终归于社会主义公有制的大海。

渠家商业与“渠半城”

渠家与乔家都是祁县的晋商巨族。渠家从十四世渠同海到十七世渠源浈，代代都有商业奇才，使渠家成为富甲一方的商业巨族，人称“渠半城”。

渠氏商业的起步，是从十四世渠同海走西口经商开始，他在包头购置了十余顷土地，开设了长源厚字号，经营菜园、粮食、莜面、茶叶，并兼作钱业生意。为了纪念长源厚的诞生，渠同海选用了“长源本晋川，荣华万世年”十个字，作为其孙辈一代即渠家第十六世以下辈份世系的排名。

渠同海有三个儿子，长子藩及三子映潢都是商界高手，在继承父业的基础上，又增设了长源川、长顺川两个大茶庄，从两湖采办茶叶，经销到西北各地以及蒙古、俄国乃至欧洲，获利极丰。十六世渠长瀛，开始在长江流域贩运食盐。到十七世“源”字辈时代，渠氏商业进入黄金时期。渠氏源潮、源浈、源涤、源道、源洛、本立众兄弟叔侄除独资或合资经营三晋源、长盛川、百川通、汇源涌、存义公等著名票号外，还开设有众多的茶庄、盐店、钱铺、典当、绸缎、药材等商业字号。据说商号总数有数百座之多，遍及全国各大中城市、各水旱码头。仅渠源潮、渠晋山名下的商业字号就有长裕川茶庄、书业诚古籍字画店、诚记茶庄、集庆和夏布庄、晋裕成布庄、是盛楼糕点铺、万盛源杂货铺、永春原药店等近 10 座。其中，最著名的是长裕川茶庄。

长裕川茶庄是晋商中开设时间最长、规模最大的茶庄之一，其前身叫长顺川，创始人为渠源潮之祖父渠映潢，光绪年间更名为长裕川，由渠源潮主管号事，民国年间由其孙渠晋山接管。总号在祁县城内段家巷，在汉口、长沙、南昌、扬州、十二圩、张家口、绥远、天津等地设有分号 10 余处。长裕川经营茶叶是收购、加工、贩运、批发一条龙，在湖北羊楼洞、羊楼司、咸宁等地有茶山，就地加工，然后长途运输，经东、西两口（张家口、杀虎口）行销蒙古和俄国。或者从汉口走长江，转销欧洲。由于质量上乘，信誉卓著，俄国商人和蒙古牧民一见印有长裕川字样的茶叶

祁县渠家大院长裕川茶庄的大型青石浮雕

长裕川茶庄伙友合影

便争相购买，这些茶叶甚至还可以代替货币在市面上流通。民国二十年(1931)以后茶业衰落，长裕川改业专营食盐，主要是搞盐业运输。由江苏淮北盐场起运，沿长江运往江西、湖北、湖南等地，规模之大，当时称冠。

渠家商业最后的辉煌是由十七世渠源浈创造的。渠源浈人称旺财主，他最早认识到票号的市场前景，说服父亲与本家兄弟们共同投资，于咸丰十年在平遥县城开办了百川通票号。其父渠长瀛去世后，他建议分家各自发展。分家后，年仅 22 岁的渠源浈，果断地整顿制度，调整人事，辞退了几位老掌柜，大胆起用了一批新人。在渠源浈的经营下，他名下合资的存义公票号、百川通票号和他独资的三晋源票号业务突飞猛进，分号遍布全国，在票号界名声卓著。光绪二十八年(1902)，百川通票号每股分红高达 3 万两白银。在这笔巨额利润分到手中后，渠源浈突然宣布将自己的全部本金计 30 万两白银抽回。此举使票号界大为惊愕。后来，

百川通票号印章

票号的生意一年不如一年。渠源浈的经营远见备受后人称赞。至今，祁县仍流传着这样一条民谚：“旺财主，有眼力，经商不钻钱眼子！”

渠氏家族在商业上获取巨额利润之后，在祁县城内大兴土木，建造了一大批精美绝伦的民居建筑。祁县古城东城的东大街、新道街、高园圪道、段家巷、小东街和仓道街等处，大多数都是渠氏家族的房产，因而人称“渠半城”。祁县城内原渠氏房产，今为县级以上文物保护的有几十处之多，其中最著名的有渠家大院、长裕川茶庄、渠本翘故居和三晋源票号旧址等等。

万里茶路　儒商常家

榆次车辋常家商业的发展，主要靠万里茶路支撑的中俄恰克图贸易，是晋商中的外贸世家。同时，常家也是人才辈出、诗书传承的文化世家。

常家发迹始祖常威，生于清康熙初年，年轻时，一条捎马装了些许白银，怀揣前辈放羊时用过的鞭子，步行千里去张家口闯荡。他先凭小本钱购进了一些棉布，走街串巷，沿街叫卖，经过两三年的拼搏，积累了一笔资金，就在张家口开了一个小布店。然后，利用张家口蒙汉产品交易地的地理优势，扩大商品经营范围，开设了常家第一个商号大德玉，除经营布匹外，还兼营杂货、茶叶。从此，常家商业逐渐扩大，在张家口有了一定的地位。再后，常威又以大德玉的字号创办了专营茶叶的商号，并在湖北和蒙古设分号，专门从江南进茶叶，运往蒙古销售。到雍正初年，常威便成为晋商中的大户了。

雍正五年（1727），中俄两国政府签订了《中俄恰克图条约》，常威率先带领儿子常万玘、常万达从张家口来到了恰克图与俄商进行贸易。从此，常家商业步入了鼎盛时期。

乾隆年间，常威年迈回家，常家的商业由常万玘、常万达经营。当时，俄国上流人物以穿丝绸、喝茶为荣，甚至“宁可一日无食，不可一日无茶”。常氏兄弟抓住这一商机，以茶叶为开路先锋，开拓中俄贸易。为了开辟茶源，常万达派人到福建武夷山，鼓励和指导当地的山民种茶，再兴办制茶作坊进行茶叶加工。当时最主要的茶叶运输路线是：从福建的崇安、分水关将茶运到江西铅山，再从铅山装船沿信江西下到鄱阳湖，然后从鄱阳湖出九江口进入长江，再经武昌转道汉水，从湖北樊城（今襄樊）上岸，改为驼运。驮运的路线是：从湖北转河南，然后从河南转山西泽州、潞安、祁县、忻县、大同、张家口，然后从张家口转库仑（今乌兰巴托）直到恰克图。这条茶叶路线全程近万里，单次运输时间需要三个月。运输过程中，既有漫长的水路，也有曲折的山路，还要经过沙漠。常万达坚持拼搏数十年，开创和保持了一条国际茶叶商路，还促进了武夷山地区的经济发展，繁荣了恰克图中俄贸易，也使常家获取了丰厚的利润。

晋中市榆次区常家庄园

常万达与大德玉商号同仁在北京九龙壁前合影

从常万达、常万玘开始，常家的商号分为两大系。常万达所开的商号，主要以“玉”字为号，计有大德玉、保和玉、大升玉、大泉玉、大美玉、大昌玉、大涌玉、大珍玉、大顺玉、独慎玉等，后来有“十大玉”之说。常万玘所开的商号，主要以“德”字为号，计有大德川、大德昌、大德兴、大德宏、三德玉、慎德玉等，后来有“十大德”之说。除此之外，还有不用“玉”、“德”两字的商号，如成吉厚、三和源、瑞隆裕、笃信成等等。随着日升昌票号成立和山西众票号的跟进，常家于光绪年间也创办了大德玉、大德川两家票号。

常家在经商的同时不忘教育，到了第十二世已经是书香门第，成了商业世家兼文化世家了。再到了第十四世，则是人才辈出、享誉三晋的士绅望族了。最主要的代表人物有常麟书、常赞春和常旭春。

常麟书，字绂章，号味经、约斋，是享有盛誉的教育家和经史学家。光绪十七年(1891)中举，被户部尚书兼国子监祭酒翁同龢选入国子监南学深造。光绪二十六年(1900)返乡后，先将族中私塾合并，开办新式教育；又租太原上马街黑瓦关帝庙，率族中学习优秀的弟、侄辈赞春、旭春、麟图、运藻等人赴并，进行“封闭式”教育。光绪二十八年(1902)，随他学习的赞春、旭春、麟图三人同榜中举，一时传为三晋佳话。第二年，麟书会试中进士，被任用为户部度支部主事，但他醉心教育，以“丁忧”告归。返乡后创办车辋常氏笃初学校，后又增设女部、中学部，改名

赵昌燮(右)与常旭春(左)常赞春(中)合影

为“常氏私立中学兼高初两级小学堂”。后又受聘为榆次“凤鸣书院”堂长，开创了榆次现代教育的先河。常麟书一生著作甚多，有《外史歌略》《诗经述义》《礼易简录》《中学知源录》《群经正义提纲》等五十六部(卷)著作行世。

常赞春，字子襄，清举人，民国北洋政府众议院议员，清史征访员。曾在京师大学堂专研“毛诗”，后在山西大学任教，暇时以书法自娱，对历代碑帖均有考究，篆书被称为三晋一绝。清末民初，省内外名人碑碣，都以由他“篆额”为荣耀。

常旭春，字晓楼，清举人，曾任礼部员外郎、山西众议院副议长，为清末民初著名书法家。当时各商号匾额都以能由他题写为荣，与太谷赵铁山齐名。他与兄赞春被当时人称之为“常氏二贤”、“常氏双子星”。

介休冀家与马太夫人

介休北辛武村冀家，是介休的第三大富商。据徐珂《清稗类钞》山西富商排名，冀家在山西富商中排第十三位。未经营票号前，冀家在荆、楚、京、津及山东一带有商铺数以百计，多数为当铺，其次有布庄、油房、杂货等。

冀家虽富有，但人丁一直不旺，从宋代由临晋县迁入介休一世算起，以后历经十世至十七世皆为单传，十七世冀国定年已四十仍没得子，冀国定求子心切，娶了介休名门大族马家女儿为第四房夫人。马夫人进门后，一连生了 8 个儿子，长大成人的有五个。道光十八年(1838)冀国定去世，诸子都还年少，马夫人以太夫人的身份主持了家政，内外诸事悉自处理，往来照料皆井井有条。南北贸易字号数十百处，有伙友呈送来账簿偶有疏漏，马太夫人随即指出，来者无不瞠目结舌，敬佩叹服。人说马太夫人“不出户庭，大辔在手，综理尤为精密”。

咸丰元年(1851)，南方爆发太平天国起义，湖南、湖北陷于战乱，冀

介休市北辛武村冀家祠堂琉璃牌坊

家的商号在战乱中损失惨重，家资几乎丢失一半还多。马太夫人却说：“吾家享二百年太平之福，世世温饱，今逢厄运，国家大江南北众多城池尚未收复，我家又何足言！所恨资财将竭，不能如前报效耳！”马太夫人令寄信各地商号，将所剩资金，竭力捐输助饷，说：“此吾报国时日也，守钱何为？”先后捐输六七次，共捐银数十万两。通过这次捐输，冀家得到了清政府的信任与好处，咸丰三年，山西巡抚哈芬为商人捐输请功，名册中第一位就是冀家老四冀以和。

到咸丰三年，马太夫人共掌家政 24 年，凭借雄厚的资产和自己的干练，北辛武冀家成为晋商中的巨擘。据传，当年平遥城开标利，马太夫人不到就开不了场，因人们不知她是放还是收。咸丰二年，马太夫人，为长大成人的五个儿子分了家。全部家业共分为 6 股，五兄弟各一股，另外一股为家祠股，属全家共用共有。（图 115：介休北辛武冀家祠堂琉璃牌坊）

冀家兄弟中，排行第四的冀以和最为精明，马太夫人给兄弟分家后，将祠堂股委托给冀以和经营。平遥城内的乾盛亨布庄原为祠堂股，清代同治年间，由于太平天国起义造成南北交通受阻，南方各省纷纷找票号运解京饷，冀家看好票号业大发展这一时机，将平遥城内的乾盛亨布庄和德记布庄改组为乾盛亨票号与其德昌票号，成为介休商人在平遥城开设的第七和第八家票号。其中乾盛亨票号在省内外设分庄 20 余处，很快成为大票号之一；尤其在云南等省，乾盛亨票号是当地承汇公款的主要票号。

咸丰十一年（1861）七月，马太夫人七十寿诞，众亲友济济一堂，时任平遥超山书院院长、著名地理学者徐继畬，特拜撰书丹《冀母马太夫人七秩荣寿序》，以表恭祝之意，由此也留下一段千古美谈。

中国银行业鼻祖——日升昌票号

票号的创建，是中国 19 世纪最伟大的事件之一，它将清代晋商推向鼎盛。清道光三年（1823），在平遥西大街一个小小的商铺内，东家李大全与大掌柜雷履泰一起策划，中国银行业鼻祖——日升昌票号在这里诞生。

日升昌票号的前身是西裕成颜料庄。当时，在北京经商的山西商人很多，每逢年终都要给家里捎钱，镖局运费高且不安全，就找财力雄厚的西裕成北京分号帮忙：北京分号把需要转运的银子收进，然后写信给平遥总号，取款人从平遥总号兑出现银，西裕成收取一定的费用。西裕成总经理雷履泰从中看到了发展前景，便建议东家李大全把颜料庄改成经营银两汇兑的票号。于是，西裕成颜料庄投资 30 万两白银，成立了我国历史上第一个专营银钱异地汇兑的字号——日升昌票号，由此揭开了我国金融业的新纪元。

日升昌开业后，大掌柜雷履泰和二掌柜毛鸿翙等同仁齐心协力，先后在全国四十多个大中城市设立分庄，生意红红火火，业务蒸

日升昌兴记平遥号开幕五周全体同仁留念

蒸日上，很快就形成了“汇通天下”的兴隆气象。据说，各地分庄挂的招牌都是道光皇帝书写的“京都日升昌汇通天下”。据日升昌票号万金账记载：最初六年结账一次，后来四年一次，李东家拥有 30 个银股，每股分红在 8000 到 12000 两银子。从 1823 年设立到 1912 年歇业的 90 年期间，李东家从日升昌票号赚取的银子达五六百万两。

票号业的创建与发展，是西裕成颜料庄大掌柜雷履泰和二掌柜毛鸿翙共同打造的商业奇迹。雷履泰创办日升昌票号，前期一系列准备工作，都是年富力强的毛鸿翙一件一件落实筹办的。票号创业初期，雷履泰、毛鸿翙二人团结一心，相处融洽。雷履泰总揽全局，毛鸿翙操办业务，他们之间优势互补，很快打开了局面。随着日升昌业务的繁荣，分庄增加，用人增多，二人脾性和理念上的差别逐渐显现，矛盾也日趋尖锐。一次，雷履泰病了，按理，日升昌日常的生意该交给二掌柜打理。可是雷履泰并没有离开大掌柜房（即在办公室养病），这使得毛鸿翙觉得自己是“丫鬟带钥匙，当家不做主”，就找李财东讲，雷大掌柜生病了就该请他回家休息。李财东出于对雷的健康考虑也没多想，就请雷履泰回家养病。毛鸿翙乘机掌管了票号的一些实权。若干天后，李东家去雷履泰家中探病，发现雷履泰写给各分号的信，命令遍布全国各地的分号暂停营

日升昌“汇通天下”匾额

中国首家票号　日升昌

业，准备撤回。李东家大惑不解地问雷履泰为什么这样做。雷履泰说，字号是你李家的，但分号是我雷履泰经营布置的。你现在要用新人，那我只好把分号收回来，好让新人重新安排。李东家慌了神，跪求雷履泰，雷履泰才又回到了日升昌。就在他回来的前一天夜里，毛鸿翙知道雷履泰要回来了，就给东家留了辞职信，走出了日升昌的大门。

西裕成颜料庄改为日升昌票号后，与日升昌仅隔着一个烧饼铺的蔚泰厚东家侯培余看到经营票号获利巨大，非常羡慕，得知雷、毛不和，便以优厚待遇说服毛鸿翙，毛鸿翙离开日升昌，侯家马上礼聘了他。毛鸿翙又从日升昌伙友中挖来两员干将郝名扬和阎永安，就在日升昌的隔壁将绸缎店改组为蔚泰厚票号。侯东家破格以待，让毛鸿翙一个大掌柜顶了双份身股，并对毛鸿翙言听计从，一年内将平遥城内的蔚丰厚、蔚盛长、新泰厚绸缎店和天成亨细布庄一律改组为票号，组成了票号史上有名的“蔚”字五联号，成为日升昌强有力的竞争对手。“蔚”字五联号的繁荣成全了侯东家，也成全了毛鸿翙大掌柜。道光末年，毛鸿翙以“毛忠恕堂”名义投资蔚泰厚票号银本 2 万两，成为平帮票号第一个连东带掌的总经理。同治三年（1864），毛鸿翙与他人合资开办了蔚长厚票号。

票号的丰厚利润震动了山西商界，商家纷纷仿效，改营票号。从道光三年到光绪三十二年的 80 余年间，仅平遥、祁县、太谷三县就设立票号总号 40 余家，在各地开设的分号多达 400 余家，遍布全国 23 个行省 77 个城镇，甚至跨越国界，到了朝鲜、日本等国。可以说，日升昌票号一马当先，带动形成了山西票号业万马奔腾的壮观景象。

山西票号的最后擎旗者

日升昌票号、“蔚”字五联号开票号之先河，雷履泰、毛鸿翙功载史册；祁县的大德通、大德恒、合盛元票号能坚持到最后，与票号几位锐意改革的经理密不可分，他们是山西票号的最后擎旗者。

大德通票号的大掌柜是高钰。高钰 16 岁进大德通，先后做学徒、伙友、分号经理，四十岁当总经理，是一位善于分析时势、审慎进取、以稳健著称的票号管理家。八国联军发动侵华战争之初，高钰事前筹划，收缩业务，将各号现银调回祁县总号，京津伙友也于陷落前回到祁县，被同行誉为有先见之明。八国联军攻陷京师，慈禧太后挟光绪帝经山西逃往西安，高钰与县太爷商定，将慈禧太后和光绪皇帝的行宫设在了大德通票号。慈禧太后返京后，为大德通送来滚滚财源。1911 年，清政府出卖铁路修筑权，激起了川、鄂、湘、粤等省人民的强烈反对。而此时，朝廷竟让无能的瑞澄任湖广总督。高钰觉得事必大变，故力还外贷，实行收敛。当时，多数人认为，高钰的做法与求利之道背谬，甚至有人讥笑高钰胆小。第二年发生壬子挤兑风潮时，其他票号猝不及防，纷纷搁浅倒闭，只有大德通安然无恙。高钰在大德通做事 50 年，担任总经理 25 年。他把大德通推上了辉煌的顶峰。

高钰去世后，王宗禹继任大德通总经理。正赶上蒋阎冯中原大战。

合盛元票号东伙合影

晋军失败后，晋钞贬值25倍。当时，大德通存款户以山西本省最多，放款却多在外省。如果对存款户以晋钞付出，大德通可以趁晋钞贬值之机发一笔横财。但为了维护储户的利益，王宗禹动用公积金，以1新币现款兑付1晋钞存款；这样，储户不用吃晋钞贬值的亏，而大德通却损失了数十万两白银！大德通维护信誉的壮举，一时成为山西票号界的美谈，也树立了大德通票号的信誉，扩大了生意。大德通票号一直坚持到1940年，才改组为大德通银号。

大德恒票号的总经理是阎维藩，17岁入平遥县蔚长厚票号学徒。因态度谦恭，应对灵活，深得掌柜赏识，后被派往福州分号。阎维藩在福州分号把福州地方经费和军饷调拨全揽到蔚长厚票号经办，三年即赢利五六万两白银。光绪二十年（1894），阎维藩为一位福州官员买官鬻爵支垫白银15万两。此事被总号发现，认为阎维藩违背号规，应受处置。阎维藩辞职还乡，另谋他途。他辞职还乡的消息传到乔家，乔致庸派次子乔景仪前往途中迎接，阎维藩被邀请到乔家后，当即被礼聘为大德恒票号总经理。为报答乔家知遇之恩，阎维藩审时度势，调度有方，采取各种针对性策略，使大德恒业务日兴，赢利日巨。

阎维藩尊重人才，奖掖后进，山西省商界、金融界名人如贾继英、阎士秀、张秀模等，皆为其一手提拔。其办事注重实效，革新除旧，曾与同仁修订票号规章，使之更趋完臻。宣统二年（1910），祁县成立商会，阎维藩被推举为首任会长，不久还应邀出任山西省商会副会长。1916年，阎锡山组建山西省银行，聘请阎维藩出任经理。乔东家认为阎维藩有意去高攀阎锡山，大德恒的业务会受损失，东伙产生隔阂，遂于1920年辞号。总号掌柜改为车月川，业务也照常进行，分红最高年份为5000元现

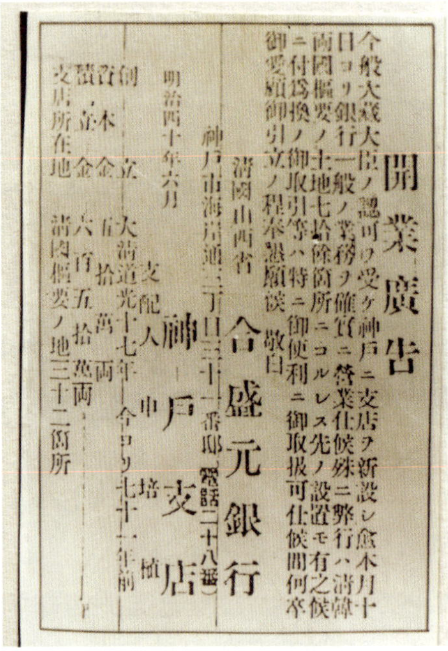

開業廣告

今般大藏大臣ノ認可ヲ受ケ神戸ニ支店ヲ新設シ愈本月十日ヨリ銀行一般ノ業務ヲ確實ニ營業仕候殊ニ弊行ハ清韓両國樞要ノ土地七拾餘箇所ニコルレス先ノ設置モ有之候ニ付爲換ノ御取引等ハ特ニ御便利ニ御取扱可仕候間何卒御愛顧御引立ノ程奉懇願候 敬白

清國山西省
合盛元銀行
神戸市海岸通三丁目三十一番邸（電話二十八番）
神戸支店
支配人 申培植

明治四十年六月

創立 大清道光十七年—今ヨリ七十一年前
資本金 五拾萬両
積立金 六百五拾萬両
支店所在地 清國樞要ノ地三十二箇所

合盛元票号在日本开业广告

洋，一般每股开现洋2000多元。1940年，大德恒祁县总号撤销，东伙以集股的方式改组为银号，字号名称改为“大德恒银号”，继续营业。

申树楷(1876—1950)，字培植，15岁时经人推荐进入合盛元票号。光绪二十一年(1895)，年仅19岁的申树楷便被总号任命为合盛元营口分号经理。由19岁的青年人出任分号经理，这在山西票号史上是绝无仅有的一例。其时，合盛元营口分号遭遇了中日甲午战争之祸，损失惨重。清廷与日本签订了丧权辱国的《马关条约》，割让辽东半岛，营口成了日本人的天下。申树楷接任后审时度势，大胆确定了“以日制日”的战略方针，积极与日商开展业务，并雇佣日本人招揽日商生意，并以营口为基地，在安东(今丹东)设立分号，接着在朝鲜新义州设置代办所，开始涉足国际金融市场。

光绪三十二年(1906)秋，合盛元票号决定东渡日本开设支店，申树楷是赴日本设庄的经理。当时，日本政府对华商在其领土上设立银行百般刁难，申树楷数次往还于日本政府和中国政府之间极力斡旋，终于在光绪三十三年(1907)四月三十日在神户开设了合盛元神户支店。半年后，又先后在日本东京、横滨、大阪及韩国仁川设分店。赴日本设庄后，合盛元进入了鼎盛期，每4年一个账期，每股分红多则14000两，少则8000两。合盛元票号最后的辉煌，与申树楷的开疆拓土之功是分不开的。

1914年，合盛元票号宣布歇业，申树楷奉命回祁县处理善后事宜。1950年申树楷在家中病故，享年75岁。

这几位经理，是山西票号存续117年最后的擎旗者。

大清银行首任行长贾继英

1905 年，中国历史上第一个官办银行大清户部银行成立，1908 年改为大清银行，大清银行的第一任行长是晋中榆次人贾继英。

贾继英，字俊臣，1875 年出生于榆次北六堡一个书香门第之家，从小饱读五经四书，博学睿智，胆识过人。17 岁进大德恒票号学徒，从打杂开始，接受掌柜们的“传道授业”。大掌柜阎维藩特别赏识贾继英的胆识谋略，加之贾继英的勤学能干，很快就提拔他为太原分号经理。

1900 年，八国联军侵华，慈禧太后携光绪帝及亲信大臣仓皇出逃，途径太原时，因经济拮据，召集太原城内各大商家，要求筹集 30 万两白银。各字号掌柜看到朝廷前途莫测，都退缩推诿。贾继英却认为：在国家民族存亡的生死关头，字号必须全力效忠，有国家才有字号，如果国家亡了，字号岂能独存？于是，他当场拍板，表态说：大德恒把这 30 万两全包了。这个决定，让朝廷的人惊喜不已，众字号老板则惊诧不已，都认为大德恒这年轻老板是在犯傻充愣。此举，使贾继英结交了随行大臣桂月亭、董福祥等人，慈禧太后也命人将沿途的赋税收入存入“大德恒”票号，大德恒因此获利甚多。通过此事，阎维藩对贾继英更加赞赏：“五百年必有王者兴，一千年也出不了一个贾继英！”

1904 年，清政府试办户部银行，委任贾继英筹办。1905 年，户部银行开市，贾继英担任了大清银行的首任行长。1911 年，辛亥革命爆发，时局动荡，物价飞涨，大清银行总行及在各地的分行相继关闭，贾继英返回太原闲居。同年，山西响应武昌起义，成立了山西军政府，阎锡山被推选为都督。贾继英受阎锡山

贾继英像

邀请，于 1913 年开始担任山西晋胜银行经理，并代办交通银行在山西的主要业务。

贾继英从多年票号、银行的经营中，认识到实业救国的重要性和迫切性，于是他和榆次的马继桢、阎哲成等人一同兴修了跨村、跨县的水利工程“天一渠”，解决了榆次、太原十余个村子两万亩耕地的浇水问题。他还联合当时山西省银行行长徐一清等人集股在榆次北门外创办晋华纺织股份公司。晋华纺织厂开工生产后，又在源涡村建晋华发电厂，供晋华纺织厂内用电。还入股支持榆次宋启英、宋启秀兄弟联合创办的魏榆面粉厂和魏榆电灯公司。1923 年，晋胜银行结束后，阎锡山开始大力发展地方经济，实现军阀割据，于 1925 年设立斌记五金行，再次任命贾继英为经理。1935 年，山西省银行、晋绥地方铁路银行、绥西垦业银行、晋北盐业银行共同设置山西实物十足准备库，由阎锡山自兼督理，贾继英任经理。

1936 年，贾继英辞去经理职务。“七七事变”后，贾继英西行到兰州。当年冬，适逢中央银行兰州分行行长病故，贾继英致函中央财政部长孔祥熙，推荐兰州分行的行长人选。孔氏颇赏识他的才干，约贾赴渝，有意安排了一次有国民党要员参加的大型宴会，会上孔与贾称兄道弟，以抬高贾的身份。随后贾继英在孔祥熙的支持下出任中央银行兰州分行经理，兼任大西北的中央银行、中国银行、交通银行、农民银行联合办事处主任和甘肃省银行督办，贾继英成了大西北地区的金融首要。

贾继英在兰州任职期间，正值太原沦陷以后，同蒲铁路和太原西北炼钢厂筹备处的科技人员和山西实业界人才相继赴陇，纷纷登门求助。贾继英量才录用，分别介绍他们在甘肃、青海等地的银行和税务部门工作。后来，他也积极帮助扶持了静宁罐子峡煤矿、徽县炼铁厂的开发和投产。

贾继英一辈子与金融打交道，又任过官方要职，但他的一生却相当简朴。在他 60 岁生日时，有人要为他隆重庆寿，他避居津埠，嘱咐家人概不收礼。在兰州期间，他月薪四百元，但从不奢华，更不占公为私。1939 年，中央信托局拨给他一笔奖金，他却将此笔奖金作为福利费赠给低薪职员。熟人曾讥笑他“惜钱如命”，但他却以“俭可养廉”作答。1944 年，贾继英因患肾炎病逝于兰州，葬于五泉山。儿女们在清点遗物时发现他竟无存款，其他存物也寥寥可数。这位晚清、民国时期中国金融界的风云人物，为自己的人生画上了一个让人敬仰的句号。

心意拳祖师戴隆邦

心意拳拳道高深莫测，拳法高妙无穷，很像一位深山高士，不见则已，一见就会让人有“高山仰止”之叹。心意拳的创始人是祁县人戴隆邦，戴隆邦次子戴文熊又将其发扬光大。

戴隆邦（约 1713—1803），字兴国，祁县小韩村人，是祁县望族戴家的后人。现存有关戴隆邦的文献有《六合拳序》，从《六合拳序》中推断，戴隆邦是河南洛阳马学礼的师弟，均受业于安徽池州人曹继武。曹继武受业于郑氏，郑氏受业于姬龙凤，姬龙凤功成于岳飞拳谱。戴隆邦是在继承家传拳械之术及傅山的养身功后，又拜曹继武学习岳家拳，艺成后潜心研习各家拳法的精辟之处，最后在傅山养身功导引吐纳炼丹法、道家阴阳五行六合、黄帝内经医理等法的基础上，再结合硬气功门的用气法，创造了具有独特风格的戴氏六合心意拳。

当时，戴隆邦在南北贸易集散地河南赊旗镇十家店开设了集饭店、车马店、镖局为一体的大饭庄，后改名为“广盛镖局”。戴隆邦为人友善，重义轻利，有诺必践，使广盛镖局人才遒健，成为全国六大镖局之首。他的武术和武德在武术界里备受拥戴，通过十几年的镖局生涯，对武术更是博采众长，提倡一处拜师百处学艺，赞扬锲而不舍地钻研外门之术。他与陕西牛希贤学轻功，与河南李政（为广盛镖局成员）学步法，与山东金世魁（为广盛镖局成员）学螳螂拳，以尽量达到知己知彼。他在拳谱中写下了“不是飞仙体自轻，居然电影令人惊。看他挑起犄横势，尽是旁通一片灵”，旁通就是指他门之拳。按他的说法，“吾人学技，对门宗、派别不可歧视，凡与吾拳有关系之学说，皆宜荟萃研究，精益求精，以达成功之目的而后已。是书，采取他书之论述十之二三，经吾师口授十之四五，

广盛镖局

由己发挥十之二三，为内中最切要之讲究。对外门之拳术，切不可持蠡测海，以管窥天。要触类旁通，用抽钉拔楔之法，洞察领悟其中坚。”

戴隆邦是一个文武双全的人，有着德艺双馨的美德，武术界称他为大雅君子。他著的《六合拳序》字字珠玑，他留下的心意拳要语句句成章。他编著的拳谱不但诠释了万法归一在武术中的运用，而且还谈到了若干做人的准则。对初学其拳者，他倡导“立得定志，操得定心。知之必好之，好之必求之，求之必得之”。又引用了古人提倡的大直若曲、大巧若拙、大辩若讷、大智若愚及自控三思，克制不做不齿之事等大含细入的名言。武术方面，他在父亲的传承下练成了美人挂画前步功，即平步上墙功和壁虎游墙功。更重要的是他开山立派，创造了戴氏心意拳，该拳一拳生万殊，万拳出一法，立意深邃，拳法高妙，无论是理论高度，还是练功效果，都远远超越了其他拳种。可以说，戴氏心意拳是极深邃、极高妙而又极独特的一个拳种，戴氏心意拳的诞生，是中华武林“九狗出一獒”、“千窑出一宝”的奇事、盛事和美事。

戴隆邦曾说：“只有运用其拳者才知其奥妙，只有知其奥妙者，才知其修炼本拳法之必要，只有知其本拳法修炼之必要者，方可知其拳的生命力，只有知其拳的生命力者，定知吾的一番苦心。”

戴隆邦还在拳谱中留有格言、忠言、精言、俗言。如：

格言：家资千万，不及薄艺在身。学术何须博，运用不在多。勤能补拙，人一己百。

忠言：务博而荒，求繁而乱。见小曰明，守柔曰强。未学武艺先学德。

一艺求精百倍功。

精言:以心制人,以意废人,以神聚气,以形阻人,以假诱真,以虚控实,劲断意连,意断神续。胜一人用此法,胜人人亦用此法。用心意一本者也,启形意万殊者也。用我一心一意,借它万形万法矣。善作者善成,善创者善继。

俗言:小忍小让不为已甚,多思慎言不为已悔。万言万当不及一默。知为知,不知为不知。毁誉不干其守,饥寒不累其身。学必有师,师必授德。心事宜明,才华须蕴。

戴隆邦晚年还着重强调:“心意自古无双传,切要奥妙在其中。设若传授无义人,招灾惹祸损寿元。今朝留下真妙诀,知者传人精选人。”

戴隆邦的次子戴文熊(1777—1873),乳名二驴,又名二闾,是戴氏心意拳第二代掌门人。自幼随父习武,兼攻儒学。少年时即以作风儒雅、武艺出众而闻名于当地。后随父在河南省赊旗镇十家店开设的广盛镖局协助父亲做事。嘉庆十一年(1806),29岁的文熊继承父业独力支撑广盛镖局。戴文熊为人谦逊,凡是以一口之理相传,或是以一手之技相授者,戴文熊均以师礼相待,将之称为“一口之师”或“一手之师”。戴文熊曾叮嘱后人曰:“吾家所学原出滴点,汇自百家,今幸赖高人指点,欢喜尚且不及,焉能嫌少以弃微?孰不知‘涓涓细流以汇江河,尘尘积土以垒高山’。后凡有一口之理传我者,抑或凡有一手之技传我者,皆乃吾师也。”戴文熊人称“神拳二闾”。

戴文熊像

戴家的广盛镖局是华中地区唯一的大镖局,主要走山西、陕西、湖北、安徽、江苏、山东、河北、北京、张家口、天津等地。走镖时镖车上插有镖局名称的镖旗,趟子手还要一路“喊镖”,一为显示镖局的名声,二为知会沿路江湖之人不要再动邪念。因当时河北沧州为武术之乡,各地镖局为表示对沧州武界的尊重,一进入沧州地面都不能再喊镖。一次广盛镖局镖走山东，路过沧州，一位新来的趟子手不懂规矩，冒然喊了镖，引得沧州武界尹玉文等三武师拦路兴师问罪。戴二闾一再表示歉意，可三武师仍是不依，一定要与之交手。戴二闾无奈，只好与他们动手过招，结果三武师均败于他的手下。自此"戴家拳"和"神拳二闾"更是名声大振，广盛镖局更是誉满天下。

道光十六年(1836)，河北李洛能慕名来到山西祁县小韩村向戴文熊求艺。李洛能一面在祁县种菜务农，一面拜在戴文熊门下习艺。李洛能在祁学艺历十载，艺成后亦随其师戴文熊保镖，后终成一代武学宗师，人称"北方神拳"。

一代镖师王正清

王正清，平遥南良庄人。清代著名武林镖师，曾与道光皇帝同门学艺，是清代北方武术界的佼佼者，也是平遥近代武术史的奠基人、开拓者。后人把平遥的王正清、祁县的戴隆邦、文水的左昌德一并誉为"华北三杰"，民间亦有"王家枪、戴家手、左二把的弹腿天下走"的说法。

王正清家境贫寒，仅读过两年私塾，因身体弱小，开始随人学武健身。清嘉庆二十一年(1816)，为生计所迫，16岁的王正清到北京谋生，住面铺以轧面为业。早晚工余，常弄枪舞剑，并以轧

同兴公镖局

面杆为枪，苦练不辍。久而久之，虽无名师指点，却功底扎实，力大过人，京师人送绰号“面王”。

一次路经前门大街，正遇一位高官的车马鸣锣开道而来，差卒见王正清躲闪缓慢，施枪便刺，正清伸手抓住，将枪一扭两断；随从又施大枪刺来，正清冉折两断。随从依仗权势，蜂拥而上。正清仅用双掌便将诸般兵器击落在地。轿内官员见状，非但不怒，反而称赞王正清身手不凡，一时在京城传为佳话。

京城武术名师刘德宽，字敬远，人称“大枪刘”，知正清的为人和武功，将正清收为门徒。三年时间，正清学得十趟腿、六趟大枪、疯魔枪等不少武艺。“大枪刘”又将正清举荐到京都武术宗师、曾在皇宫教授道光皇帝武艺的师兄贾殿魁门下。王正清深得这位贾大师的赏识。贾殿魁劝正清辞退面铺生意，愿意每年资助爱徒200两白银，倾心传授各类武技。经五年寒暑苦练，王正清学得五虎断门刀、七十二把神拿、三节鞭、春秋刀、白猿棍、虎头钩等套路，并融会贯通，技艺精深。后又拜六合拳大师常义为师，悉心学艺三年，深得拳道三昧。至此，王正清集内外两家武技于一身，成为武林全材，名震京师。

清道光十一年（1831），王正清被江西道台朱文特聘为教习。道光十七年（1837），朱文奉使河南，王正清以武艺辅佐朱文治政。当时河南地面盗贼猖獗，有一案犯屡屡作案，因武艺高强，无人敢去擒拿归案。正清仅带一个弟子深入贼穴，一举击毙贼首，为地方剪除了大害，从此名声大振，威扬河南。王正清佐朱文治政九年，使豫地境泰民安，政通人和。少林嫡传宗师海川久闻正清大名，下山与正清交手，为正清所败。从此二人结为至交，经常一起切磋技艺。后来海川宗师在少林寺为正清立碑勒石，颂其艺德。

道光二十八年（1848），王正清告别江湖，返回故里。咸丰五年（1855）在平遥城内开设同兴公镖局。保镖期间，正清仍以武会友，广收门徒，悉传技艺。以形意拳驰名的“北方神拳”李洛能，曾专程来平遥与王正清交流技艺，正清在地上走了个大步小圈，闪展腾挪之际，长辫子甩得平而直，大有雷霆万钧之力。舞动长枪，枪法精奥，一枪刺出，三个力点，威力无比，人称“凤凰三点头”。李洛能看了，深表叹服。自此双方弟子交流武技，延续多年。

王正清弟子众多，他悉心传授，代代相传，故有“平遥武术出南良”的说法。他的儿子王树茂，尽得真传，继承镖局事业到民国二年（1913）。

孟家花园与形意拳宗师车毅斋

太谷孟家，祖籍甘肃，先祖孟仲明于元代至正年间迁居太谷，以后在太谷发展壮大，成为巨商。开设有钱庄、布庄、粮店、当铺、银炉房等30余座商号，尤以银炉房熔铸的“孟合”白银以分量足而闻名。

“孙家有东院、西院，孟家有南院、北院。”这是老太谷居民常常挂在口头上的一句话。孟氏传到孟儒珍这一代，在太谷县城盖了座由正院、书房院、厨房院、戏台院、墨庄院、西偏院以及东、西两处花园的大宅院，人称“孟家花园”。光绪庚子年（1900）后，因“教案”赔款，孟儒珍被迫无偿出让北园，给太谷基督教公理会占用，作为安葬被义和团杀死的中外教徒墓地。1909年秋，铭贤学校迁来北园，校址固定下来，并不断发展扩建。现存的崇圣楼是原孟家的祠堂，崇圣楼原名天后宫，始建于清朝中叶，距今已有280年的历史，是目前山西仅存的两座天后宫之一。铭贤学校将天后宫改名崇圣楼，供奉文圣孔子。

孟家花园还是形意拳的诞生地。当时，孟家的总护院是戴家心意拳的传人李洛能。李洛能从祁县来到太谷。在太谷武林界与人切磋武艺，竟没有敌手，被人们惊叹为“神拳”。于是，被聘请为孟家总护院，并经常在孟家花园延揽武林人士，交流拳术。在此期间，李洛能发现了为太谷武家赶车的车二，认为是可造之材，便教授其武艺。东家孟孛如还为车二取名永宏，字毅斋，并主持拜师仪式，让车二成了李洛能的开门弟子。

车毅斋（1833—1914），名永宏，排行老二，人称车二师傅，太谷桃园堡人，后移居太谷贾家堡。幼年家贫，9岁丧母，12岁赴山东一边做工一边学习查拳。16岁回到太谷，在富户武柏年家赶车。先是随少林拳师武鸿圃学艺，又拜武鸿圃之师交城王长乐为师深造。咸丰六年，正式拜李

清光绪二十九年(1903),车毅斋(中坐者)与郭云深(左坐者)在太谷贾家堡车毅斋寓所合影

洛能为师,车毅斋是李洛能最得意的门徒之一。

车毅斋非常善于钻研,与师傅李洛能共同改革心意拳为形意拳,并结合其他拳路,对传统的形意拳进行大胆改革创新。在拳理上阐明“以形取意,以意取形,形随意转,意自形生”的原理;在拳法上冲破“五行生克”的观点,提出“破中可生,生之可破”的辩证关系;在练法上强调养气练气并重,横进直进并重,搏击防御并重。在技击实践中,纠正直劲多、横劲少、攻重于防的弱点,并创造了拘马拼、阴阳把、狮吞手、阴阳连环手、迂回步、箭串步等新套路,形成了“快打猛攻,乱而取之”与“引进落空,智而取之”的基本拳法。他又和大弟子李复祯一道,继续研究与改革形意拳,创编十个对练套路,使形意拳术成为内功外功兼备、单练对练齐全、实践理论皆俱并且以中国传统文化为核心的大派拳种。

李洛能在河北有个得意弟子叫郭云深,他听说山西有个车二师兄武艺高强,就一直想拜访切磋。但李洛能不许,告诫他:“不许你去山西访你的师兄,我去世后再去!”李洛能谢世一年后,郭云深前来太谷与车毅斋切磋技艺。郭云深的崩拳功夫十分厉害,尤其是半步崩拳,打遍南北无敌手。切磋中，车毅斋被郭云深的崩拳“逼”至墙角，眼看就要败于郭云深之手，瞬间人却不见了！这时，车毅斋在郭云深的背后拍拍他的肩膀说：“师弟，我在这儿。”与师弟开了个玩笑。郭云深只得心服口服，并称赞师兄：“神拳也！”

当年，车毅斋独担太谷商行保镖大业，大江南北，长城内外，足迹所至，豪杰影从，在武林中有“车二镖师行天下”之誉，太谷曹氏三多堂在东北的生意常被绿林劫掠，车毅斋亲赴东北，以高超武功折服对方，曹氏商货镖路从此畅通。光绪十四年（1888），日本剑术家、日本驻天津剑术教官板三太郎在中国摆擂台，骄横不可一世。车毅斋闻听，赴天津打擂，将设擂多日的板三太郎制服，被清政府授予“花翎军功五品衔”。

李洛能在太谷期间还收了宋世荣、宋世德、李广亨等弟子，回河北老家深州后又收了郭云深、刘奇兰、刘晓兰、贺运恒等弟子。车毅斋知名的弟子有：李复祯、李发春、白光普、王凤翙、武杰、郭琨、樊永庆、孟兴德、布学宽、刘俭、车兆俊、车兆杰、车兆烈等。其中，李复祯、布学宽授徒最多。其后，这些弟子又各自收徒传艺，使形意拳在山西太谷和河北深州传播开来，而且人才辈出，影响巨大，在中华武林中，以历史悠久、活动普及、风格独特、拳理明晰、传承有序、名家高手辈出而享誉海内外，太谷也由此被誉为“形意拳之乡”。

孟家花园原本是一座普通的花园，却在此诞生了形意拳这朵武术奇葩，后来又有铭贤学校，如今的山西农业大学依然在这里培养着一代又一代莘莘学子。

从“四喜班”到“嗨嗨腔”

戏班是戏曲艺术的专业演出团体。山西戏班大体可分为三种：一是艺人个人出资或数人集资组班，俗称内行承班；二是官绅富商出资组班，俗称外行承班；三是由乐户组成的家庭班，俗称职业班。山西戏班始于何时，尚难确考。但据《中国戏曲志》中的说法，咸丰年间，中路梆子就有四喜班了。四喜班是中路梆子成型时期的重要戏班，是由富商出资组班的早期中路梆子戏班。

四喜班是咸丰九年由榆次聂店首富王家创办的。王家明朝年间开始做生意，到明朝中期，便有了相当的实力，是山西少有的知名大户。到清朝中期，王家的商业经营到了巅峰时期，成为山西首屈一指的晋商大户。王家人非常喜欢戏曲，开始是请来票儿班，以唱堂会的形式各自取乐。为此，王家还在家门对面盖了一个戏台，戏台工艺上乘，盘龙雕凤。在皇帝至高无上的封建社会，民间雕龙是要杀头的。王家不仅戏台雕着龙，还修建了一座雕着二十多条龙的雕龙院，据说是王家向朝廷捐了几十万两银子，当朝御批准建的。王家有了戏台，先办起了自己的票儿班，逢年过节一天三开戏，王家人也时有上台与戏班同台娱乐的，但当时唱得大多是蒲州梆子。

到了咸丰年间，当时王家的掌门人，是个非常喜欢戏曲的财东。他经常看戏，也时常化了妆上台娱乐，长年累月滚泡之中，对戏曲有了一

晋剧名家牛桂英、郭凤英等人共贺晋剧耄宿王永年先生寿辰

些了解，便想创建符合自己家乡口味的戏曲。为了尽快实现这个愿望，他派出三路人马去筹备，第一路是去苏州订置行头；第二路是去蒲州请有经验的老艺人；第三路是去太原一带请当地的器乐名师。在年底封了戏箱后，让各路名艺人住在家里，管吃、管穿，让他们对蒲剧、秧歌、皮影等当时流行的民间艺术曲谱、戏词进行研究改进，兼收并蓄创建符合晋中当地口味的新剧种。各路老艺人在王家开始了紧张的研讨、改革和排练，只用了三个月的时间，具有新唱腔、新格调、新特点的雏形剧种就形成了。王财主非常高兴，认为：社会平稳是一喜；上下和睦是二喜；身体康健是三喜；新剧初成是四喜。新戏班就定名为“四喜班”[①]。同时，为了与南边的蒲州梆子有所区别，新的剧种就叫做中路梆子。

据《中国戏曲志》记载：“四喜班经过一冬的排练，于咸丰十年春节在聂店露演，正月初八在榆次城内亮戏，观者如堵。”据说，榆次的戏还没有演完，上门写戏的已经络绎不绝，最后是太谷县捷足先登，与四喜班签订了正月十五太谷城内的灯节戏。太谷县的灯节历来就是周围府十县的头一份，每年灯节期间，人们从周围各县赶来，从十里八乡聚到城里，走亲访友，观灯看戏。四喜班的到来，为这一年的太谷灯节增添了无限风采，也进一步扩大了四喜班中路梆子改革成功的影响。在太谷三天灯节唱了个红火，接着倒台到祁县又是三天，人们一传十，十传百，沿路盛誉载道。四喜班从榆次唱到太谷、祁县，又从东山唱到西山，再唱到汾、平、介、孝等汾八县。走一处响一处，唱一方红一方，一举轰动了整个艺坛。观众和戏迷连演连看，场场不误。有的戏迷甚至跟着戏班到处跑，演到哪里看到哪里。

当时的四喜班财大气粗，演员阵容强大，行头华丽漂亮，加之演员做戏认真，台风正规，技艺出众，剧目繁多，可以说是红极一时。时谣：“四喜班，有好戏，秃红秃丑盖陕西；人参娃娃大嘴丑，后边跟着一杆旗；京大花脸唱得好，京二花脸福喜喜；饥了吃的大碗肉，渴了喝的一条鱼。”这里说的：秃红、秃丑、盖陕西、人参娃娃、大嘴丑、一杆旗、京大花脸、京二花脸、福喜喜、大碗肉、一条鱼，都是四喜班名角的艺名。从这几

①关于四喜班的定名，还有一说是因王家有“四达堂”“青云堂”“大德堂”“禄寿堂”四堂而取的。

句民间对四喜班的评价看，可以想象四喜班当时在社会上的影响之大。

由于四喜班的改革成功和观众的高度认可，很快，榆次北山的煤窑主和祁县的富商也办起了黑店班和三庆班等中路梆子班社，中路梆子在晋中一带很快发展壮大，流行开来，在各路班社的竞争中，他们对中路梆子的板式、唱腔、剧目等进行了一系列的改革，推动晋剧走向成熟，众多的晋剧班社还培养出了一大批晋剧名家，如："说书红"高文翰和他的"高门九英"、"南关黑"肖亮、"灌肠红"李锦云等等，都是晋剧发展的有功之臣。到解放初期，群众公认的晋剧名家丁果仙、牛桂英、郭凤英、程玉英、冀美莲等都是晋中大地培养出来的。这里要特别讲讲走出去唱响全国的郭兰英和留下来独树一帜的程玉英。

1929 年，郭兰英出生在平遥县一个穷苦家庭。六岁开始学唱晋剧，七岁在太原开化寺戏园初次登台，由于扮演角色唱作俱佳，在戏曲表演方面初露头角。1946 年，在张家口演出时，从观看八路军文工团演出的《白毛女》中受到教育，在党组织的帮助下，毅然告别晋剧舞台，参加了华北联合大学文工团，开始从事新歌剧事业。随后，演出《白毛女》《血泪仇》等歌舞剧，受到老百姓的欢迎。1949 年，随中国青年代表团参加在匈牙利举行的第二届世界青年学生和平与友谊联欢节，演唱《妇女自由

平遥籍歌唱表演艺术家郭兰英

歌》获奖，为新中国的成立献出一份厚礼。

新中国成立后，郭兰英在《白毛女》《刘胡兰》《春雷》《红霞》《小二黑结婚》《窦娥冤》等新歌剧中，创造了喜儿、刘胡兰、满妹子、红霞、小芹等一系列生动的艺术形象。她演唱的歌曲《南泥湾》《绣金匾》《妇女自由歌》《我的祖国》《北风吹》《人说山西好风光》《海风阵阵愁杀人》《清粼粼的水蓝盈盈的天》《敢叫日月换新天》等等更是受到广大民众的欢迎，在全国流传很广。郭兰英演艺精湛，嗓音甜美，音域宽阔，吐字清晰，行腔富于韵味，具有浓郁的中国民族歌唱特色，为中国民族新歌剧和现代民歌演唱艺术的创立与发展做出了开拓性、历史性的重大贡献。

“能叫跑的丢了鞋（方言音“孩”），不要误了程玉英的嗨嗨嗨”。这是老百姓对著名晋剧表演艺术家程玉英喜爱程度的真实写照。1920 年，程玉英出生在平遥的一个没落家庭。10 岁时，拜晋剧艺人“说书红”高文翰为徒，工须生。13 岁随班进京演出，应急救场，饰演《忠报国》剧中的李艳妃，遂改工青衣。16 岁时，在师傅的帮助下，她对晋剧中原有的行腔进行了大胆改革，创造出了单用一个“嗨”字的“嗨嗨腔”，并使之在晋剧唱腔中正式定型和程式化，成为独树一帜的程派声腔体系。从此以后，在她八十年的舞台演艺和教学生涯中，以其独特婉转的“嗨嗨腔”和精湛俏巧的表演艺术，创立和形成了群众喜闻乐见的“程派”艺术，在晋阳大地、汾河两岸的晋剧艺坛上独树一帜。这里的百姓说“宁可误了吃饭，也不能误了程玉英的《情探》”，这就是程玉英表演艺术深入人心的民间见证。

“嗨嗨腔”，婉转动听、千回百转、活泼跳跃、韵味无穷，经过多年的锤炼，“嗨嗨腔”早已成为“程派”艺术最有特色、最具代表性的精华；“嗨嗨腔”早已发展成特色鲜明、声情交融、群众喜闻乐见的戏曲流派。著名戏剧评论家翁偶虹称：“程玉英的程腔，大可与程砚秋的程腔并列媲美。”

情是“程派”艺术的生命和灵魂。程玉英的舞台艺术，都是以真动情、动真情、以情感人、以情塑人而享誉剧坛。她的“嗨嗨腔”绝不仅仅是晋剧声腔艺术上的一次革新，她那“气满丹田、饱吸深呼、拖腔贯底、再登绝处”的“嗨嗨腔”，为她所饰演人物的性格塑造，提供了丰富多变、抒情传神的广阔空间。依仗着“嗨嗨腔”便于抒发表达人物情感的特点，程玉英在舞台实践中，用“嗨嗨腔”以声传情、以声动人，运用声腔的节奏

晋剧表演艺术家程玉英

快慢、高低情绪，唱出了不同角色、不同年龄、不同人物的思想感情和性格，塑造出了一个又一个多姿多彩的舞台人物形象。一连串的“嗨嗨嗨”，嗨出了剧中人物的喜、怒、哀、乐，嗨出了水淋淋、情切切的拖腔韵味儿，嗨出了剧中人感情的波涛起伏，使人物的思想感情能够发挥得淋漓尽致。而这种情感的宣泄，又是那样贴切自然、富有韵味，一阵抑扬顿挫的“嗨”过之后，观众的情绪随着剧情达到高潮，一个个挥之不去的感人艺术形象留在了人们的心中。

“程派”艺术的“嗨嗨腔”，经过程玉英数十年的不断实践，不断探索，扬长避短，千锤百炼，走过了创立、发展、成熟的几个阶段。她的弟子、全国戏剧“梅花奖”获得者王万梅，在继承学习“嗨嗨腔”上卓有建树，有“小程玉英”的美称。以王万梅、李桂香等为代表的一大批弟子们，薪火传承，推陈出新，使“嗨嗨腔”的声腔艺术又达到了一个新的高度。“嗨嗨腔”，是晋剧史上一枚光华四射的晶玉瑰宝。

世界文化遗产——平遥古城

平遥古城于 1997 年列入世界文化遗产名录，联合国教科文组织世界遗产委员会评价："平遥古城是中国汉民族城市在明清时期的杰出范例，平遥古城保存了其所有特征，而且在中国历史的发展中为人们展示了一幅非同寻常的文化、社会、经济及宗教发展的完整画卷。"

平遥城最早叫尧城，后叫平陶城。北魏太平真君年间（440—451），因平陶之"陶"同魏太武帝拓跋焘之"焘"同音，有犯圣讳，"平陶"从此易名为"平遥"。

平遥也是舜帝活动过的地方，舜帝曾在此耕稼劳作。平遥还是汉文帝为代王时的都城。现在的平遥城修建于明朝。明初，蒙古俺答部落常来山西中部侵掠骚扰。洪武三年（1370），在旧墙垣基础上重筑扩修，并全面包砖。以后景泰、正德、嘉靖、隆庆和万历各代进行过十次的补修和修葺，更新城楼，增设敌台。康熙四十三年（1704）因皇帝西巡路经平遥，而筑了四面大城楼，使城池更加壮观。

平遥是县城标本，文化宝库。平遥古城的规划与设计完全依照了中国传统文化中最重要的"礼制"与民间礼俗。城方 3 里，大至整个古城区，小至四合院落，处处体现出"天人合一"的思想。民居遍布全城，主要街道两旁店铺林立，现存街道民居基本保持着明清时期的历史原貌。四大街、八小街、七十二条蚰蜒巷，犹如龟背纹图，构成了城内四通八达、井然有序的通行网络，体现了中国古代"筑城以卫君，造郭以为民"的造郭围城原则，充分反映了中国传统的封建等级思想和正统的礼制观念。

平遥古城是一座龟城，以六座城门象征龟的肢体，南门为龟首，南城城外两眼井为龟眼，北门为龟尾，东西四门象征它的四肢。这只巨大的神龟，眼望着横在面前的柳根河，头朝东摇，尾向西摆，南城门置城墙东南，北门瓮城西北角为钝角呈卷曲状，南北大街错落呈"S"形曲线，四

平遥古城下西门城楼

肢弯曲呈爬行状，用力使前胸呈弯曲状，所以南城墙为蜿蜒曲线。聪明的平遥人，不想让神龟带走吉祥如意的风水。于是在下东门外修了关城，把神龟因挣脱拉直的一只脚(东西四座瓮城里外门皆呈 90° ，唯下东门是直线的)死死套住，又用绳索系在了城东 12 华里的麓台塔上。其实，从风水学的角度，平遥古城的南边是柳根河，南城墙随其形蜿蜒而筑，南城门作为龟首，按寻穴“点龟形，气在肩，团鱼生气在裙边”，南大门正好安放在龟的肩部(南城门与南大街偏东错开)，南大街为龟的脊梁，与北大街交错呈“S”形曲线，使神龟具有活力，意让平遥人民生机勃勃，延绵千秋万代。

平遥古城文物古迹星罗棋布，举目皆是。现有全国重点文物保护单位 19 处，平遥县衙是封建时代的吏治标本，古民居至今保存有 3797 处，其中有近 400 处非常完整，体现了典型的中国明清时期北方民居建筑的风格和特点，是中国明清时期民居建筑的荟萃中心之一。院落结构和造型与皇家的屋宇框架十分相近，有“小北京”之称。这些民居建造精良，多为严谨的四合院形式，轴线明确，房舍对称，主从有序，尊卑分明，

平遥古城北城门楼

平遥古城楼

外雄内秀。其他文物古迹，数以百计的各类碑刻，至今保存完好的诸如古代琉璃、水陆画、纱阁戏人、木雕神像等，均属于中国古代文化中的珍宝，是中华民族灿烂文化的载体，折射出古代文明的熠熠光彩，实为全国县级城市中所罕见，是研究中国古代政治、经济、历史、文化、宗教、建筑、书法等十分宝贵的资料。

平遥钟灵毓秀，人才辈出。西周尹吉甫，点将驱猃狁。战国出廉颇，卓立千古名。刘恒汉文帝，七岁都中都。刘启汉景帝，生于古中都。西晋文学家孙楚，才藻卓绝。东晋玄言诗人孙绰，博学善文。东晋史学家孙盛，不畏权势名扬天下。金末元初，统兵元帅杜丰、梁瑛，百战百胜，为元朝统一大业屡建奇功。元末明初，开国元勋刘基，清廉正直，博通经史，辅佐朱元璋开创明朝社稷。清代商人雷履泰，首创全国第一家票号——日升昌……人才济济，数不胜数，他们共同成就了平遥人文历史上的璀璨星空。

平遥又是贸易重地，金融中心。明代中叶时，晋商足迹已遍布全国。

到清代乾、嘉年间，以平遥商帮为劲旅的晋商已称雄大江南北，平遥古城“迩来商贩云集，居奇罗珍增前数十倍”，大宗项的批发、运销、中转业务兴旺发达，各种货物源源不断运进古城，又直接发往省内外，使平遥古城成为晋中最大的商品集散地，有“填不满、拉不完的平遥城”之说。

道光二年（1823）票号日升昌在平遥创立，使平遥古城成为中国近代银行业的诞生地和发育成长的摇篮。之后不久，票号如雨后春笋般在平遥古城出现，并逐渐形成了在国内影响甚大的平遥、太谷、祁县三大票帮。先后成立的平遥票号总数达 22 家之多，占全国票号总数的五分之二。这些票号在平遥古城内设总号，在全国 70 多个城镇码头设立分号 400 余个，承揽了全国各地上至官银、税赋、军饷，下至商号店铺资金及个人私银的汇兑、存放的大部分业务，成为叱咤商界、称雄金融界的山西票号的主流，也使平遥古城成为中国最大的金融中心。

平遥宗教文化历史悠久、信仰多元、艺术高雅、顺应社会。儒、释、道和谐地融在了一起，庙、观、寺、庵各领风骚又相融相衬。双林寺、镇国寺、文庙、利应侯庙、财神庙、清凉寺、慈相寺、金庄文庙、清虚观这些佛、道、儒三教建筑完整保存。建于北魏熙平年间（516—518）的超山百福寺，建于北魏普泰元年（531）以前的永城村清凉寺，初建于唐显庆二年（657）的大型道观“清虚观”，北宋皇祐二年（1050）由皇帝改赐的“慈相寺”（原名“圣俱寺”），曾是华严宗寺庙的梁壁村的显庆寺，始建于乾隆四十七年（1782）位于古城太和门内的天主堂……这些，足见平遥古代宗教文化历史之悠久、信仰之多元。

平遥武道源远流长。周卿士尹吉甫，设兵以御寇，教民以武。五代侯益因精通拳术，被晋王李克用收入麾下，后随庄宗李存勖进攻后梁，在攻城略地中屡建奇功，被拜为三城节度使，后又被封为同平章事，授相印。其故里——平遥也被赐名“将相乡勋贤里”。元代的平遥梁官村人梁瑛，官至都督，善骑射，勇力超人。清代以来，票号业兴盛，镖业发达，南良庄人王正清开设同兴公镖局，与其子王树茂设场授徒，传教武艺。现在平遥境内广为流传的拳种有 20 多种，套路多达 400 余套，其中最有影响、最为普及的长拳就是王正清引入平遥的。

平遥古城不仅是中国，而且是世界文明发展史上的一颗耀眼明珠。

东方彩塑艺术宝库——平遥双林寺

平遥双林寺彩塑名扬海外，素有“古代雕塑博物馆”之誉。双林寺位于平遥县城西南六公里的桥头村，原名“中都寺”。创建年代很早，最早在北齐时就进行过重修。从北齐算起，到现在也已经一千四百多年了。宋代，中都寺改名双林寺，取释迦牟尼“双林入灭”之意。宋以后，寺院屡废屡修，现在的双林寺是明代和清代建筑。

双林寺坐北朝南，沿中轴线坐落着三进院落，由十座殿堂组成。前

平遥县双林寺

院有释迦殿、罗汉殿、武圣殿、土地殿、阎罗殿和天王殿；中院为大雄宝殿和千佛殿、菩萨殿；后院有娘娘殿和贞义祠。

天王殿廊檐下塑有四大金刚，每尊高约三米，一字排开，这些佛的护法力士形象已经突破了一般金刚凶恶可怖的造型程式，采用了写实的造型手法，加上空间宏大的架势和大块的形体，使人感到他们具有人间武士的亲近感，同时又具有“力拔山兮气盖世”的英武气魄。他们两臂撑开，一腿抬起，既拉开了架势，又打破了静坐的僵化格局。山门距天王殿本来距离不远，进得山门，迫使观瞻者不得不抬头仰视。这一来，显得金刚顶天立地，气概非凡，大有叱咤风云、翻江倒海之势。四大金刚同是佛国世界的护法天神，但古代匠师们却利用不同的眼神刻画分别赋予他们不同的性格特征。他们那震撼山岳、气吞星斗的奔腾大势，使我们强烈地感受到了金刚形体中迸发而出的超人的巨大力量，但他们那传神的双目，写实与夸张巧妙结合的面部表情，并不像一般寺庙的塑像那样凶神恶煞，让人感到恐惧。令人称奇的是，人们从一进入山门到登上天王殿台阶，无论在通道上哪个位置，都能和其中一金刚目会神遇。古代工匠巧妙地借助塑像眼神的刻画，拉近了金刚同观看者的距离，极大地增强了金刚咄咄逼人的艺术效果。

天王殿内，天冠弥勒菩萨结跏居中而坐，帝释、梵天胁侍左右。南墙倒坐四大天王，北墙两侧是八大菩萨，殿中塑像风格都较写实，人物造型生动。

释迦殿内，释迦牟尼正中高坐，左右胁侍文殊、普贤。殿内采用了连环壁塑的形式，四壁运用圆雕、高、浅浮雕手法，分层结合，连环壁塑和悬塑相结合，塑造出了释迦牟尼一生的故事。二百多尊人物形象身份不同，神态各异，活动于建筑、山石之间，构思构图绝妙，令人叹为观止。释迦殿影壁墙后塑一尊渡海观音像，是双林寺彩塑中的精彩之作。观音用圆雕手法塑造，单腿盘坐于红色莲瓣之上，整个身形突出壁外，神情安详自若，与背景上波涛汹涌的海浪形成强烈对比，具有静中有动的艺术效果，观者无不称奇。双林寺罗汉殿内塑十八罗汉，是难得的艺术珍品，他们约与真人等高，分塑于观音两侧。这些罗汉比例适当，解剖准确，形体厚重，造型优美，一个个神采奕奕、颇具个性。古代艺术大师运用纯熟的传统彩塑技巧，使这些罗汉塑像达到了呼之欲出、若闻其声的艺术境界，被人们称之为“神品”。怎样把罗汉的佛性和塑性塑造的完美统一，古代匠师们颇动了一番脑筋。十八罗汉的题材本身就是佛教的内容，这是所谓的佛性；但由于罗汉地位低微，十分接近人间，工匠们反而对之偏爱而倾注了更大的创作热情。在他们身上，突破了宗教的拘囿，更加注重了塑性的发挥，观之使人备感亲切、似曾相识。由于他们形象本身的典型性和丰富性，甚至被人们分别起了富有浓厚生活气息的中国式名字，如降龙、伏虎、多言、英俊、养生、迎宾、长眉、讲经、醉罗汉、哑罗汉、病罗汉、静罗汉等等，而他们本来的佛名却反而鲜为人知。尽管有宗教题材的限制，但工匠们发挥自己的想象力，在有限的特定空间内给他们安排了生动的戏剧性动作和表情，透出一种喧闹、幽默气象，观之使人忍俊不禁，浮想联翩。十八罗汉身上显然塑性大于佛性，因而他们的形象更加接近生活真实，也就富有更大的艺术魅力，这大概是这些艺术神品之所以至今还吸引我们的重要原因之一。

后院东侧的千佛殿，面宽七间，殿内彩塑达五百余尊。主像为自在观音，面相恬静妩媚，姿态舒畅自然。左右侧塑韦驮和夜叉立像。韦驮像极富个性，武中蕴文、颇具动势，是明代彩塑中少见的艺术杰作。殿内四周为悬塑和壁塑，五百菩萨分为五至六层，或驾祥云、或骑异兽，与主像联系照应，浑然一体。窗台和门两侧还塑有供养人像三十多尊，这些塑像造型非常写实，他们的衣冠饰物是研究明代服饰发展演变的珍贵资料。双林寺彩塑小中见大，主从有致的布局特色在千佛殿中得到了充分体现。观音菩萨正中高坐，体量最大；下边韦驮、夜叉护立两旁，体量次之；后面壁塑五百菩萨，数量最多，体量最小。整个殿中，结构清晰简洁，重点突出，表现了佛国世界的森严等级。

千佛殿内的韦驮像，在全国同类题材的作品中可谓之精品。海内外学者交口称誉，说他刚中有柔、武中蕴文、威而不悍、机智勇猛、浑身是力、身如强弓等等。概括地讲，主要是双重性格的深入刻画，夸张变形的身躯表现力度和面部表情的高度传神。这些因素相辅相成，共同构成韦驮像的艺术特色，使这个人物具有个性特征而活了起来。另外，韦驮静态中所表现出的动，即不动之动，也是韦驮像取得气韵生动达到传神的效果，在艺术上获得巨大成功的重要原因。由于是寺庙中的圆雕，观赏的最佳视点被巧妙地安排于一进殿门的位置，这既是由于当时宗教活

平遥县双林寺彩绘

动的形式所限,也符合人们的观赏习惯。从这里看韦驮像的构图,其身体重心基于左足,下肢朝前站立,从腰部开始,由头带动整个上体躯干向右侧扭曲。这种扭曲程度,已极大地超出了人体生理所允许的限度,很像一节麻花。但人们从整体气势观看,这种违反人体解剖结构的姿态,不仅丝毫没有一点不舒服的感觉,相反却从这种艺术夸张变形之中,感到一种强大的力度和动势。这是由于一条从头到脚贯穿于韦驮全身的S形曲线所表现出来的,这条曲线极富弹力和流动感,构成了韦驮身体动态的主轴线。加之韦驮身上的飘带萦绕飞舞,本身就是大的曲线,从视觉上也加强了动势。韦驮右臂握拳下垂,肘部向外侧伸出,让人感觉肌肉紧张,充满力量;左臂抬起,同右臂形成对比。韦驮整个身躯外轮廓构成一个略带倾斜的三角形,这个三角形由左手、右手肘部和足部三个突出点形成。由于这个锐角三角形的顶点在下部并呈现出倾斜状态,给人心理上造成了一种微妙的不平衡和不稳定感,也增加了这尊塑像的活力和生动感。

菩萨殿在中院西侧,与千佛殿相对,主像千手千眼观音结跏居中而坐，仪容丰满端庄，神态温柔隽逸，手势千变万化，塑造得十分纤巧而富弹性。如果不是背后伸出许多胳膊，真会使人把千手观音看成一个人间的美丽娴雅、雍容大度的少妇。四周悬塑四百多菩萨，皆脚蹬彩云，作行进状，大有衣纹飘动、满壁生风之感。这众多的形象，艳丽的色彩，生动的造型，构成了一座古代雕塑艺术的殿堂。

双林寺中至今保存完好的2052尊明清彩塑，继承了我国唐代以及宋、辽、金、元彩塑的优良传统，具有高度写实的风格，是我国明代塑像中的佼佼者。这些彩塑形神兼备，艺术价值极高，是文物中的瑰宝，艺苑中的奇葩。

介休后土庙及介休琉璃烧造

介休是中国古代建筑琉璃之乡，到处都保存着历史上遗留下来的琉璃建筑物。介休后土庙的琉璃艺术就是介休烧造琉璃的杰出范例。后土庙在古城区西北隅的庙底街。这是一组规模庞大、气势恢宏的全真派道教古建筑群。庙内现存石碑记载，说后土庙创建年代久远，大约在魏晋南北朝时期就有了，距今至少也有1500多年的历史了。介休后土庙是我国目前规模较大的、保存最为完好的王宫帝阙式庙宇，现存建筑为明洪武至清道光年间的遗物。

庙宇是坐北朝南，纵向双轴南北合围的布局。殿阁壮丽，规模宏伟。西侧为主轴线，自南而北布置着影壁、天王殿、护法殿、献殿、三清楼、后土圣母殿。在轴线以东，还有吕祖阁、关帝庙和土神庙，各庙前都有一座戏台，连成一体，保存完整。

庙内主体建筑三清楼，是庙群中脊顶最高、结构也最为复杂的建筑。楼建于明正德十四年（1519），高15.2米。下面为三清正殿，上面为三面围廊的三清楼。因为其造型奇特又是道教内容的建筑，人们称之为八卦楼。楼的背面又是后土庙的戏台，是一组集殿、台、楼三位一体的崇楼合体建筑。三清楼三重檐十字歇山顶和后土庙戏楼重檐歇山顶巧妙衔接，呈现出重檐反复、结构多变、繁华复杂、令人莫测难辨的艺术建筑结构，可以说是古建筑当中的精华，明清建筑史上不可多得的杰作。殿内正面塑三清圣像，两侧是四御、二侯像。这些塑像神情端庄肃穆、比例适度、线条流畅。我国寺庙当中保存下来的彩塑多为佛教内容，而道教内容的塑像已不多见，尤其是像介休后土庙东西配殿的《万圣朝元》明代彩塑群雕如此大规模的，更是少有。这些彩塑不仅囊括了所有道教崇拜之神，更是以壁塑的形式立体地展现出道教众神朝拜他们的至尊之神“元始天尊”的现实情景。其人物塑造惟妙惟肖、洒脱飘逸，所塑造的道天境界使人如临其境，更具艺术价值，是极为罕见的古代道教彩塑艺术的经典作品。

介休后土庙明代塑像

三清殿背后面是后土庙的戏楼，左右开重檐悬山顶，八字形影壁，中间设置抱厦。舞台台面虽高，但仍低于三清阁楼，用这种办法来解决“乐在上而神在下”的矛盾，取得了很好的效果。

三清楼后是后土庙的大殿。大殿面宽五间，重檐歇山顶。两旁有东西朵殿各三间，单檐悬山顶。令人称奇的是，只有在皇宫里才能看到的全黄色琉璃覆盖屋顶的作法，不知为什么也出现在后土庙的大殿上。细究历史，这其实并不费解，司马迁在《史记》中多次记载汉代皇帝到汾阴祭后土，皇帝更懂得“厚德载物”的道理，因此允许后土庙使用只有皇家才能用的全黄色琉璃。

后土庙建筑艺术的精华，还在于这组建筑的所有屋顶都覆盖有彩色的琉璃饰件。庙内大到三清楼高耸的鸱吻、楼阁、开合仰俯的莲花脊筒以及后土大殿脊顶反映大地山河之秀的琉璃脊饰，小到仙人走兽、悬

鱼惹草、博风板上精雕细刻的老鼠、葡萄以及影壁心上各个活灵活现的麒麟，可谓无一不精。其造型优美、釉色纯正、做工精致，装饰衬托出了后土庙古代建筑群的富丽堂皇和庄重典雅，素有“三晋琉璃艺术博物馆”之美誉。

介休从什么时候开始烧造琉璃，已无处可查。我们只知道早在元代的时候，介休琉璃匠师就走出介休，向外输出。到了明代，介休琉璃匠师更是人才辈出，外迁者更甚，平遥东泉镇百福寺、文水县马村洪福寺、灵石县苏溪村资寿寺、汾阳市南关关帝庙等建筑屋顶都有介休琉璃匠人留下来的题记。他们最远到达了辽宁省海城市的缸窑岭村。考古资料表明，缸窑岭村皇瓦窑的创始人就是来自山西介休的侯氏家族。“明万历三十五年（1607）自介休贾村移来，至清顺治元年（1644）始设琉璃窑烧沈阳故宫大政殿以及昭陵、福陵、永陵等各处琉璃。” “关外一宫三陵”

介休后土庙

介休后土庙麒麟闹八宝影琉璃壁心

琉璃构件的巧妙运用及介休匠师的烧造艺术水平令世界瞩目。这些琉璃构件历经数百年的风雨沧桑，依然流光溢彩，充分展示了我国明清之际高超的琉璃烧造技术。皇瓦窑作为明末清初琉璃制造业的特例，代表着当时我国琉璃烧造的最高水平，作为研究古代官窑的典型之一，其窑址的工艺价值、文物研究价值都有着特殊的地位。介休琉璃匠师侯氏家族在我国琉璃烧造史上不仅有着重要的地位，更为介休的琉璃烧造写下了浓墨重彩的一笔。

祆教与介休祆神楼

祆教，本名琐罗亚斯德教，是流行于古代波斯（今伊朗）及中亚等地的宗教，中国史称祆教、火祆教、火教或拜火教。祆教是公元前6世纪初由波斯人琐罗亚斯德创立的，首先在波斯的大夏（今阿富汗一带）流行，公元前6世纪中期大流士一世时成为波斯帝国的国教。公元前4世纪，马其顿王亚历山大征服波斯帝国后，祆教一度被继承，后渐又废弃，祭坛圣火濒于熄灭。公元226年，波斯人推翻了异族统治，建立了萨珊王朝，祆教又被提升为国教，恢复祭司特权，搜集整理经典，建庙兴祠，兴盛一时。

介休祆神楼戏台

介休祆神楼

祆教在6世纪初传入中国，并受到上层支持，北魏、北齐、北周以及南梁的皇帝带头奉祀。唐代设官专司其教，祆祠庙宇兴建于京城乡野，祆教进一步流行。当时，祆教的活动情况散见于《大唐西域记》《往五天竺国传》《经行记》《酉阳杂俎》《唐会要》和《唐书》等古籍。据记载，唐高祖武德四年（621）即置祆祠，管教之官府称萨宝府，官职分为萨宝祆正、祆祝、率府、府吏等，主持祭祀，品阶为四品至七品不等，也有流外四、五品。唐武宗会昌五年（845）灭佛，祆教受到沉重打击，宋代有所恢复，祭祀祆祠曾为国家官方祀礼的一项内容。《宋史·礼志》记载，宋太祖建隆元年（960），太祖平泽潞时祭祆庙、泰山、城隍；又宋真宗大中祥符二年（1009）天旱，曾遣官祀祆祠、城隍。元明之后，祆教亦有所延续，但仅为余绪。

祆教传入中国后虽曾受到历代统治者的朝拜，并且敕封建过祠庙，但也经历了北周武帝、唐武宗、明世宗、清圣祖等统治者除碑、毁淫祠妖庙的诸多磨难，当年的祆祠、祆庙多被拆毁，碑碣几尽无存。祆教的遗迹只能从敦煌壁画、太原隋虞弘墓以及西安、洛阳一些古代墓葬中觅得丝丝信息，因而蕴含宋代祆教建筑遗韵的介休祆神楼更显弥足珍贵。

祆神楼，位于介休市顺城关大街，是一处平面呈凸字形的复合式建筑，既是北向对面三结义庙的山门和乐楼，又为顺城关大街的过街楼。底层是南北走向的山门，突出部分为东西走向的过街楼，二层是乐楼。楼高25米，总深20米，占地271平方米。其中，乐楼面阔5间，进深4间，周围露廊；过街楼部分面阔进深都是3间。主体建筑为三重檐十字歇山造结构，加上一、二重檐之间的平座，共四层。过街楼部分为东西南三面的平座和二重檐之间出十字歇山造的抱厦。屋面均为琉璃剪边，玲珑生动，金碧辉煌，与运城市万荣县的秋风楼和飞云楼并称为“三晋三大名楼”。

祆神楼对面的三结义庙原本为祆神庙，民间俗称玄神庙、元神庙，[①]大约建于北宋仁宗（1023—1063）时期。北宋初期在统一中国之后，结束了五十多年的战乱局面，人民得以休养生息，经济有了很大发展，市场

①介休方言中“祆”、“玄”同音，讹为“玄神庙”；清代地方志因避康熙玄烨名讳，“玄”改为“元”，名“元神楼”。

活跃，城市繁荣，政治、文化、宗教也得到相应的发展，祆教文化也有了立足之地和发展的空间，特别是由于波斯商人大量聚集在汴京，祆祠就成了波斯商人聚会的场所，不少城市又兴建了祆祠、祆庙。庆历八年（1048），介休籍枢密副使文彦博征贝州王则的弥勒教起义大获全胜。在此过程中，文彦博在依靠军事力量的同时，还凭借了祆教的信仰。至和二年（1055）文彦博被授予昭文馆大学士，拜同中书门下平章事，封潞国公。之后，文彦博的家乡不但建起了文潞公祠，还建起了祆神庙，庙前就是极其华美的祆神楼。清嘉庆十九年（1814）重修《介休县志》卷十四《杂志》云："祆神庙：相传潞公未第时，祆狐现形，曰'公后必大贵，愿朝夕供洒扫'，未几潜踪。及征贝州王则，复现形助战，赖以奏凯。公感其义，建庙祀之，榜曰'元神庙'。"三结义庙献亭现存清康熙十三年（1674）《重建三结义庙碑》记载："介邑之东关，有三结义庙……盖宋文潞公特为祆神建耳。其规制之壮丽，气象之峥嵘，称一方巨观焉。"明嘉靖十一年（1532），明世宗朱厚熜诏令毁天下淫祠妖庙，祆神庙也在诏毁之列。时任介休知县王宗正提出"废邪神必须崇正神"，遂将祆神庙改建为三结义庙，从而使这座古建瑰宝得以保存。

祆神庙于清顺治十六年（1659）四月初八日毁于火灾。《介休县志》卷十四《杂志》记载："祀事既毕，漏下二鼓，烈焰频发，竟成焦土。"此后，祆神庙于顺治十七年（1660）重建，清康熙六年（1667）至十三年（1674）重修，乾隆年间又新建了献亭，嘉庆十九年又重修。现存的祆神楼是清康熙时期重修的，乐楼屋面狮驼瓶下有"康熙六年琉璃匠"题记。

祆神楼琉璃屋脊装饰有西域波斯风格的"畏兽"形天神和莨菪纹样；斗拱装饰所见有体现祆教动物崇拜的角形天神图像，木枋上有"异兽"头像。这些，都显示了宋代祆神庙的若干踪影，说明祆神楼、祆神庙虽屡经重修，仍以宋代原木雕、琉璃装饰为原型，留下了珍贵的祆教建筑文化遗存。

第七章

旧世已矣 新风来兮

（晚清与民国）

概述

民国元年(1912)5月，废府级建置，改州为县。辽州改为辽县，乐平复置县。境内设榆次、太谷、祁县、平遥、介休、灵石、寿阳、乐平、和顺、辽县、榆社11县，直属于山西省管辖。民国2年(1913)，省下设道，由道辖县。境内除灵石县属河东道(治今运城市)外，其余10县皆归冀宁道(治今阳曲县)辖。民国3年(1914)4月17日，因与江西省乐平县同名，乐平改名昔阳县。

清末到民国初年，中国社会发生了剧烈变革。义和团运动、武昌起义、辛亥革命、军阀割据等重大历史事件风云激荡。晋中的历史也紧随着中国变革的大潮风起云涌。从晋商辉煌数百年中走出的精英们，以他们的爱国热情和报国志向，在晋中大地上倡导实业救国，建立民族工业，组织“保矿运动”，为山西的发展做出了不可磨灭的贡献。这一历史时期的晋中产生了诸多名人、要人：南京政府行政院副院长兼财政部长孔祥熙，戎马一生的爱国将领赵守钰，辛亥斗士何澄、李成林，中国最早组练统率近代陆军第一人张彪等等，他们都以卓尔不群的方式定格在历史的记忆中。

保矿运动中的晋中商民

清光绪三十一年(1905),山西发生了震惊中外的“保矿运动”,起因是英国福公司勾结清卖国官员购买了山西矿权。在“保矿运动”中,以渠本翘为代表的晋中商界精英发挥了至关重要的作用。

早在光绪十二年(1886),意大利人罗沙第以考察中日战争为名,窥察了山西矿产资源,开始酝酿掠夺山西煤矿的计划。随后,由他组织英意资本家出资,在英国伦敦注册成立联合公司,称为“福公司”。同年在北京设立办事处。清光绪二十二年(1896),山西巡抚胡聘之奏准设立山西商务局,把铁路建设、矿藏开采以及机器厂局设立的权力集中于官府。第二年,他向法国借款4000万法郎,修建石家庄到太原的正太铁路。同年,山西候补知府刘鹗等出资成立晋丰公司,并获得独自办理盂县、平定、潞安、泽州所属矿务的权力,晋中寿阳、昔阳两县的矿务始由晋丰公司管理。晋丰公司与福公司签订了《请办晋省矿务借款合同》和《请办晋省矿务章程》,约定开采期限为60年,取得了盂县、平定州(包括寿阳及阳泉)、泽州(今晋城)、潞安府(今长治)所属的煤铁矿产开采权。后又增加了平阳府所属煤矿、铁矿以及山西其他一些煤铁矿的开采权。法国则攫取了正太铁路修筑的整个路权。

为此,社会各界、学生以及普通民众以上奏、游行等各种方式表达了强烈的反对。迫于压力,清政府罢黜了胡聘之,将山西矿权交涉事务交由总理衙门办理。在清政府总理各国事务衙门的主持下,山西商务局与福公司于清光绪二十四年(1898)5月修订了原合同,改名《山西开矿制铁以及转运各色矿产章程》二十条。福公司正式获得煤铁矿的开采权。在一片反对声中,山西矿权最终还是被出卖。

到1905年7月,正太铁路通到阳泉。10月,英国福公司哲美森到山西要求签发开矿凭单,坚持矿藏开采由福公司专办,并派遣工程师到

保晋矿务公司第一次会议成员合影

阳泉绘制地图，到平定、阳泉、盂县、寿阳等地画圆扎桩，要求当地官府禁止百姓挖煤开矿。此举引起了民众的强烈不满，山西大学数千名学生上街游行，包围了巡抚衙门。留日的山西阳高县留学生李培仁写下万言遗书，在日本跳海自杀。遗书中号召民众团结一致、立即行动起来，保我晋民生路、晋省财富，爱国护矿，不使权利落入外人之手。此举激起了全省人民争回矿权的斗志和决心。1906 年重阳节，李培仁的遗体运回国内，在太原海子边举行公祭。之后，太原数万人大游行，保矿运动达到了高潮。

1907 年，晋丰矿务公司呈报农工部批准，改名山西保晋矿务公司，渠本翘出任第一任总经理，规定矿权“永远不准私售外人”。福公司慑于山西民众的誓死抵制，只好低头让步。1908 年，山西商务局与福公司签订了赎回矿务合同，但英商提出“违约”收回矿权，须赔付 275 万两白银，并和汇丰华旗道胜银行打招呼不让贷款给山西。其时，清政府只能拿出150万两，尚有125万两的缺口。关键时刻，渠本翘率先发出筹款倡议，动员商家富户出资入股，将山西采矿权从外国人手中夺回来。在他的呼吁和努力下，山西商人纷纷响应，最终筹集到所需银两，从英商手中收回了矿权。历时数年的保矿运动终于取得了胜利，在这场运动中，以渠本翘为代表的晋中商民维护了民族大义，打击了外国势力的侵略野心。

在这场轰轰烈烈的保矿运动中，除渠本翘外，还涌现出许多勇于担当的晋中商民。如山西保晋矿务公司第二任总经理刘笃敬，第三任总经理寿阳县士绅崔廷献，董事太谷人康极等等。

中国近代新式陆军拓荒者——张彪

张彪（1859—1927），字虎臣，榆次西左付村人。他自幼父母双亡，寄居在舅舅家。九岁时，舅舅托人将张彪送往省城太原学习手艺。他先在刻字、裱糊等行当里学徒，后到武馆学习武术。光绪三年（1877），张彪投补太原抚标兵额，不久应童子试，得中武生（武秀才）。光绪八年（1882）二月，山西巡抚张之洞祭孔后返回途中，在太原鼓楼门洞内被七个贫民强行拦轿告状。护卫弃轿避离，张之洞被拦轿者攀附轿杆，拽掇拉扯。张彪正好骑马经过，立即上前驱散，并在解救张之洞后默默离去。张之洞多方寻找才找到张彪，不久后将之提拔为随身护卫。张彪感念张之洞的知遇之恩，倾尽所能，随侍张之洞长达25年，成为张之洞身边最倚重、最信任的两个幕僚之一——文为梁鼎芬，武为张彪。

中日甲午战争爆发，张之洞作为朝廷重臣，成为清末洋务运动和新政的主要代表人物之一。1895年，张之洞为代表的洋务派呼吁清政府迅速编练新式陆军，并于6月率先在南京着手筹练江南“自强军”。“自强军”仿德国营制，是“中国近代新式陆军”的开端，张彪作为全军统带成为中国最早组练近代陆军的人。次年，张之洞回任湖北，向朝廷奏准将南京自强军中的江南护军前营500人调赴湖北，以此为班底组建护军营，张彪任都司(武职正四品)管带，开始在湖北创练鄂军。从1897年开始，张彪三次受张之洞委派，到日本考察军政、营阵等军务。回国后，一方面极力建议选派优秀人才，分批赴日学习军事；另一方面，聘请日本军事顾问，组建现代军制。1898年，湖北率先向日本派出第一批学员共20人，之后陆续分批派送。同时还自办了武备学堂、将弁学堂、陆军测绘学堂等军事学校及训练班，培养了5000多名学员，充实到了军队的各级岗位。同时，湖北还开办了当时中国规模最大、设备最先进的军工企业——汉阳兵工厂，实现了枪炮自给自足。

张彪因创练鄂军有功在军政界声名鹊起，逐级升迁。职务从清代最低级的武职“外委”(额外差委千、把总的简称)，一直升任到湖北提督，统辖全省水陆各军，成为一品大员。1908年4月，张彪还在全国率先成立了气球侦察队，用升空氢气球探测敌人阵形、炮位等。同时还成立了另一新奇兵种脚踏车队。权力最大的时期，张彪一人持有27枚印章和关防。最重要的那枚印，就是镌刻有“提督湖北总兵官印”满汉两种文字的湖北提督印章。

1911年10月10日，武昌起义爆发，时任湖广总督瑞澂惊慌失措，仓皇登上楚豫舰，以图进退两便。张彪在江心楚豫舰上面会了瑞澂，力劝瑞澂留驻，但瑞澂还是逃跑到了上海，张彪只身率领1000余名官兵跟起义军巷战两天后撤出武昌，渡江退守汉口刘家庙布防，等待援军到来。但张彪等来的却是革职的上谕：“张彪督练鄂军已历多年，竟致兵匪勾结，省城不守，可见其平日训练无方，而事前既毫无防范，临时复漫无节制，不能固结军心，竟敢仓惶弃营逃出，实属大干军纪，罪不可逭。统制官提督张彪著即行革职，并著瑞澂责令迅速痛剿逆匪，克复省城，倘再畏葸观望，定当加等治罪。”11月1日清军占领汉口，起义军扼守汉阳。张彪率队先行夺得龟山炮台，然后与援军一起于11月27日占据汉阳，起义军退保武昌。清政府又嘉奖张彪：恢复湖北提督原缺，饬即戴罪立功。

这时，清军与革命军相持，张彪主动面见援军首领冯国璋商讨续攻武昌的策略。袁世凯则下令“不准擅攻武昌，静待后令”。随后张彪再次被革职：解除湖北提督及第八镇统制官职务及在湖北的一切权力，另任

天津张园今貌

“后路总粮台”，负责后勤供给。张彪坚辞不受。12 月，张彪北上天津，电告袁世凯“暂入日本租界内日本医院疗病”。旋即，避渡日本，与侨居日本的家人团聚。

1912 年 1 月中华民国成立后，被选为副总统兼鄂督的黎元洪派人赴日以“子孙教育和婚配”问题为由，力劝张彪回国。1912 年 8 月张彪回国，择居天津。1915 年，在天津日租界宫岛街（现鞍山西道 59 号）购置土地 20 亩，修建起了自己的欧式花园式私人住宅——张园（原名露香园）。后来，张彪在张园内接待了两位中国近代史上的顶级人物，一个是民国总统孙中山，一个是清末逊帝溥仪。

1924 年 10 月 23 日，冯玉祥发动北京政变，曹锟下台，段祺瑞入京主持政局，邀请孙中山北上赴京，共商国是。12 月 4 日孙中山偕夫人宋

榆次西左付村张彪祠堂

庆龄行抵天津，下榻张园。张园成了总理在天津的行馆。从入住到离开的27天中，孙中山在张园活动频繁，带病工作。张彪的儿子张远博撰文称，孙中山来津下榻张园，起初张彪并不同意，以“隐退之所不便接纳政治活跃之人”拒绝。但负责接待的许世英之女与张彪之女是同学，托了很多要人来说情，张彪见难以推却，才答应下来。孙中山住进张园那天，张彪只派一子以房东身份表示了欢迎，自己非但不去迎接，而且始终拒绝与孙中山见面，还不允许孩子到园中去玩。不过，张园为了迎接孙中山的到来仍布置一新，大门前搭有彩色牌楼一座，正中缀金色的“欢迎”二字。牌楼上围以各色彩灯，园内的走廊亦挂满旗帜。

孙中山离开张园54天后，被冯玉祥驱逐出紫禁城的末代皇帝溥仪到天津投奔张彪，张园挂起了“清室驻津处”的牌匾。张彪极尽所能服侍这位昔日的主子。溥仪在张园居住了4年多，于1929年7月搬离张园。张彪在溥仪住进张园的第三年，患癌症一病不起，于1927年9月13日在张园病逝，不久归葬原籍山西榆次西左付村。

张彪去世后，溥仪的堂弟、画家溥佐为其题写了墓碑：“中国最早组练统率近代陆军第一人张忠恪公彪之墓。”

辛亥斗士何、李、赵

何澄、李成林和赵守钰，是辛亥革命时期晋中籍的三位革命斗士。他们笃行好学、刚正威勇、热血报国、佳话频传。

何澄，字亚农，清光绪六年（1880）生于灵石两渡村，自号“两渡村人”。三岁丧父，十岁丧母，因长兄在辽宁省辽阳县做官，他跟随长兄在辽阳度过了少年时代。年幼时，何澄先是在私塾学习，随着科举废止，西学传入，长兄送他东渡日本入振武学堂，光绪二十九年（1903），清廷选派第一批官费留学生赴日留学，何澄转学陆军士官学校。因接受资产阶级民主革命思想较早，他积极在留学生中搞宣传活动，带动留学生剪掉头上的辫子以示革命决心。1905 年孙中山由欧赴日，在东京对留学生发表抛弃君主立宪，把中国建成共和国的演说。不久，同盟会在东京成立，何澄由谷思慎介绍，黄兴主盟加入同盟会，与景定成等山西籍会员想方设法向国内省内秘密输送革命书报，宣传革命。

光绪三十二年（1906），何澄与景定成奉派回国活动，路经太原，在山西大学堂发表革命演说，在年轻学子中影响很大。后何澄到灵石，景定成到安邑分头进行革命活动，但何澄在灵石未能顺利开展活动，不久带着遗憾再次前往日本。

宣统元年（1909），何澄等海外学子毕业回国。清政府召集归国留学生会试，派何澄到保定军官学校任教官，后辗转其他军政岗位。1911 年武昌起义爆发，何澄在陈其美的沪军都督府任二十三师参谋长（师长为黄郛、团长有蒋介石、张群等），积极投身到了革命中。辛亥革命后，他开始在孙中山领导下从事革命活动。北伐革命时，何澄任国民革命军总司令部高等顾问。

1927 年蒋介石公开反共后，何澄退出军政界，曾任沧石（沧州到石家庄）铁路工程局局长，筹建中因与铁道部长孙科意见不合愤而辞职。

抗日战争爆发后，何澄避居苏州家中，日伪多方拉拢逼迫，但他拒不出任伪职。因素崇山西乡贤傅山不事清廷的气节，取别号为“真山”。何澄受孙中山民生主义平均地权的思想影响，平生不置土地，曾经营工商业，在苏州创办小型织布厂，后转卖他人。何澄在苏州热心扶植地方教育，曾任苏州振华女子中学（现苏州十中故址）的校董。暮年，购得苏州名园——网师园，并以苏州房产的房租生活。

1945 年夏，何澄离开苏州拟经太原返故里。抵北京时，寄居在画家张大千北京颐和园的养云轩。1946 年 5 月 11 日，突患脑血栓，病逝于北京东交民巷法国医院，终年 66 岁。

李成林（1878—1944），字树森，寿阳贾豹村人。幼年丧父，家境贫寒，在太原学艺谋生。长大成人后，他应召入伍，辛亥革命前任山西巡道警督察长，结识了李嵩山、景定成等大量革命党人并加入了同盟会，投身于为革命党秘密运送武器、联络通信等工作中。

宣统元年（1909），清政府欲逮捕李嵩山，视李成林为亲信的巡警道尹，将这一密令告知李成林，李成林速将此情报传送到革命党人手中。李嵩山先是藏于教会，后转入英国人邮务长家中，然后又化装成缉探队的士兵，在李成林率队出城巡查时，将他带出了太原，辗转到了保定。

太原发起辛亥革命起义，李成林负责将起义命令向各部队秘密传达，并接应革命军由太原南门入城。10 月 28 日深夜，他选好 4 名清兵，掌握了新南门的钥匙。登上城楼后，他将白布分给四人缠在左臂作为标志，拂晓前派二人下城开门，让革命军入城，使太原得以顺利光复。

辛亥革命后，清军反扑太原。阎锡山转到包头，一路招兵买马，扩充部队。当年 11 月 24 日上午，阎锡山令张树帜与李成林、李德懋等诸将士歃血为盟，结拜为异姓兄弟，成为阎氏集团的中坚分子。民国年间，李成林一直跟随阎锡山做事。1912 年 9 月 17 日孙中山由北

李成林像

京抵并，他率部随景梅九等赴石家庄迎接和负责沿途警卫。他于民国初年任山西巡警督察长，1917 年任山西第一混成旅二团一营营长，1927 年任山西军事政治速成科总队长，1929 年任天津市政府督察长和天津特别第二区主任，1932 年任太原绥靖公署中将参议。1937 年太原失陷后，他与张培梅、赵戴文等军政幕僚参与阎锡山主持的抗战军事活动。1944 年，他患病就医，特务勾结日军军医为他注射一针后导致全身溃烂，不幸辞世。

赵守钰（1881—1960），字友琴，号式如，山西太谷人，国民革命军陆军中将。民国期间，曾任山西陆军部队职，后加入西北军，历任西安警备司令、河南省政府委员、郑州市长、陕西省政府委员等职务。抗战后，历任赈济委员会、黄河水利委员会委员长，1946 年任监察委员。

1902 年，赵守钰考入山西武备学堂学习。1905 年 12 月赵守钰加入了同盟会。参加同盟会后，赵守钰积极参加革命活动，带头剪掉了辫子，以示不做“大清”顺民，彰显革命精神。在身边人怀疑的目光里，他得了“赵秃子”的外号，被山西巡抚通缉。1910 年，赵守钰参加了新军，在新军八十六标模范队任职，参与了标统阎锡山的起义活动。1911 年 10 月 29 日太原光复后，阎锡山出任山西都督，赵守钰不受阎锡山重用，一度赋闲在家，脱离政界，时常持一支短枪去都督府打鸟。有人问他：“为何不居官而打鸟？”他回答：“军政府里出坏鸟，吾当击之!”

赵守钰像

此后，赵守钰受到冯玉祥的器重，1925 年，就任西北军骑兵旅长，后又任师长，又任河南省民团军总司令、郑州市市长、警备司令等要职。1928 年蒋介石攻打张作霖时，冯玉祥任第二集团军总司令，赵守钰为前敌总指挥。1934 年，赵守钰任黄河水利委员会委员长，带领 20 万人赴河南郑州花园口进行治黄截流改道工程，收到一定效果。

赵守钰虽然长期供职于国民党军界，但与南汉宸、刘秉琳等中共党员关系良好。1932 年,他担任陕西省建设厅厅长,即启用23 岁的中共党员刘秉琳担任庶务主任。在他的军政生涯中,有两件事值得铭记:一是作为专使护送班禅返藏;班禅圆寂青海后,又护送班禅灵柩回藏。二是 1937 年,受周恩来之托,帮助营救大批西路军被俘将士。红军西路军全军覆没后,赵守钰接到由刘秉琳、张文彬转交的周恩来的亲笔信,遂登门拜访昔日之部下——号称“青海王”的马步青和马步芳,向“二马”转达了中共的意愿并晓以抗日大义。同时,委派刘秉琳、张文彬以副官的名义探望被关押的西路军将士,调查关押地点、人数等情况。经过他的斡旋,一大批西路军将士得以重返延安。

在这次营救过程中,赵守钰与周恩来建立了诚挚的友情。抗日战争期间,赵守钰与周恩来一直保持着密切联系。当得悉共产党领导的八路军在山西奏凯报捷的消息后,他心情格外振奋,给周恩来和南汉宸发去电报, 要求将自己的儿子赵祥德和赵祥礼送往共产党领导的抗日根据地,为抗日救亡竭诚尽力,务请他们满足自己的这一愿望。周恩来很钦佩赵守钰的爱国热情,当即复电表示同意。1938 年 8 月 1 日,周恩来派人将赵氏兄弟接到延安,安排到抗日军政大学学习。抗大毕业后,赵祥德、赵祥礼兄弟双双奔赴抗日前线。赵祥礼被分配到晋察冀政治部抗敌剧社工作。1940 年,在一次反“扫荡”战斗中,赵祥礼不幸牺牲。

1945 年 8 月抗战胜利,赵守钰出任国民党政府黄河水利委员会委员长兼黄河堵口复坝工程局局长,全面负责黄河工程的管理改造事宜。国民党政府指示赵守钰,用两个月的时间,根据“先引黄入故道,后复堤”的计划实施治黄工程,目的是利用黄河天险,切断晋冀鲁豫解放区和苏北解放区的联系,以便集中兵力,各个击破共产党领导的部队。围绕这一问题,国共双方展开了一场复杂而紧张的谈判。后因蒋介石不满谈判结果,对赵守钰进行了斥责。7 月,国民党军队发动全面内战,赵守钰一怒之下, 称病辞去了黄河水利委员会委员长的职务。全国解放前夕,他被胁迫到台湾。后一直期盼能够返回大陆,终未如愿。1960 年 10 月 26 日在台湾病逝,葬于阳明山。

孔祥熙与铭贤学校

孔祥熙(1880—1967),字庸之,出生于太谷程家庄,是孔子第七十五代裔孙。十岁那年,孔祥熙得了一种脖颈生疮的怪病,在四处求医无果的情况下,父亲求助于基督教医生,美国医生高雅格给他开刀去脓后,病一天天好了起来。由于这次看病的机缘,1902年,他被美国基督教公理会送往美国留学,先后就读于美国欧柏林大学和耶鲁大学,获文科学士、经济学硕士学位。1933年,孔祥熙任南京政府行政院副院长兼财政部长,并兼中央银行总裁,孔家成为赫赫有名的"四大家族"之一。

1907年,孔祥熙从美国欧柏林大学毕业回到太谷,受欧柏林大学山西托事部授权和资助在故乡办起了铭贤学校,自任校长。铭贤者,铭记先贤也。一为纪念一生倾注办学育人的欧柏林先生;二为纪念在义和团运动中在太谷布道被杀的欧柏林大学校友。铭贤学校以"学以事人"为办学宗旨。抗日战争爆发后,学校辗转南迁,首迁运城,再达陕县,三易西安,最后到达四川金堂,两年之内四易校址,办学始终没有停滞。1946年,由金堂迁至成都,与当时在蓉的燕京、齐鲁、金陵、华西媲美,是成都教会五大学府之一。1950年由成都迁回太谷旧址。

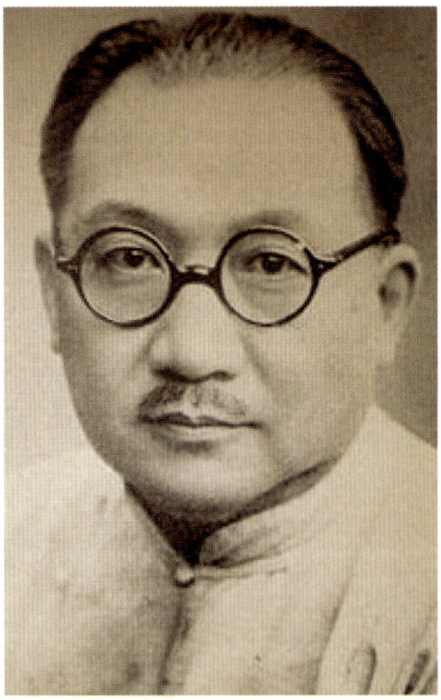
孔祥熙像

铭贤学校创办时,经费来源于基督教会,课程设立四书五经、圣经、算术、自然,是一所中西结合的完全小学。1909年,增设初中班后,迁入太谷县城东孟家花园(现山西农大校址)。1925

年，孔祥熙再次赴美募捐资助经费75万美元。1929年学校先后开设农科和工科。随着学校规模的扩大，办学经费和投资呈现多元化、多层次的格局。社团组织也日益活跃，广大师生把“学以事人”和丰富多彩的课外活动结合起来。1924年，铭贤学校成立了“马克思主义研究会”，同年，学校成立了当地最早的党组织，涌现出一批杰出的组织和领导者，如张维琛、马定夫、郝德青、赵品三、侯维煜、王大任等。铭贤学校为革命培养了一批知识分子，同时也促进了山西文化的发展。

到1943年，学院共设机械工程、纺织工程、农艺、畜牧兽医，农业经济、银行及工商管理等八个学系，仍保有从幼儿园到大学一条龙的教学编制。1951年，在全国院系调整中，铭贤学校科系做了重大调整，改名山西农学院。1979年，又改名为山西农业大学，是当时山西唯一的一所全国重点大学。

铭贤学校自成立以来，以优厚的待遇多方礼聘学有专长的人到校任教，学校的师资具有中西结合、优势互补的特色。其中杜润生等一批共产党员曾被聘为经济学教师，著名拳师布学宽曾任铭贤的国术教师。铭贤学校还大胆起用女教师，在我国开创了妇女参加社会活动的先河。除美籍女教师外，孔祥熙妻子宋蔼龄、妹妹孔祥贞也曾任教。

铭贤学校有别于其他学校的特点之一是最早开设体育课，成立体育会。学校成立篮球队、田径队等体育组织，曾多次代表山西参加华北运动会并夺得锦标。

铭贤学校也是最早提出“创名牌学校活动”的倡导者之一，并代表山西名牌学校与当时天津南开中学、北京师大附中开展竞赛。

很多铭贤校友，早期即参加社会活动，在抗日战争、解放战争中建立了功勋。国内外的铭贤校友，有很多著名科学家和学者。

太谷县孔祥熙宅院

耿步蟾实业救国

耿步蟾(1886—1961),山西灵石人。民国年间著名实业家和政治学家,曾任山西农矿厅厅长兼省政府委员,为山西矿业发展做出了不可磨灭的贡献。他七岁入私塾读书,十六岁入县学后赴平阳府应童子试荣获生员第一名。山西提学使刘嘉琛惊异其才,荐送他到山西大学堂深造,后被选派到英国伦敦大学皇家矿业学院冶金科专攻矿业,学期四年。求学期间,树立"科学报国"、"实业救国"的宏愿,并在回国后得以实现。

民国3年(1914),耿步蟾担任刚刚成立的山西省矿产测绘分局局长。上任第三年,耿步瞻参加北京政府举办的留学生选拔,他荣列甲等,被荐任为国务院农商部矿业专员。后被阎锡山挽留,继续对全省矿业进行勘察调查化验并办理矿业注册。这期间,他撰写了《山西矿产调查化验成绩报告书》,是一本较早记载山西矿产资源及其分布的书籍。民国6年(1917)裁局设厅,耿步蟾被任命为山西省政府实业厅工矿科科长,并被聘为山西大学工科教授。其间他搜集山西采矿的历史、地理资料及当时全省私人矿业的分布开采实况,编著了《山西矿务志略》,这是山西最早的矿业专志。民国17年(1928),耿步蟾升任农矿厅厅长,并兼省政府委员。"蒋阎冯大战"期间,他辞去厅长职务,专任教授。次年春天,为了解全省各县农矿情况,他要求各县呈送县志,发现家乡灵石所呈送的光绪版县志,错误较多,对本县矿物的介绍也很少,遂有了重修县志的念头。几经努力,他带头捐出大洋一百元,亲自纂修了《灵石县志》,详细记载了全县煤、铁、石膏、硫等矿物的分布和开采情况,还按农事季节和农事活动规律采录了当地流传的140多条农谚,总结了农业生产的宝贵经验。

民国21年(1932),工商、农矿两厅合为实业厅,耿步蟾担任厅长。此时,阎锡山倡言"造产救国十年建设",耿步蟾参与编订"山西省十年

耿步蟾像

建设计划"经济部分的各种方案，大力提倡发展采矿冶金等实业。民国24年(1935)，他再次离开政界专任山大工学院教授。民国25年(1936)山西省公营事业董事会成立，他兼任董事，指导建设"西北实业公司"，该公司下属包括保晋煤炭公司、大同煤厂、白家庄煤厂等。

日军侵占太原前夕，耿步蟾携家随董事会赴西安、成都、灌县、陕西三原等地辗转迁居。尽管四处颠簸，他仍集中精力从事编著和教书。抗战胜利后，他返回太原，继续任公营事业董事会董事，积极筹建三晋中学，亲自担任校长。他根据近代科学新成果和新的标准计量单位，将原来编著的《验矿学大意》增补修订为大学用书《验矿学》(1950年上海中华书局铅印出版)。

新中国成立后，他被委派为山西省政府工业厅工程师。1950年，山西大学校长邓初民聘请他到山西大学工学院任矿冶系主任兼教授。同年参加山西省政治协商会议任委员。1952年调到北京钢铁学院任冶金系教授。其间编著《定性分析冶金概论》(未完稿)。

耿步蟾为官勤廉，工作之余时常牵挂家乡父老。灵石遭灾之时，他总是慷慨解囊，帮助家乡父老度过危机。每次回家乡，他都不会忘记带上优良的种子、新式的农具和先进的科学技术。老家石柜村地处汾河岸边，河上没有桥梁，常有人畜被汾河水吞噬，他便出资修筑了一座石桥。1961年3月，耿步蟾因脑溢血病逝于太原，享年75岁。生前，将太原藏书捐赠山西大学图书馆，并遗嘱将在京的中外文书籍捐赠北京钢铁学院。去世以后，灵柩安葬在家乡。

近代民族工业与晋华纱厂

晋中传统工业历史悠久。春秋战国时期，晋中冶铁铸造、漆器、陶器制作已粗具雏形。唐代，铁器作坊盛行。其中榆次县王胡村的剪刀久负盛名，诗人杜甫在诗中称赞“焉得并州快剪刀，剪断吴淞半江水”。清代，晋中传统工业有较大发展，主要有冶炼、采煤、制药、造纸、制革、纺织业、琉璃制品、箱柜业、制硝、打毡、酿酒、酿醋、油漆裱糊、染色、烧窑、印刷、制鞋、缝纫、编织、糕点、肉制品等，多数属于手工操作。

光绪初年，部分商业资本家、地主开始投资兴办近代民族工业。光绪八年（1882），祁县富商马氏兴办文和斋，是晋中第一、也是山西近代最早的印刷厂，当时主要设备是一台石印机。光绪三十年（1904），祁县天合元财东乔殿森开办益晋织布厂，拥有铁木结构的手摇织机 30 多台，雇佣工人织造白布、毛巾和丝袜。光绪三十三年（1907），以渠本翘为首的山西绅商组织保矿运动胜利后，成立山西保晋矿务有限公司，并在寿阳等地建立分公司，购买部分进口设备，用于提升、运输、通风、排水等生产环节，实现规模开矿采煤。

民国初年，现代工业开始起步。民国 4 年（1915），太谷县广升远药铺生产的“远”字牌龟龄集、榆次城内生产的红葡萄酒和堡子村（今安宁村）生产的堡子酒，分

祁县天合元财东乔殿森像

别荣获巴拿马国际博览会一等优质奖，产品畅销全国和英、法、美、日等国。民国6年（1917），平遥县绅士赵鸿谟等创办金井火柴公司，日产金井牌火柴70多箱。民国8年（1919），山西省银行经理徐一清联合赵鹤年，招股集资150万银元，在榆次县创办晋华纺织有限公司，为全省最大的纺织品生产厂。民国10年（1921），榆次县成立利晋织染有限公司，自织自染花色布料。民国12年（1923），山东人潘轶群在太谷县成立电灯公司，装三相60赫兹25千瓦、50千瓦交流发电机各1部，架设220伏线路14公里。民国13年（1924），榆次工商界投资5万银元，组建魏榆电灯股份有限公司，年发电20万千瓦时，专供县城照明和少数工厂动力用电。至民国23年（1934），晋中工业主要产品有火柴、原煤、16支和20支棉纱、棉布、线袜、毛巾、丝绢、丝线、瓷器、面粉、糕点、旱烟、酒、龟龄集、定坤丹及铜器、锡器、推光漆器等。其中，龟龄集、定坤丹、旱烟、推光漆器进入英、美、法、日、俄等国市场。

民国26年（1937），日本侵略军占领晋中，先后对晋华纺织厂、保晋公司寿阳分公司煤矿、黄丹沟煤矿、太谷发电厂、富家滩煤矿等工矿企业实行军管，进行抢劫和掠夺。同一时期，抗日革命根据地军民在辽县、和顺等地，建立铁工厂、机器厂、炸弹厂、成衣局、纺织厂、发电厂及印刷厂，大力发展生产，支援革命战争。

抗战胜利后，阎锡山政权对日伪强占的民营企业先行接收代管，收回旧有工矿及商营工厂，将晋华纺织厂、富家滩煤矿以及榆次、太谷、祁县、平遥等地电灯股份有限公司及祁县织染厂、榆次棉织厂、榆次面粉公司等工矿企业强行合并到西北实业公司。至1948年晋中解放，各县工业只有少数私营手工业企业。据1949年统计，晋中工业总产值3433万元，仅占晋中全区域国民经济总产值的15.4%。

晋华纺织股份有限公司，是山西省近代首家机械纺织企业。1919年，徐一清、贾继英等30人共同发起创办。徐一清出资1万现大洋，入100股被推选为董事长，负责筹备处全面工作。贾继英出资1300现大洋，入13股，被推选为监察人，负责建筑事务。徐一清先后创办过多家企业，是一位实力型人物，贾继英是山西金融界的头面人物，二人的强强联手，使晋华纺织股份有限公司得以不断壮大。他们选择纺织业，是在发展银行、矿业等实业后的又一尝试。

晋华纺织厂旧址厂门

公司成立后，在榆次古城大北门外购买荒地 120 亩作为厂址，设立了建筑事务所，并在太原设立了筹备处、在北平设立事务所负责招股事宜。公司陈请农商部注册立案，股本总额定为 150 万元，分作 15000 股，每股 100 元。股票分优先股和普通股两种，开始规定，凡出资在 60 万元以上者为优先股，其他为普通股。优先股分别冠以仁、义、礼、智、信等字顺序编号，普通股分别冠以金、木、水、火、土等字顺序编号。后来又规定，1929 年 1 月 21 日至 1934 年 3 月 29 日交到股金的，为优先股，其余为普通股。并发行股票，股票面额为 1 股、5 股、10 股、50 股、100 股 5 种，可以向国人转让。到 1931 年 12 月，共有 5608 家商号及个人入股晋华，募股 40127 股，资本扩充到 400 多万元。

厂房建设工程由英籍工程师李密度设计，发起人之一的晋商实业家榆次大张义村宋启英承建，于 1922 年全部落成。1923 年春，委托英国怡和洋行订购的 1.28 万锭细纱机及 500 马力蒸汽引擎到位。1924 年 6 月 1 日，公司正式建成投产，并更名为榆次晋华纺纱厂。晋华纺织有限公司的成立和投产，开启了山西机械纺纱的新纪元。公司起步之初引进的纺织设备不仅产量高，而且省时、省力，一直延用到 20 世纪 80 年代。

晋华纺织公司投产之初，有职工 1789 人，主要有英制纱锭 1.28 万枚及 500 马力蒸汽引擎的动力设备。棉花原料采自晋南和汾阳、文水等地，生产 16 支、20 支棉纱，销往本省和京汉铁路沿线。1926 年，增加纱锭 800 枚，1930 年又增加纱锭 2 万枚。根据发展需要，贾继英又在榆次源涡建立了 1150 千瓦发电厂。后又扩建纺纱厂、新建织布厂和织毯厂。到 1932 年，职工发展到 3200 人，拥有纱锭 41744 枚、线锭 752 枚、织布机 480 台、织毯机 4 台。1935 年，纺出了 32 支、42 支优级纯棉纱。

“七七事变”爆发后，公司被日本侵略军占领。日军将晋华纺织股份有限公司改名为军管第十二工厂，企业管理人员全部撤换。1942 年，转由日本垄断资本集团东洋纺绩株式会社管辖，易名为榆次纺织厂。日本投降后，阎锡山派遣大批人马强行接管晋华纺织股份有限公司，更名为西北实业公司榆次纺织厂。1946 年春，徐一清代表私股要求阎锡山发还私人财产，阎锡山不允，徐一清据理力争，最后确认产权归私，租赁给西北实业公司经营。1948 年 7 月，纺织厂被中国人民解放军接管，改称晋华纺织厂。7 月 19 日，军事管制委员会向全厂工人宣布，工厂永远归人民所有，工人是工厂的主人，并组织全厂职工迅速复工复产。10 月，有 2 万枚纱锭和 190 台布机先期恢复生产。1950 年，纱锭增开到 3.21 万枚。到 1951 年，公司产值已达 2091 万元，接近于抗战前的水平。1953 年，按照“保护人民财产、尊重私人权益”的政策，晋华纺织厂对公私各股进行了清理，并对私股按年息五厘计算股息。同年，全厂扩建工程开始，至 1954 年底，全厂年产值 5547.29 万元，实现利润 463.98 万元。1958 年“大跃进”和十年“文革”对正常的生产和经营造成了严重影响。1966 年 7 月，工厂更名为山西省地方国营东方红纺织厂。1972 年又更名为榆次纺织厂。

党的十一届三中全会后，恢复山西晋华纺织厂原称。晋华纺织厂迎来了新的发展机遇，通过革新技术，引进先进工艺手段，效益日渐提高。1980 年，开始实行扩大企业自主权的改革试点。1985 年，全厂分配制度实行无限制计件工资制，对生产车间试行集团承包奖金浮动制。1989 年，全厂固定资产达到 7595.5 万元，固定职工 8400 人，临时工 1000 余人。主要设备有纱机 12.34 万锭，布机 1184 台，引进针织地毯生产线 1 条。主要产品有 30 余种，其中部优产品 1 种，省优产品 5 种。全年生产棉纱 2.1 万吨，棉布 3300 万米，针织地毯 100 万平方米，实现利润 1409 万元，年创外汇 1800 万美元，是全国最大的纺织企业之一。

晋华纺织厂于 2006 年宣布破产。作为中国近代民族工业发展史的一个范本，晋华纺织厂退出了历史的舞台。作为全国重要的近代民族工业遗址，它已成为重要的文物保护单位。

华北第一书法家赵铁山

赵铁山（1877—1945），字昌燮，号柴翁，出生于太谷县一户隐儒从商人家，是我国现代著名书法家。

20 世纪 20 年代，赵铁山就享有“南吴北赵”、“大江以北无出其右”的美誉，被书法界誉为“华北第一支名笔”。赵铁山从小酷爱金石书画，五岁读家塾从师于梁一斋。始学欧阳率更之法，继由塾师史卓如导学篆隶。由于他天资聪颖，勤奋好学，所书字课被塾师叹为“天纵”，并断言“他若加以学力，将来必书法名于一世。”诚如塾师史卓如所料，青年时代赵铁山就学贯乡里，书法尤为人称赞。到了中年之后，名驰三晋，更显辉煌。49 岁为孙中山先生撰写挽联。参加全国书法展，康有为大师定评为“誉冠华北”。

赵铁山性格内向，不苟言笑，很少参与社会活动，表面上看，好像对一切事情无动于衷，实际上却是一个爱憎分明的人。赵铁山曾以“哨使胸中生意满，须知世上苦人多”的对联表述自己的心情。他很关心职员的品德修养，赠送静丰德店员一副对联“同事贵同心，唯同心，乃能成事；有容斯有忍，果有忍，何所不容”。他强调

赵铁山像

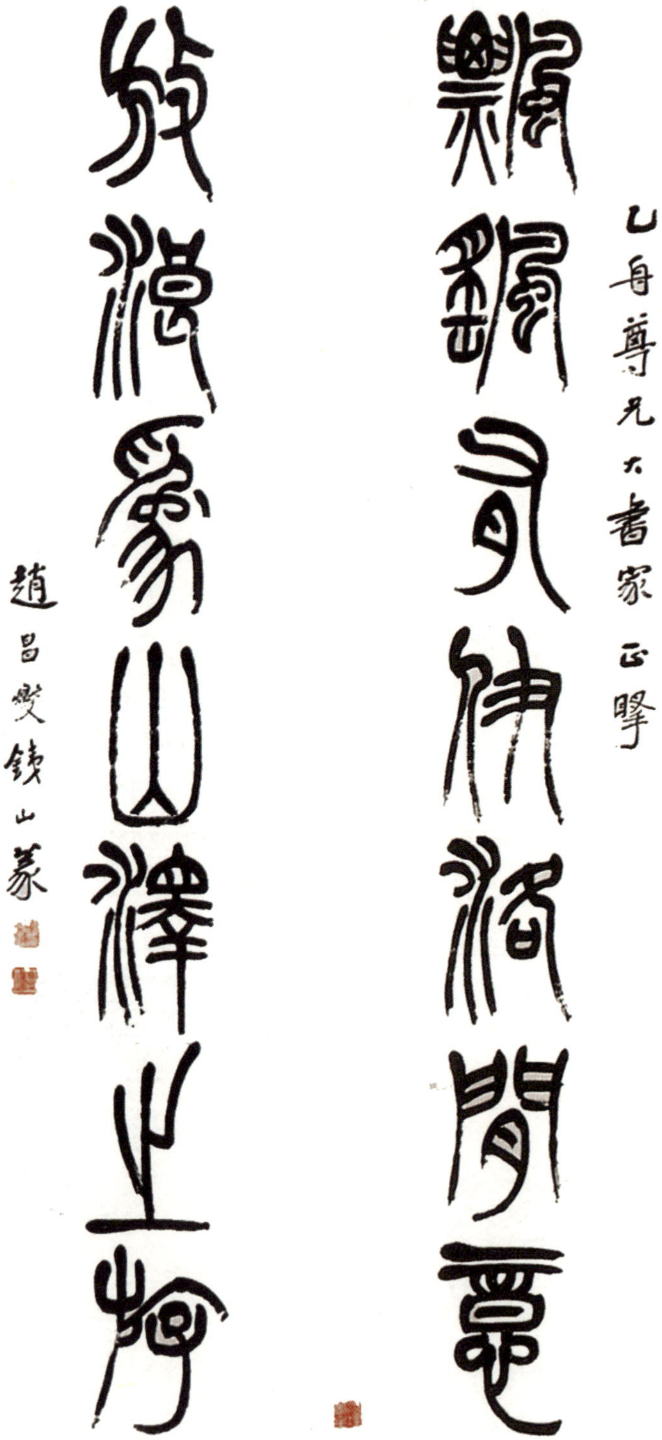

赵铁山书法

人与人之间的相处要以和为贵，以忍为高。其中“容”字写得有特色，像是一个人笑的样子，意在告诉大家如果对每件事每个人都能忍一忍、让一让的话，那大家就可以永远笑口常开。

赵铁山是中国近代史上最后一批拔贡，但他不屑为官。“立品直须向白壁，读书何必志青云”是他人品的真实写照。他一生非常敬仰傅山的人品气节，自己也是一位爱国持节、刚直不阿的儒家文人。他在“九一八”事变后的日记中写道：“中国今日，唯你与我，我即是你，你即是我，你我不分，中国一人，中国有人，中国其存。”表达了他忧国忧民的一片赤子之情。1937 年 11 月，日军攻陷太谷前夕，想请他出任伪“维持会会长”，被他严词拒绝。赵铁山随即将家政、商务诸事向家人一一交代，做好随时赴难的准备，连遗嘱都写好了。恰在其时，赵家的花布庄被炸起火，墙倒屋塌，邑人传言，赵铁山死于火灾之难。“噩耗”传到西安，文化界为他举行了隆重的追悼会。此举在事后被他称为“活祭”。铁山则将错就错，在日军入侵太谷时，为了对付日寇的胁迫，他转徙乡间。不久又潜回城里，在静丰德残存的后院陋室住下，更名赵侃，隐居 8 年。这段生活经历，表现了崇高的民族气节与风骨。赵铁山生前，有日本人求字，他坚决不与。而在他逝世多年之后，其书法誉满东瀛。仰慕、研究赵铁山书法的日本龙城书道社主持人敬森孝恕，曾多次远道来华，访求遗墨，凭吊赵铁山故居书法。

赵铁山虽出生在富豪人家，性格却极其纯朴。他送给老厨师一副对联，上联为“饿了就吃，只淡饭粗茶亦自甘美”，下联配“困来即睡，虽木床革枕都觉安舒”。虽说是实实在在的大实话，却道出了人生的真谛。在对儿孙的教育上，以“读可荣身耕可富，勤能补拙俭能廉”为治家之本。一副对联，一方面体现了他崇高的人格和深厚的学识，另一方面又体现出他对后辈的谆谆劝诫。他的书法像是一朵花，而书法联语中表现出来的却是花中的蜜。

赵铁山的书法成就，就是天赋加勤奋的结晶。他主张“学古之意，意贵有形，我书之意，意贵无形”。他博陶百家酷似百家，然而又不单纯追求形似，着重取各家之神韵。同时，还注重字外功夫的修养，兼长绘画，深通经史、诗文，起到了书外观物、法外取意的作用。

1945 年 5 月 29 日赵铁山病逝，享年 69 岁。他的作品不仅具有深

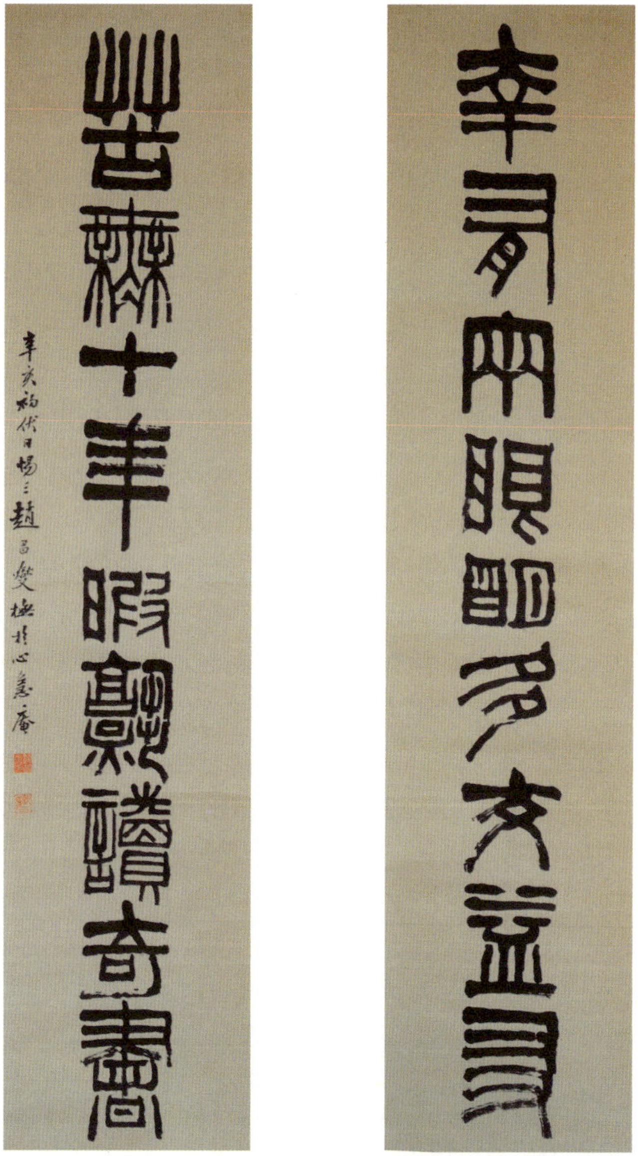

赵铁山书法

刻的人生哲理，而且也富有浓厚的文化底蕴，不愧为“华北第一名笔”。他的人品和作品直到今天还被后人称颂不绝。友人称赞他说：“就死易，全名难，当年之不死而死，正今日之死而不死也。”

第八章

浴血奋斗 晋中新生

（五四运动到新中国成立）

概述

1919年，五四运动爆发，给中华大地引进了共产主义思想，并催生了中国共产党诞生。1925年，晋中出现了第一个中共党员和中共党组织。他们发动工人罢工，组织学生游行，开展农民运动，城市和乡村燃烧起反帝、反封建的熊熊烈火。1937年，侵华日军进入晋中各县，制造了177件大小惨案，直接杀害我同胞1.5万人。也是在这一年，八路军一二九师司令部进驻辽县（今左权）西河头，西河头游击训练班点燃了太行革命抗日根据地的游击战火，走出了第一支抗日游击武装“秦赖支队”。这里发生了子洪口战役、榆辽战役、弓家沟伏击战、白庄伏击战等著名战役。刘二堂、武克鲁等革命英雄，用鲜血和生命谱写了一曲又一曲可歌可泣的抗战史诗。1941年，八路军总部进驻辽县麻田，麻田成为当时华北地区军事、政治、经济、文化中心。1948年6月，徐向前司令员率领人民解放军打响了晋中战役，解放了晋中全境！

这一时期，特别是抗战爆发后，晋中的行政区划呈现多头领导的态势。七七事变后，中国国民党与中国共产党联合抗战，结成抗日民族统一战线。八路军挺进山西开辟抗日根据地，并建立革命政权。由此,形成阎锡山领导的山西省政府划分的行政区和中国共产党领导的抗日根据地的行政区两种政权并存的局面。民国26年(1937)10月,阎锡山将山西省划分为7个行政区,设行政主任公署。境内各县分属第一、第三、第四、第六行政区。同时,八路军一一五师、一二〇师、一二九师东渡黄河,开赴山西抗日前线,分别建立以五台山、吕梁山、太行山为依托的晋察冀、晋绥、晋冀鲁豫三大抗日革命根据地。晋中基本以日本侵略军控制的正太、同蒲铁路为界,分属这三个根据地管辖。正太铁路以北属晋察冀边区;同蒲铁路以西属晋绥边区;正太铁路以南、同蒲铁路以东属晋冀鲁豫边区。在晋冀鲁豫区内,又以日军修筑的白(圭)晋(城)铁路为界分太行、太岳两区,东属太行区,西属太岳区。为了便于领导,晋中各县还以日军控制的铁路和平辽公路及汾河等为界,又划分为面积更小的县级行政区。不同时期,根据地新置县以同蒲、正太铁路为界划分有榆次路东、路西、路北县,寿阳路南、路北县,寿阳、榆次一部分合组寿榆县,榆次、太谷一部分合组榆太(路西)县(后加祁县一部分成立榆太祁联合县),祁县另设祁北县,平遥、介休一部分合组平介县;灵石以汾河为界分设灵(石)东、灵(石)西县;昔阳、和顺、辽县以平辽公路为界分别设昔(阳)东、昔(阳)西、和(顺)东、和(顺)西、辽县和辽西县。

民国37年(1948)5月,晋察冀与晋冀鲁豫边区合并为华北区,太行区改归华北区管辖,各县隶属不变。同年7月21日,晋中全境解放,被分隔的寿阳、榆次、太谷、祁县、灵石县陆续恢复为原建置。8月,华北联合行政委员会设立晋中区,成立晋中行政公署(驻榆次县尚村,后迁田村),下设3个专区,分置专员公署。次年8月,华北人民政府设立榆次专区,归山西省政府管辖。

晋中有了共产党

晋中共产党人和共产党组织的诞生，与晋中知识精英荟萃的太谷铭贤学校密切相关。孔祥熙创办的铭贤学校是晋中第一个共产党人和第一个共产党组织的诞生地。

1919 年五四运动爆发，铭贤学校师生罢课游行，下乡演讲，大力声援北京学生反帝爱国运动。祁县成立了青年俱乐部，太谷铭贤学校组织了书报流通社，青年和学生大量涉猎进步书籍，逐步接受了革命思想，1925 年 1 月，铭贤学校学生、祁县人张惟琛在北京入党，成为晋中历史

铭贤党小组旧址——嘉桂科学楼

张惟琛像

赵品三像

上第一个中共党员。

1925年5月，上海发生的“五卅惨案”在中华大地引起强烈反响，太原举行的5万人反帝游行示威，点燃了晋中5县学生运动的燎原之火。随即，榆次第一高等小学、榆次女校、榆次实验小学的学生做出反应。他们冲出课堂，走上街头，举行了声势浩大的示威游行，声援上海工人斗争，呼应太原的游行活动。一时间，小小的榆次城里，游行队伍大踏步前进，声援的口号此起彼伏。学生们的行动先是吸引了行人们驻足观看，随后，许多行人、商贩和工人也陆续加入游行队伍中，嘹亮的口号声响彻了榆次这个古老的县城。

随之，晋中各地的学生、工人、农民、小手工业者，都被这股热浪所感染，举行了声势浩大的反帝爱国游行。太谷铭贤学校自治会创办了《锐锋》期刊，声援学生运动。在这里，学生张惟琛秘密介绍同学赵品三（赵振鑫）、郝金和等加入了中国共产党，建立了晋中的第一个共产党组织——中共太谷铭贤学校小组。次年6月，经太原地委同意，中共铭贤学校小组改为中共铭贤学校支部。

学校有了党组织，产业工人队伍也不甘落后。榆次晋华纱厂、祁县益晋织布厂、介休洪山陶瓷厂的工人群众也在秘密串联，进行革命活动。1925年冬，中共太原地方执行委员会（简称太原地委）先后派出王瀛、王鸿钧、邓国栋、王世隆等深入榆次晋华纱厂开展工人运动，培养工人积极分子，吸收籍中发等10名骨干入党。1926年3月，在榆次县（今榆次区）城隍庙街 16 号建立了中共榆次晋华纱厂支部，同时组建了共青团晋华纱厂支部。4 月，中共祁县支部成立。6 月，中共北方区委接受特派员耿炳光的建议，组建成立了中共榆次地方执行委员会和共青团榆次地方委员会，主要活动区域在晋中境内南同蒲铁路沿线的榆次、太谷、祁县、平遥、介休等 5 县。自此，晋中有了统辖几个县的地市级党组织，晋中的工人运动、学生运动有了主心骨。

1926 年 7 月，榆次晋华纱厂工人举行了长达 40 天的大罢工，成为山西工人运动史上规模较大、时间较长、影响深远的政治性大罢工。晋华纱厂的工人大罢工点燃了晋中工人运动的导火线，引发了一系列的工人、农民运动。1926 年底，中共祁县县委组织了益晋织布厂大罢工。紧接着，祁县、介休、平遥爆发了农民运动。由此，反帝爱国的工人运动像野火一样在晋中大地上轰轰烈烈地燃烧起来。

在这场轰轰烈烈的工人运动中，中国共产党的组织在晋中地区迅速发展壮大：1926 年底，晋中共建立了 1 个地委组织（中共榆地执委）、3 个党支部组织（中共榆次支部、祁县支部、太谷支部），全区发展党员 109 人。

从此，在中国共产党的领导下，星星之火迅速成为燎原之势，在晋中大地上掀起了一场场波澜壮阔的革命运动。

山西工运的排头兵：晋华纱厂大罢工

榆次晋华纱厂在 20 世纪初是山西省首屈一指的纺织企业，属于山西纺织工业的龙头老大。它拥有五六百名工人（兴盛时有一千多人），产品在全国享有盛誉。

晋华纱厂是由阎锡山创办的，阎的妻叔徐一清是这个厂的大股东，总经理则是阎的亲妹夫。有这样的办厂背景和经营靠山，晋华纱厂在山西实业界的地位可想而知。但纱厂工人的待遇却很糟：政治上没有自由,经济上饱受剥削,终日工作生活在水深火热之中。

1926 年 7 月,备受摧残的晋华工人觉醒了。他们发动了一场震撼晋阳大地、惊动中国北方的大罢工。这场大罢工是中国共产党领导的工人运动,导火索是厂方接二连三开除工人。太原党组织早在 1925 年 6 月就派人来到工人中间,宣传马列主义,宣讲五卅惨案经过,启发工人爱国热情,声援上海工人罢工,发动工人斗争。8 月,成立晋华工人夜校和工人俱乐部,组织工人学习文化,传播革命思想,提高工人阶级的觉悟。1926 年 6 月,榆次晋华纱厂工会委员会成立,索清泉为工会委员长。7 月,工会发起了大罢工,明确提出"打倒帝国主义"、"打倒军阀"、"反对厂方开除打骂工人"、"要求厂方增加工资" 和 "实行 8 小时工作制"等口号,并在全城游行示威。

7 月 16 日,当时钟敲响早晨 7 点,电铃声响彻全厂的每个角落,汽笛怒吼,人声鼎沸,刹那间,机器停止轰鸣,纱线不再舞动,各个车间内冲出了手舞小红旗的工人,他们高喊着"昨天我们做牛马,今天我们要做人!"的口号冲向了厂区大门。等候在厂门口的工人们早已按捺不住激动,两股洪流迅速汇合,浩浩荡荡地向火车站方向走去。

当游行队伍到达火车站广场时, 广场早已用板车搭建了演讲台。工运领袖之一、中共党员秦金翰正站在台上对工人们演讲,工友们热血沸腾,斗志昂扬,纷纷表示,要团结起来拧成一股劲,争取做人的权利,要求减少劳动时间、增加工资。在大会现场,工友们一致推举中共晋华支部书记籍中发等人为工人代表,出面与厂方交涉。阎锡山闻讯后,觉得一群工人闹事成不了大气候,他当即派出全副武装的"学兵团"星夜驰援,把晋华厂包围得严严实实。面对凶险,该何去何从?共产党员籍中发迅速向上级党组织作了汇报,决定罢工和示威仍按原计划举行。

第二天,千余名工人从火车站广场出发,高举"晋华纱厂大罢工游行队伍"的巨型横幅,迈着整齐的步伐,高喊着"打倒军阀!增加工资!"的口号。在工人代表的率领下,由西门穿过西大街,进入榆次最繁华的北大街,将印有罢工宣言的传单向围观的人群散发。

当游行队伍到达晋华东门的时候,荷枪实弹的"学兵团"已经占据了大门,门口的假山上和厂区的屋顶上都架起了机枪,士兵们的大枪上插着明晃晃的刺刀，杀气腾腾地与工人们展开对峙。“舍得一身剐，敢把皇帝拉下马！”在愤怒的口号声中，工运领袖高举大旗，带领纠察队员率先冲上前去，千余名工人迅速把持枪士兵围在中间，士兵吓得连枪也掉在了地上。

“学兵团”的全副武装，敌不过手无寸铁的工人群众。阎锡山命令厂方与工人讲和，厂方派出中间人邀请工人到办公室喝茶、座谈，还送给工人代表每人一个红包，但工人代表根本不吃这一套，他们坚定地说：“我们是代表工人的，不答应条件绝不复工！”他们气冲冲地把红包扔在地上。

罢工在持续地进行着，中共太原地委的负责同志几次来到晋华厂，带来了太原鞋匠工会等支援的款项和慰问信。上海总工会、广州省港罢工委员会也发来了支援电，省内外的大力支援，更激发了晋华工人的斗志，中共晋华厂支部带领工人和资本家展开了拉锯战。

罢工斗争进行到 40 天，资本家愈来愈惶惶不安。在他们绞尽脑汁无计可施时，阎锡山使出了武装镇压的毒招。8 月 26 日黄昏，厂方与阎锡山势力相勾结，出动武装军警镇压罢工工人。大批军警包围了晋华工人宿舍，把工人们全部逼到院子里，让他们交出工人代表。工人们一言不发，怒视敌人。在双方相持不下的情况下，11 位工人代表和积极分子主动站了出来，他们中多数人是共产党员。军警们连夜将他们运到太原关押。工人代表被捕后，厂方又开除了 300 余名工人，用刺刀逼着工人复了工。

历时 40 天的大罢工虽然没有取得最后的胜利，但它点燃了革命的烈火，唤醒了广大工人和民众挣脱奴役锁链的追求，标志着晋中工人阶级开始登上政治舞台。这场罢工运动也得到了中共创始人之一蔡和森的高度评价：“山西党领导下，真正的群众运动开始于正太路石家庄的铁路工人，而发展于五卅运动的太原的罢工罢市、榆次纱厂的长期斗争”，是“真正群众运动的开始。”①

①《晋华风云录》，山西人民出版社 1985 年版，第 52 页。

大获全胜的益晋织布厂工人罢工

祁县益晋织布厂的成立时间比晋华纱厂要早15年。据有关资料记载：清光绪三十年（1904），以祁县天合元商号财东乔殿森为首，祁县绅商集股投资白银3万两，在县城北关创办了祁县益晋织布厂，生产“龙洞”和“龙棉”两种粗布、格子布以及少量丝绸，同时生产袜子和卫生衣，产品畅销全省及陕北地区。民国3年（1914），厂主易人，祁县益晋织布厂由祁县里湾村人杨柄招股接办，阎维藩入股成为董事，增股本为10万银元，更厂名为祁县益晋公司。

20世纪20年代，益晋织布厂的工人已经有400多名，是山西全省五个机械化生产纺织企业之一。这里的产品质量上乘，营销方便，经营利润在山西纺织界首屈一指，是资本家十分看重的聚宝盆。但和所有资本家的工厂一样，益晋织布厂的资本家赚得盆满钵满，金山银山；工人却长期饱受剥削，衣食无着。因为这种不公平，这里的工人曾进行过两次小规模的罢工，但都被资本家扼杀和收买了。

1926年的中秋节前夕，眼看着别人割肉买酒打月饼，兴冲冲地准备着中秋家宴，工人们却囊中羞涩，手里没钱，满腔的气愤点燃了心中的怒火，几十个工人冲出厂门，走上街头，准备游行。谁知，工人们刚刚在大街上集合队伍，正义还未伸张，口号还没喊响，就被闻讯赶来的资本家组织的流氓打手驱散了。1927年2月，益晋织布厂工人再次举行罢工。面对即将兴起的工人罢工，资本家以200块现大洋收买了一名武功高强的工贼，对工友们狠下毒手，拳打脚踢，罢工的工人再次被打散，第二次罢工起义又以失败告终。从此，“200块现大洋镇压了罢工”成为益晋织布厂工人们的切肤之痛。

痛定思痛，韩钟乾、贾政、郭凤祥等工运领袖请求太原总工会的支援。太原总工会当机立断，很快派出党员干部郭晋元（祁县城赵白圭村人）、杨生槐到益晋织布厂了解情况，进行宣传思想发动；同时加强组织建设，组织祁县工会。

1927 年 3 月初的一天，以党员为主的工人代表向厂方提出了增加工资、改善工作条件和组织工会的要求，遭到资本家的拒绝。工人们在厂区散发传单又被强行阻止，资本家还将“肇事”工人开除出厂。厂方的无理干涉，更激发了工人的满腔愤恨，党组织果断决定：全厂大罢工立即开始！很快，偌大的工厂戛然断电，全部机器停止运转，工人们全部走出厂房。

“罢工了！罢工了！”工人们奔走相告，“要工资！反压榨！”的口号声震动了祁县，更惊动了厂方。工人们空前的团结和担当的勇气，大大出乎他们的意料。他们一方面勾结警察局对工人进行威胁，另一方面妄图收买少数意志薄弱的工人，让他们脱离罢工队伍。但是，在工会强有力的领导下，他们的阴招不灵了，工人们手拉手站在厂区里，谁也不进车间的大门。

罢工在继续，影响在扩大，太原总工会纠察队总队长阎广威带领阎月、郭柱林、孙玉恒等人携带着各县捐赠的慰问品到祁县声援，祁县学界和商界也派出骨干到织布厂支援，有的开明绅商还在经济上给予帮助。困难之中见真情，八方支援暖人心。素不相识的人们，各种形式的支持，更给罢工斗争增添了无限的勇气和力量。

工人和资本家互不妥协，罢工斗争陷入僵持局面。太原地委闻讯后，派出职工运动负责人梁其昌（梁卜五）亲临指导。他们带领工人，首先抓住了第二次罢工期间被资本家 200 块大洋收买的工贼，进行了游街示众，随后又和工人们翻过围墙，闯入厂区，将在工厂担任警戒的警察和民团的 40 多支长枪全部收缴。工人手里有了武器，更让资本家闻风丧胆。他们不得不溜出厂外，委托厂方代表与工人代表进行谈判。厂方同意成立益晋织布厂工会委员会，并保证不随意开除工人，增加工资 30%。

益晋织布厂全体工人在中国共产党的领导下，经过为期一个月的大罢工，取得了满意的结果和全面的胜利，成为山西工运史上第一个大获全胜的工人大罢工。这一胜利，对工农群众反剥削、反压迫斗争产生了巨大的影响。

红军东征到晋中

红军东征到达山西，是山西近现代史上的一件大事；而领导红军东征的毛泽东首次进入晋中，更是晋中历史上的一件大事。

1936 年 1 月 15 日，毛泽东、周恩来、彭德怀签发了《关于红军东进抗日及讨伐卖国贼阎锡山的命令》，命令“主力红军即刻出发，打到山西去”。遵照上述命令，各路东征部队迅速隐蔽地集结到黄河岸边，进行渡河准备。

山西、陕西虽然仅是一河（黄河）之隔，但东渡进入山西并不容易。因为，山西土皇帝阎锡山闻知红军到达陕北后，惊恐万状，唯恐红军长驱直入，打碎他继续统治山西的美梦。他一方面实施其亲日不降日、防共反共的政策，编写了“共产党杀人如割草，无论贫富皆难逃”等 8 首反共歌曲到处教唱。同时，在各个村成立防共保卫团和公道团，公道团的团长都配发了阎锡山赏赐的镀金公道剑和黄卡其军官制服。另一方面在黄河岸边增加兵力、加筑防御工事，构建“固若金汤”的黄河防线。

但是，让阎锡山万万没想到的是，2 月 20 日，由毛泽东和彭德怀统帅的 13000 人组成的中国人民红军抗日先锋军东渡黄河，一举突破了阎锡山苦心经营的黄河封锁线，以摧枯拉朽之势进入山西境内。虽然晋军各部慌忙应战，投入兵力达 15 个团，还有 10 多架飞机助阵，但最终以失败告终。3 月 4 日，红军抗日先锋军第十五军团一部进入当时灵石县的双池镇（今属吕梁市交口县）。双池镇是汾河西岸的重镇，同临汾的隰县、汾西县接壤，是这一带的经济贸易中心。红军进入双池后，派出工作组发动群众，宣传全民抗日主张，迅速惩办了 10 多个土豪劣绅，为群众分了粮食、衣物，百姓们奔走相告，欢声雷动，轰轰烈烈的农民革命烈火开始燃烧。随后，双池镇召开了有近千人参加的群众大会，成立了晋中第一个红色政权——双池乡苏维埃政府。双池苏维埃政府成立后，又相继成立了中共灵石县支部。党支部和苏维埃政府在红军配合下，领导贫苦农民打土豪，分田地，斗恶霸，分浮财，组织地方武装力量，农民革命的烈火在双池一带燃烧起来，波及周围数十里。一批心向共产党、拥护红军的青壮年纷纷参军入党。

3 月 17 日，时任抗日先锋军总政治委员的毛泽东率领总部人员，跋山涉水来到双池镇，驻扎在距双池不远的西庄村。地方工作委员会的同志得知毛泽东来到西庄村，立即赶到住处汇报工作。毛泽东热情接待他们，让他们详细汇报了开展群众工作的情况。毛泽东叮嘱他们说：“我们要扩大根据地，广泛发动群众，让抗日的种子在山西扎根，要配合搞好组织建设和扩红工作……”

毛泽东总政委的指示，迅速在双池一带广为传颂，也激起青壮年心向共产党、踊跃当红军的热潮。一时间，亲朋拉亲朋，同学叫同学，双池一带的人们纷纷走出家门，到双池镇红军驻地报名参军，仅河西地区就

东征红军南关战斗遗址

有1000多人加入红军，同时，组建起4支地方武装游击队，队员发展到500多人。在此之后，游击队整编为红军晋西游击支队，经过一段时间的整训后，晋西游击支队编入主力红军，随红十五军团回师陕北。

西庄村干旱缺水，群众生活十分困难。毛泽东了解情况后，立即发动红军官兵，昼夜苦干，镢刨锹挖，终于打出了一眼水井，解决了西庄群众多少年的饮水难题。群众无不兴高采烈，他们把这眼井称为幸福井。当时，在灵石一带还流传着一首民谣："红军是我军，红军爱人民；地主老财怕，穷人最欢迎；要保胜利果，赶快当红军。"

红军东征从1936年2月20日东渡黄河，到5月5日发出《停战议和一致抗日通电》，虽然只有短短的75天，却转战山西50多个县，击溃晋军31个团的围追堵截，歼敌约7个团，俘敌官兵4000多人，缴获各种枪支4000余支（挺），红军补充新兵8000余人，筹集30余万银元。期间，协助创建中共地方组织、苏维埃政权和游击武装，唤起民众团结起来抗日救国，在阎锡山统治几十年的"白地"上，扩大了中国共产党的政治影响力，鼓舞了群众的革命运动。从此，晋中大地上掀起了更加波澜壮阔的革命新高潮。

日军在晋中制造的系列惨案

1937年10月27日，日军轰炸了寿阳县城，其侵华的魔掌开始伸向晋中。11月2日，日军二十师团侵占寿阳县城。短短几日内，昔阳、榆次、太谷、祁县等晋中各县相继沦陷，晋中大地陷入深重灾难。

据不完全统计，从1937年10月至1945年8月，日军制造了177件大小惨案，烧毁房屋2.5万间，抢掠牲畜5000多头、粮食5亿公斤，杀害抗日民众1.5万人。

日军在侵占晋中的过程中，到处制造血案，以下记录的是日军侵华暴行的几个典型案例。

1938 年 2 月 13 日，日本鬼子在攻下平遥古城后，制造了惨无人道的古城屠杀案。那天，正是农历正月十四，按照我国的民间传统，应该是处处笙歌、家家灯明，老百姓欢天喜地闹元宵的日子，但却遭遇了日军的血洗。天刚刚拂晓，侵华日军的一个师团，由中将川岸指挥，在飞机、坦克、大炮的掩护下，由祁县一路南行，向平遥城发起大规模的进攻。当时，驻守平遥县城的是国民党第十七军的一个骑兵营和中国共产党领导的人民武装自卫队。国共两党的武装力量，为了维护中华民族的尊严，保卫平遥人民的财产不受侵犯，摒弃前嫌，团结合作，奋起进行抵抗。日军所到之处，炮火连天，杀声震地，硝烟弥漫，血肉横飞，战争的阴霾笼罩着平遥古城。

日军的进攻分为两路：一路沿城墙包围古城，另一路逼近城池。午后刚过，日本鬼子用重炮猛轰东南城墙，企图从城墙上打开缺口。守城部队和人民武装自卫队 500 多人，用冲锋枪、步枪、手榴弹猛烈还击，接连打败敌人的数次进攻。战斗进行到傍晚时分，终因敌我力量悬殊，我军伤亡众多，被迫撤出县城。日军从古城上东门杀入城中。

日军进城后，对无辜的百姓用尽了极其野蛮的法西斯手段，他们见人就杀，见东西就抢，撬门砸宅，刀刺枪杀，奸淫抢掠，无恶不作，手无寸铁的老百姓们根本没有来得及还手就倒在了血泊之中。整整一夜的残杀，平遥城尸横遍地，血流成河。据统计，此次有青壮老幼 1000 多人被残杀。昔日以繁华、富庶著称于三晋大地的平遥古城，瞬间变成了人间地狱。

时隔 6 天，日本鬼子又在榆社县制造了血染榆社城的惨案。榆社县历史悠久，人杰地灵。抗战之前，榆社县城有 300 多户人家，2500 多人口，是一个美丽而宁静的山区小城。

1938 年 2 月 19 日上午 9 时，榆社城的东南方向突然钻出 5 架日军轰炸机，他们携带重磅炸弹，抵达县城上空，带着刺耳的呼啸声俯冲下来，一颗颗炸弹尖叫着从人们的头顶落下。霎时间，爆炸声震耳欲聋，硝烟遮天蔽日，碎石烂瓦横飞，砖头石块肆虐，民房中弹，店铺起火，房屋纷纷倒塌，县城的鼓楼被掀向半空，寺庙里的大树被拦腰斩断，街上的行人被炸得血肉模糊……这一次空袭，敌人投下 60 多枚炸弹，炸死群众 107 人。当时，国民党第十三军九十四师就驻扎在榆社县城，仅他们就伤亡500多人，城内的房屋被炸毁大半。

第二天，榆社城内硝烟还未散尽，尸体还没有掩埋，处于悲痛中的百姓还惊魂未定，日本鬼子的3架飞机又于上午10点左右飞抵榆社上空。敌机在全城一片哭喊声中投下了30多枚炸弹，全县城又一次淹没在一片火海中。22日下午，敌人的又一架飞机再次飞临榆社，朝着摇摇欲坠的房屋投下3枚炸弹。至此，美丽的榆社县城被夷为平地，小县城在敌人的狂轰滥炸下成为一片废墟。

3天的轰炸使榆社县城人民遭受到从未有过的大灾难，县城千余间房屋变为废墟，数百名同胞死于非命，瓦砾堆下死尸横陈，大街小巷到处是撕裂的肢体，焦木残墙上布满残骨碎肉。劫后的榆社城，无一处炊烟袅袅，无一声鸡鸣狗叫，全城死一般的沉寂，榆社县城书写了一块鲜红的、无字的血碑。

进入抗战相持阶段后，晋中以正太和同蒲两条铁路为界，分属晋察冀、晋绥、晋冀鲁豫三大抗日革命根据地，是各根据地开展抗日游击战的最前沿和结合地，战略地位十分重要。与此同时，东部的太行山区又是八路军总部长期驻扎的地方，被称为华北抗战的指挥中枢。因此，侵华日军十分仇视这一片土地，妄图利用野蛮屠杀、疯狂镇压、政治欺压等手段来控制这一战略要地。整个抗战期间，日本侵略者在这里实施了“铁路为柱，公路为链，碉堡为锁”的“囚笼政策”。他们设据点、修炮楼，推行“治安强化”；他们频繁扫荡，投毒放火，恶意破坏人民的生存条件；他们手段残忍，惨绝人寰。

1940年9月19日，日本鬼子又在寿阳县制造了羊头崖“九一九惨案”。

寿阳县羊头崖村，位于汾河支流的潇河上游。它西靠正太铁路(今石太铁路)的芦家庄车站，东临冀家垴日军外围据点，村南涉水过河，两边是山崖峭壁，中间的河沟向南一直通往二分区寿阳县政府驻地。抗战时期，这里是敌我斗争的犬牙交错之地。

9月19日上午9点多钟，盘踞在芦家庄据点的60多个日伪军在吉岗部真春的带领下，像一条毒蛇般向羊头崖村蠕动着。日伪军进村之后，挨门逐户驱赶着百姓到村南的寺庙里“开会”。大约10点多钟，另一路冀家垴据点的鬼子也从村东杀气腾腾地闯进村子。

这些进了村的鬼子、汉奸，个个像发了疯的野兽，挨门逐户搜查，他们见人就抓，见东西就抢，见妇女就奸，有反抗者就杀，所到之处，鸡飞狗跳，恸哭嚎啕，羊头崖村遭受到了前所未有的摧残、杀戮。据人们事后回忆，村民王义一家10口，因与日寇搏斗被活活杀死在院内。两个外地来的工匠被砍下了头颅，暴尸村边。一位将要分娩的妇女，被兽性大发的日军轮奸后，又用刺刀将小腹剖开，把婴儿取出来玩弄。日军羊头崖大屠村，杀死村民162人，其中20户人家被杀绝，最多的一家被害11人。

时隔两个月后，日本鬼子在昔阳又制造了震惊太行山区的“西峪惨案”。

西峪村位于昔（阳）皋（落）公路要道，是抗日军民坚守的阵地，又是对敌斗争模范村。对此，盘踞在昔阳县几个据点里的鬼子做梦都想拔掉这颗眼中钉、肉中刺。于是派出宪兵队伍长清水利一对西峪村狠下毒手。11月18日，清水利一率日伪军300多人，分两路包围了西峪村。

时值深秋，天刚蒙蒙亮，西峪村少数勤快的人已经下地收割，大部分人还在睡梦中。日伪军先将各个路口全部堵死，挨家挨户把人们赶往村里的一片空地上，人们一下子明白了鬼子的企图，民兵立即组织战斗，手持砍刀、长矛等武器，与敌人殊死搏斗，希望能杀出一条血路保护

遭受轰炸后的榆社县城北门

寿阳县羊头崖烈士塔

群众突围，但终因敌强我弱，伤亡惨重，只有少数几个人侥幸逃脱，日本鬼子也有 3 人毙命。

鬼子恼羞成怒，把村民赶到村东一个粪坑边，开枪屠杀。随后又把少数一息尚存的人扔进粪坑，推倒屋墙，将乱石碎土都填进粪坑之中……

西峪惨案，全村 386 人罹难。日寇在制造这次大屠杀后，又纵火烧房 160 多间，抢走牲畜 100 多头，将粮食衣物洗劫一空，临走还掳去男女群众 29 人，其中又有 17 人被残杀，殉难者的尸体三天也没有埋完。

惨案之后，西峪村 25 户绝门，75 人成为鳏寡孤独。

1979 年，时任中共中央副主席叶剑英亲临西峪村探望幸存者和死难者家属，并亲笔题写了“西峪惨案烈士纪念碑”。

日军暴行，罪恶累累。他们不仅通过战争手段侵占城镇和乡村，对抗日根据地实施杀光、烧光、抢光的“三光政策”，为了切断抗日军民的血肉联系，日军还制造无人区、留置场、杀人场、万人坑，在统治区推行所谓“治安强化运动”，强迫奴化教育，掠夺劳工和各种军用民用物资，践踏文物古迹……

留置场，是日军在昔阳县、和顺县一带建造的法西斯集中营。留置场被关押的大多是民兵、群众、商人、伪职人员中的“不稳定分子”，还有少数抗日干部和八路军战士。被抓进留置场的人，住在封闭的窑洞、地洞内，每天放风一次。被关的人大都经过严刑拷打，遍体鳞伤，伤口极易腐烂，少则五六天，多则十余天就会死去。夏天瘟疫横行，死人更多。这里规定一天五两糙粮，汉奸、看守还要克扣，实际只有二两，有时几天不给饭吃，就撕吃衣物，有的精神错乱，甚至啃吃尸体。“女犯人”被奸污，折磨致死。留置场杀人方法之罕见，手段之残忍，令人发指。有所谓“吃红枣”、“戴亮帽”、“蒸饺子”、“坐飞机”、“点天灯”、“大过瘾”、“点洋蜡”、“金钩钓鱼”、“挤葡萄”、“挑花刺”、“千斤顶”、“龙虎斗”、“活人靶”、“祭刀礼”、“穿心凉”、“火柱烫”、“灌三水”等 40 多种残忍的酷刑。1942 年马坊（今和顺县）留置场人满为患，日军把新抓来的 600 余人围困在山坡上用机枪扫射。这些人有的被开膛破肚，把心肝掏出来，交日军头目吃掉，被残害的数千军民极少有全尸保存下来。留置场是人间地狱，是日军法西斯炮制酷刑、滥施淫威的杀人场。

灵石县城南 10 公里处的富家滩，有以煤质优良闻名的富家滩煤矿。1938 年 2 月，煤矿被日本侵略者抢占。日军实行以人换煤的血腥政策，疯狂掠夺我煤炭资源。在此后至 1945 年 8 月的 7 年间，掠夺煤炭 103 万吨，留下了成千上万中国矿工的累累白骨。他们采用灭绝人性的残柱式采煤法，经常发生矿难，造成大批矿工死亡。1939 年夏，第三坑发生大冒顶，一次压死矿工 100 多人。1942 年冬，新四坑发生冒顶，当场死亡 5 人，日军不顾坑下余生，将坑口堵死，致使 48 名矿工窒息死亡。仅 1941 年 10 月一个月，该矿死亡矿工 150 余人，平均每万吨死亡近百名矿工。日军为了“强化治安”，还设立特警队、拉尸队、大小把头、密探、便衣监工，稍有“嫌疑”即惨遭酷虐。1945 年 5 月，该矿流行伤寒，80%矿工染病，日军把染病的矿工集中到“隔离所”，每日往他们身上浇碳酸水，患者全身腐烂，平均每天死亡数十人。对病情严重者，以“特殊急救”为幌子，指令“拉尸队”拖到红苗谷扔进“万人坑”。不到两个月时间，活埋了 500 多名矿工。1962 年，富家滩煤矿“万人坑”被发现，坑内白骨累累，惨不忍睹。当时流行着这样一首民谣，为富家滩煤矿工人的悲惨生活写照：

白天挖煤身疲累，夜掏窑洞把“房”盖。

平地修坑一尺五，门上挂个破草袋。

野草为褥身下铺，挖煤破衣当被盖。

说到脑袋更可怜，砖头石块垫起来。

祁县盛产粮谷，抗战前正常年份粮食产量 6000 万斤，人均粮食 500 斤，平川高达 1000 斤。1937 年 11 月，日军侵占祁县后，出于战争经济需要，以粮食为中心，实行经济掠夺。抗战期间，日军仅在祁县便掠夺粮食 1.5 亿斤以上，烧毁和损失粮食 1 亿斤，按当时祁县人口核算为人均 2500 斤。日军对祁县的粮食掠夺分三类地区：在敌占区，用刺刀建立血腥统治，即彻底垄断，全面统治，超额派购，廉价攫取，重税折实（以粮代税），无偿劫掠；对游击区，是武力抢夺，争抢并用；对根据地，实行三光政策，企图陷抗日军民于抗战绝境。仅 1943 年，日伪军就进攻根据地 280 次，烧毁掠夺粮食无数。据日伪档案记载：1941 年祁县人口 11.7114 万人，需粮 42.161 万石，产粮 16.104 万石，缺粮 26.057 万石。1943 年，人口 11.9452 万人，需粮 43.0027 万石，产粮 10.318 万石，缺粮 32.6846 万石。已遭致荒废的粮食产量本就十分低下，而有限的粮食又大多落入日军之手，广大民众无以为继。

介休绵山，是一座著名的文化名山和佛教重地，抱腹岩内的云峰寺远近闻名。抗战期间，中共组建了绵山抗日根据地。1940 年 1 月 10 日，日军兵分三路向绵山大举进攻。日军进入云峰寺大肆掠夺寺内瑰宝，并纵火烧寺，将有 1300 多年历史的云峰寺烧毁于大火，寺内十余处精美古建筑和许多文物塑像化为灰烬。1942 年 2 月 2 日，日军再次兵分六路对绵山根据地进行“大扫荡”，将方圆数十里的所有寺庙、房屋全部烧毁，总计烧毁庙宇20余处、大殿5座、房屋300余间，各种泥塑、壁画和千年石刻碑铭等历史文化遗产荡然无存。[①]

岁月悠悠，刻骨铭心的伤痛难以抚平。铭记历史，复兴中华，任重道远。

晋冀豫抗日根据地的政治军事中心——西河头

1937年11月9日，也就是太原失守的第二天，毛泽东电示山西前线的八路军总部，“华北正规战争业已结束，游击战争转入主要地位”。八路军总部立即命令一二九师深入太行山开辟以太行山为依托的晋冀豫抗日根据地。天寒地冻的1937年11月15日，威武雄壮的八路军一二九师司令部，高举着迎风飘舞的抗日大旗，踏进了太行山巅一个名不见经传的小山村——辽县（今左权县）西河头村。中共晋冀豫省委负责同志李菁玉、李雪峰等同时到达。

不足百户人家的西河头村，位于辽县城西，村西傍山，村前清漳河缓缓流过，许多河槽已经结下了厚厚的冰层。这时，正是抗日战争防御阶段。中共晋冀豫省委和一二九师进驻西河头后，为了实现从红军时代的运动战向独立自主山地游击战的战略转变，一二九师决定在这里举办游击训练班，轮训部队排以上干部和地方区以上干部，学习游击战的具体战略战术。参加轮训的部队学员和地方学员分班训练，课程略有区别。部队干部侧重学习如何分散到敌后进行游击战争，如何做群众工作和协助地方政权工作；地方干部着重学习如何组织自卫队，保卫人民的生命财产和配合正规军、游击队打击日军以及如何组织支前工作。

---

①山西省晋中行政公署计划委员会编：《晋中地区国土资源》，山西经济出版社1994年版，第755-756页。山西省老区建设促进会编：《山西革命老区》，中央文献出版社2003年版，第496-505页。

11月28日,在西河头村一片相对平坦的土地上,游击训练班第一期开学典礼大会简朴而隆重地召开了。刘伯承师长作了动员并上了第一课——抗日游击队四项基本任务。他首先传达了周恩来副主席在临汾关于华北抗战的演讲,接着从十几万国民党军队溃退、抗日战局严峻的形势,讲到八路军坚持华北抗战就要坚持游击战为主的方针。刘师长的讲课深入浅出,通俗易懂,或巧妙比喻,或辛辣讽刺,学员们时而神情专注,时而又开怀大笑,整个课堂显得既生动活泼,又严肃认真,学员们深受启发。

刘伯承给大家讲了一个生动的事例,他说:“我从缴获的日军文件发现一名士兵的家信,信中画着一个圆圈,又画了一个小人站在圈中。圈中小人代表他自己,周围代表游击战,形象地说明鬼子被八路军游击战包围后的绝望境况……”刘伯承用这样生动的事例使学员受到了深刻的教育。

当年的西河头地瘠山贫,乡亲们经常过着糠菜半年粮的生活。这里没有种植蔬菜的习惯,吃饭十分简单,用腌萝卜缨子和野菜的酸菜汤,拌上炒玉米面就算是一顿美餐了。训练班的干部、战士也入乡随俗,和村民们吃一样的饭菜。刘伯承师长曾多次负伤,身体虚弱,战士们想给他做一点稍好的饭菜,却被他拒绝了。他总是说:“不要特殊,和大家一样就行了!”

游击训练班每期多则一个月,少则半个月,虽然学习时间很短,但学员们都感到提高很快。西河头训练班开学的日子,正是根据地初创时期,日军压境,诸事纷繁,千头万绪。刘伯承在繁忙工作之余,以惊人毅力写下了《论游击战与运动战》《抗日游击队四个基本任务》《抗日自卫队三个基本任务》等著作,作为训练班的教材,向学员们传授。

在西河头训练班期间,刘伯承十分善于运用身边事教育身边人。一次,他骑马外出,忽然,战马不停地嘶叫起来,拼命往前奔跑,等到跑了很远,他们才发现是有一群黄蜂从后面袭来,蜇得马惊了。刘伯承若有所思地说:“嘿,原来这个庞然大物,还怕这小小的黄蜂呀!”于是,他在讲课中就引用了这个例子,说:“我们游击队就好比分散出去的黄蜂,短小精悍,行动灵活,日本鬼子肯定受不了。”他的这个比喻,非常形象生动地说明了游击战的作用。从此,“黄蜂”与“麻雀”的战术,便成为游击

左权县八路军129师西河头纪念馆

队克敌制胜的法宝。

经过短暂的训练，学员们很快分赴各地发展壮大游击队，开展游击战争。他们刚下去时，只带几名队员，至多一个排一个连。一批批游击“种子”从训练班出发，到太行，赴太岳，下冀南，奔豫西……经过一个时期的蓬勃发展，抗日根据地“黄蜂四处追，麻雀满天飞”，游击的“种子”发展成一支支抗日游击队伍，像滚雪球一样，越滚越大，抗日游击战争遍地开花，烈火熊熊，直到迎来抗日胜利的曙光。

随后，西河头游击训练班按照刘伯承师长、邓小平政委的指示，逐步演变为部队的参谋轮训班，随营学习，随队行进，培育了一批又一批抗日英才，给西河头这个太行山上的小村庄，留下了“抗日游击战发祥地”①的美誉。

同一时期，中共晋冀豫省委依托一二九师师部开展工作，首先创建了中共辽县县委，直属省委领导。1938 年 1 月 21 日，由刘伯承师长、邓小平政委主持召开了一二九师政治工作会议，全师营以上干部出席。2 月，省委又在西河头召开党的活动分子会议（即西河头会议），传达中央

①129 师李达参谋长在《抗日战争中的一二九师》一书中写道：“辽县这个不为人注意的小山城，就这样成了晋冀豫抗日根据地游击战争发祥地。”

12 月会议精神，提出建立根据地具体任务。中共中央北方局代表彭真在会上作主题报告。3 月 3 日至 9 日，省委再次在西河头召开创建根据地会议，专门研究讨论建立太行根据地的问题。在此期间，一二九师与省委多次召开各特委书记与游击队政委联席会议、省委扩大会议及一二九师干部会议，使西河头村成为太行革命根据地初创时期的政治、军事活动中心。时至今日，省委与师部驻地仍保存完好。

晋中走出的子弟兵——秦赖支队

1937 年 11 月 18 日，根据八路军一二九师的命令，在和顺县石拐镇成立了太行山区第一支由共产党领导的抗日游击武装——晋冀豫抗日义勇军第一纵队，对外称“秦赖支队”。在抗日战争的疾风暴雨中，这一支由晋中工人、农民组成的武装，转战在太行山区，配合八路军主力打鬼子、除汉奸，建立了不朽的功勋。

秦赖支队由秦基伟任司令员，赖际发任政委。在秦赖支队组建之前，由榆次晋华纱厂工人自卫队扩展壮大的榆次县抗日游击队和太谷人民抗日游击支队就分别活跃在榆次、太谷县内。为了集中有生力量，有效地消灭敌人，八路军一二九师副师长徐向前根据朱德总司令《关于建立一支扎根太行山，开展游击战争的抗日游击队的指示》，在和顺县将榆次、太谷和平定县的 3 支游击队合并为秦赖支队。支队组建后，有 600 多人。榆次县抗日游击队为第一大队，平定县抗日游击队为第二大队，太谷人民抗日游击队为第三大队。支队由八路军一二九师和中共晋中特委双重领导。

在支队刚刚成立的时候，巧遇朱德总司令和肖华同志率领八路军总部和一一五师路经此地，支队领导便邀请朱总司令和肖华同志给部队讲话。肖华同志首先讲述了华北战场的形势，随后，又将平型关大捷和广阳战斗的战况向战士们讲了一遍，听得战士们目瞪口呆，如痴如

太谷县范村战斗遗址

醉，鼓掌欢呼。朱德总司令最后说：“共产党、八路军坚决和全国军民站在一起，坚持华北抗战，八路军就是打得只剩一个人，也要坚持华北抗战到底！”总司令的讲话给支队的战士们以极大的教育和鼓舞。大家纷纷表示，要身在太行根据地，放眼全国的抗日战场，为保家卫国洒尽最后一滴血。看到战士们个个摩拳擦掌，意气风发，朱总司令十分高兴，他下令把缴获的战刀、洋枪和一些奇缺物品留给了秦赖支队。随后，各大队响应徐向前副师长关于“各县抗日武装打回老家去，开辟抗日根据地”的指示，分别回到榆次、太谷，开始了创建抗日根据地的艰苦工作。

太谷大队返回县境后，驻扎在东山的山庄窝铺里。他们经常昼伏夜出，到平川一带偷袭日伪军，惩治汉奸卖国贼。他们还筹粮筹款，征收军鞋、被服，除了供应本县抗日所需，还支援了太行区和一二九师。大队战士还化整为零，分散到各个村庄，一个村一个村地发动群众。先建立青救会、妇救会、农救会和儿童团，后建立村级政权，接着发展党员，建立农村党支部，扩大农村抗日根据地。一时间，太谷境内的抗日救国运动，风生水起，方兴未艾。

在做好根据地工作的同时，各大队还经常配合八路军打击敌人。12月15日，八路军一二九师七七一团在太谷县范村镇附近与日军展开激战，太谷大队以麻雀战术与日军周旋，瞅准空子袭击敌人。在几天的战斗中，打死打伤日伪军30多人，击毁敌人坦克一辆。当参与六路围攻的一股日军在和顺县与我一二九师的七七一团展开激战时，太谷大队迅速前往驰援，积极配合正规军的战斗，给予日军以沉重的打击，直到“六路围攻”被彻底粉碎。

榆次大队返乡后，积极壮大队伍，扩充实力，破敌扰敌歼敌。他们破坏公路，炸毁桥梁，割断电话线，惩治汉奸走狗，搅得日军不得安宁。这一支以晋华工人自卫队和牺盟会会员为主要力量的队伍，手持步枪、长矛，经常与日本鬼子的小股部队进行闪电战，不断消灭敌人，缴获各类枪支，还不等敌人缓过神来，这支熟悉当地风土人情、摸透家乡沟沟坎坎的“土八路”早已消失得无影无踪。

晋中走出的子弟兵，活跃在家乡的土地上。哪里有情况，他们就往哪里去，哪里有敌情，他们就出现在哪里。秦赖支队所属大队，成为晋中根据地的保卫者和守护神。

这一支由秦基伟拉起来的抗日武装，称号几经变更。在向守志同志担任这支队伍的副司令后，改称“秦向支队”。1945年10月，“秦向支队”被编为晋冀鲁豫野战军第六纵队第十八旅。1949年2月，十八旅改为中国人民解放军第十二军第三十六师。晋中走出去的子弟兵们，随着大部队，进入解放全中国的行列之中。秦赖支队在晋中根据地的丰功伟绩，在晋中抗战历史上留下了浓墨重彩的一笔。

百团大战与榆辽战役

1939年底至1940年上半年，日军在华北地区加紧修筑铁路、公路、大道，在交通线上大修工事据点，企图用分割、封锁的方法，压迫包围根据地，以达到摧毁根据地、消灭八路军的目的。1940年8月，按照中央的指示，八路军总部组织华北敌后抗日根据地军民进行了大规模的交通干线破袭战役——百团大战。在纵横5000里的战线上，八路军主力投入105个团同时向日本侵略者发起全面攻击，在中国人民抗日战争史上写下了光辉的篇章。当年的榆(社)辽(县)战役就是其中闪亮的一页。

榆辽战役是在百团大战第二阶段发起的重点战役，战役的中心任务是拔除辽县(今左权县)至榆社公路沿线的敌军据点，收复榆社和辽县两个县城。榆辽公路是日军突入太行根据地最深的一条公路，全长90华里，日军设有榆社城、沿壁、王景、管头、铺上、小岭底、石匣、辽县城等8个城镇和村落据点。敌人企图以榆辽公路为基干，从榆社向南伸展把公路通到武乡县，与白晋路相连，达到既分割我太行区，又能灵活调动正太、白晋路沿线兵力的目的。榆辽公路的据点由日军第四独立混成旅团所部守备，无论工事构筑，还是兵力、武器配备都是一流的。

1940年9月，八路军总部决定展开榆辽战役。9月22日，一二九师刘伯承、邓小平在榆社县讲堂镇设立前方指挥所，发布了“百团大战”第二阶段的基本命令，决定利用10个团优势兵力投入战斗。左翼部队先攻取榆社境内的据点，与此同时，右翼部队攻取辽县境内的据点，而另外的几个团分别在昔阳县、和顺县设防牵制，阻击敌人援军和在沁县一带破击敌人配合主力作战。

9月23日，榆辽战役于夜里23点在7个据点同时打响，我八路军以迅雷不及掩耳之势，向敌人的据点发起猛攻。到24日上午，沿壁、王景、小岭底、铺上等据点已经全线告破。辽县民歌唱道：“九月二十三，天明月正南，小岭底炮台，一夜就完蛋。”

榆辽战役攻坚战中最激烈的要数榆社城战役。榆社城守军是日军第四独立混成旅团板津大队藤本中队，驻有400多人，武器配备精良，而且有飞机助阵。指挥这场战斗的是陈赓的老部下、后任第二野战军十三军军长的周希汉。战斗打响前，指挥着第七七二团和十六团两个团兵力的周希汉，背着粪筐化装成拾粪老农进了城，很快把榆社县城的情况摸得清清楚楚，并把主攻方向定在了西门。战斗打响以后，战士们撑着梯子爬上城墙，将煤油、燃烧弹、地雷、炸药包等一个劲儿地往里扔，敌人用机枪扫，用火炮压，很快形成拉锯战，你进我退，我进你退，我军对县城的连续四次强攻，都未能成功。

这时，陈赓旅长亲自来到阵前。他听了大家的议论后，对大家说："我们的装备虽然不如敌人，但我们现在在人数上是占优势的，只要我们组织得好，封锁敌人的火力就不是问题。"战士们八仙过海，各显神通。有的把敌人的火力点、射击孔编上号，对火力作了分工；有的把武器轻重区分，轻重机枪专打离得远的敌人，保证对敌人脚露打脚，手露打手，火力又强又准。炮兵也迅速改变了战法，他们把山炮抬到离西门约50米的一座楼上，将曲射改为直射，直接瞄准敌人占据在门楼上的火力点，打出的炮弹颗颗有效。敌人很快失去了曾经的猖狂，被火力压制得无力还击。

日本鬼子黔驴技穷，使出了下三滥的办法，开始施放毒气。整个阵地笼罩在毒雾之中，我军阵地上的战士们一个个头晕眼花、咳嗽流涕，非常难受。这时候，四架敌机也飞临榆社上空，对我军进行低空轰炸扫射。"地上不行到地下！"周希汉和战友们迅速采取坑道作战，用棺材装上土炸药爆破。25日下午，只听"轰隆"一声巨响，榆社城像惊雷滚过，又像是发生了强烈地震，榆社城动荡了，日本鬼子被炸晕了。我军乘势发起强攻，经过40分钟的激战，榆社城终于回到了人民的手中。日军中队长藤本见回天无力，畏罪自杀了。此战，日本藤本中队400余人大部被歼，缴获枪支弹药无数。

129师在正太铁路寿阳至榆次间进行大破击

石匣据点是榆辽战役中一个较大的据点。据点修筑着炮楼、地堡、哨棚，四周是纵横交错的壕沟和铁丝网，防卫严密，易守难攻。鬼子山本中队的一个小队驻扎在这里。战斗打响后，我军迅速扫清了外围之敌，敌人都收缩于村西北的山丘之上，依据坚固工事负隅顽抗。我军部队还未接近铁丝网便被密集的火力压了下来，只好暂停攻击。黄昏时分，善于近战夜战的我军发起第三次攻击，一部分绕过敌人正面，穿过街巷，打通寨墙直逼敌人。另一部分从正面分两路攻击敌人，打得敌人有招架之力、无还手之功。夜里 11 点多，战斗全部结束，共歼敌 50 多人，缴获大量战利品。

榆社战役中的担架队

截至 30 日，榆辽公路沿线的 8 个据点，除辽县城外全被攻克，八路军共毙伤日军近千人，榆辽战役结束。百团大战第二阶段，太行区部队进行大小战役 152 次，毙伤日伪军 2564 名，摧毁碉堡 20 余座，解救修路群众 2000 余名。

晋中地区是百团大战的主要战场。广大民众积极准备干粮、熟食、破路工具，肩挑、人扛、牲口驮，支援过往部队或送往前方。有的县为转运支前物资、战利品和伤员，建立转运站，开辟运输线，保证了前线物资供应和伤病人员、战利品及时转运。许多县的参战、支前民兵和群众，由县委书记和县长带领，在前线随军行动。据不完全统计，在战役的第一、第二阶段，晋中地区共出动民兵 2 万人，参加破袭、运输、抬担架、当向导、送情报等任务；同时动员群众 7 万余人，征调牲口 4500 头。此外，晋中地区还供应军粮 1.4 万石、电线杆 1800 根、柴草 100 万余斤、军鞋 3 万双、蔬菜 2 万余斤、羊 1000 多只，其他物资无以计数。各地还建立了通讯网，随时传递情报，加强对敌侦察，及时惩办罪大恶极的汉奸特务。据太行军区统计，在百团大战期间，太行区民兵参战总数近 6 万人，共参战 538 次，对百团大战的胜利做出了巨大贡献。

八路军总部在麻田

“黄河东走汇百川，自来表里太行山。万年民族发祥地，抗战精华又此间。”这是陈毅同志的《过太行山书怀》，这几句诗描绘了太行山的历史风貌，讲述了一代抗日民族精英驻扎辽县麻田，为中华民族的独立和解放建立的不朽功勋。麻田——有着“第二延安”美誉的太行山区小镇，也永远载入中国抗日战争的史册。

抗日战争爆发后，1937 年 8 月中共中央洛川会议，制定了全民族全面抗战的路线和持久抗战的战略方针。八路军东渡黄河，开赴华北抗日前线。11 月 6 日，朱德总司令率领的八路军总部开赴太行山，先进驻和顺县仪城镇，11 月 7 日又开抵和顺县石拐镇。总部进驻和顺后，我方立即召开重要军事会议，进行坚持华北敌后抗战动员部署。11 月 13 日，总部移驻榆社县城，我军组织人员在城内发表演说、张贴标语，宣传党的抗日救国十大纲领，鼓舞抗日救亡斗志。

左权麻田

1940 年 11 月 7 日，八路军总部和中共中央北方局等首脑机关正式进驻辽县(今左权县)，次年 7 月进驻麻田镇，在此指挥华北军民坚持抗战。期间，北方局和总部下属的后勤部、保卫部、野战政治部、军工部、一二九师司令部、北方局党校、华北《新华日报》社、冀南银行、朝鲜义勇军华北支队等单位也驻扎在周围村庄，使辽县成为整个晋冀鲁豫边区的首府。辽县先后被定为中心县、实验县和模范县。当年的麻田，汇聚了一大批中华民族的精英。中共中央北方局、八路军、新四军及各敌后抗日根据地的领导人朱德、彭德怀、左权、刘少奇、杨尚昆、彭真、刘伯承、邓小平、徐向前、聂荣臻、陈毅、罗瑞卿、陆定一、杨秀峰、薄一波等老一辈无产阶级革命家都曾在这里工作，麻田成为当时华北敌后抗战的政治、军事中心。

麻田地处太行峡谷之中，在清漳河畔，一向有省界屏障、锁钥晋疆之称，为历代兵家必争之地。麻田的山，有的直挺挺惟妙惟肖，像黄山的梦笔生花；有的亭亭然窈窕端庄，像三峡的巫山神女；有的活像龟兔赛跑、古堡残垣。古《辽州志》记载：境内翠峰秀岭，重峦叠嶂。凤凰山、龙门山、五指山、摩天岭、十八盘等等，单听这些响亮的名字，就足以揣摩出它的与众不同。

八路军总部驻扎麻田之初，正是百团大战之后华北敌后根据地遭遇严重困难的时期。日本法西斯制定长期作战计划，在进行军事“扫荡”的同时，结合政治、经济等各方面的举措，连续开展了五次“治安强化运动”，妄图达到清除共产党和八路军，稳固华北占领区的目的。

面对艰苦卓绝的困难局面，八路军总部根据中共中央的指示和部署，针对敌人“肃正”的重点在于“剿共”的阴谋，建立具有独立性的军区工作方式，广泛组织地方武装，坚持华北抗日斗争，保卫根据地，展开全面的对敌战争，进行反“扫荡”、反“蚕食”和反“治安强化运动”，彻底粉碎了敌人的罪恶阴谋。在当年的麻田，一道道战斗命令由此发出，一个个作战计划在此拟定，一条条胜利的捷报由此发往全国。在 1941 年的反“扫荡”斗争中，根据地共进行大小战斗 2400 多次，歼敌 1.12 万人。

日本侵略者惨绝人寰的“三光”政策，使根据地遭受严重的损失，再加上太行山区连年遭受严重的旱灾，更使根据地面临严峻的考验。八路军总部号召军民坚持抗战，增强实力，克服困难，并采取了相应的措施。

左权县麻田镇八路军总部纪念馆

和顺县八路军石拐会议纪念馆

中共北方局和总部精简机构充实连队，加强基层，节约人力财力，机关单位每人每天节约一两小米，救济当地灾民。

麻田的山巍巍挺拔，高耸入云；麻田的水清清冽冽，奔流不息。彭德怀等总部首长带头开展大生产运动，根据清漳河的自然条件，在麻田村口凿开了一条大水渠，安装了人力水车，把一千多亩旱地变成水田。开渠的时候正值早春，冰虽初破，风犹刺骨，从来身先士卒的彭老总，又第一个跳下齐腰深的泥水之中。1942 年秋天，严重的灾荒之后，八路军总部机关干部、战士在大坝一侧建成了辽县历史上第一座 10 千瓦小型电站。第一次见到电灯的民众备感鼓舞。他们还在清漳河畔淤滩造地，拓荒种菜，把荒无人烟的干河滩开垦成菜园。无人居住的河滩引来了老百姓，从一户人家增加到 50 多户人家，建成了菜园村。小小的村庄，铭记着这里曾经是八路军的菜园。西红柿等蔬菜的种植技术，当年就是从这里传播给了当地民众。麻田被誉为“太行山上小江南”。在八路军总部驻扎期间，辽县是一个只有 7 万人口的山区小县，在大生产运动中，这里新修滩地一万八千亩，粮食超计划一万多石。华北根据地大生产取得了辉煌成就，军民同舟共济，战胜了困难，打破了敌人的“囚笼”，度过了灾荒时期，进入了新的发展阶段。

岁月尽管艰苦，但八路军连续几年都取得了辉煌胜利。抗日战争进入 1945 年，日寇败局已定，抗战胜利的曙光正在前头。新年伊始，中共中央北方局、八路军总部和一二九师司令部相继发出集中优势兵力，向敌人发动进攻的命令。各根据地八路军首先对敌伪展开了进攻。晋冀鲁豫各战场集中指挥，分线作战，规模大，攻势猛，仅春季就进行大小战斗 2300 余次，歼敌 3.78 万人。8 月 15 日，日本宣布无条件投降。同日，中共中央决定八路军总部和中共中央北方局由太行迁往延安。

一代抗日精英汇聚太行，在太行山上运筹帷幄。八路军总部指挥华北抗日根据地军民与侵略者进行了艰苦卓绝的八年抗战，在中国人民抗日战争史上写下了光辉的篇章。

左权将军十字岭殉国

左权将军家住湖南醴陵县，
他是中国共产党的优秀党员……
左权将军牺牲为的是老百姓，
咱们辽县老百姓为他报仇恨……

左权像

这一首以左权民歌谱曲的《左权将军》歌，深情地唱出了老区人民对将军的无限敬仰和深切怀念，左权将军为国捐躯的革命故事也因此代代相传。

左权，1905 年 3 月 15 日出生于湖南醴陵县平桥乡黄猫岭村（今醴陵县新阳乡）的一个贫苦农家。他一岁半丧父，生活艰辛，先在村里上私塾，后考取私立小学。后来，又带着亲戚为其凑集的学费考入县立中学。入学后，他积极加入进步组织，阅读地下刊物，决心投身于改造中国社会的革命事业之中。

1924 年 3 月，左权考入了广州陆军讲武学堂，随后转入黄埔军校第一期。在党的教育引领下，他加入了中国共产党。因在学习和战斗中表现突出，他被选派到苏联留学，在莫斯科大学与邓小平同读，后又与刘伯承同读于伏龙芝军事学院。1930 年，左权奉调回国，奔赴江南革命根据地参加了红军，开始了革命战斗生涯。

左权精通军事，作战勇猛，“是善于从经验中抽取与总结出原则理论，发现规律，来指导新的实践的八路军最优秀的将领之一”（刘伯承、邓小平回忆）。在他撰写的《战术问题》《埋伏战术》等论著中，提出了“速打、速决、速撤”的战术方针，有效指导了华北抗战。他参与指挥晋东南反九路围攻，和彭德怀共同指挥了著名的百团大战，并亲自为这一战役命名。

在抗日战争的艰苦岁月中，八路军缺钱、缺枪、缺子弹。左权到武乡、黎城、辽县交界的大山里察看地形，穿梭于太行山的崇山峻岭。攀悬崖，登峭壁，在大山深处的黄崖洞建起了著名的黄崖洞兵工厂。黄崖洞地处山西省黎城县，四面环山，只有一条小路通往大山深处，地形险要。八路军兵工在这里起炉炼钢，炒药铸铁，生产出大量的弹药、枪支和地雷，源源不断地运往抗日前线。

在根据地的日子里，左权亲民爱民，与当地百姓结下了鱼水般的情意。八路军总部在麻田的日子里，清漳河水一到夏天就发生山洪，给两岸乡亲带来许多不便。对此，他看在眼里，急在心上，他动员全体战士在作战训练间隙帮助老百姓修桥，并抽时间亲自上阵。他还亲自动手设计水车，引水浇田，将麻田村的滩旱地变成了水田。

身为八路军副总参谋长，左权淡泊名利，严于律己，从不居功自傲，始终保持着艰苦朴素的作风，保持着共产党人的政治本色。他每天和战士们一样喝小米粥，吃老咸菜，还把自己的津贴和稿费捐出来公用。战斗中缴获日本鬼子的乳制品分给他后，他马上送给伤员，自己不满周岁的女儿却因母乳不足常常饿得大哭不已。他把仅有的军毯送给新来的干部，只留下又薄又窄的棉被。有一次，一个警卫战士的爱人来部队探亲，他就把寝室让出来，自己住进了警卫室。

1942 年 4 月，日军纠集了 3 万兵力多方向合围八路军总部所在地

左权县十字岭左权将军纪念亭

麻田。到 5 月下旬，形势异常紧张，部队白天休息，夜晚行军。日军则采取逼近蚕食、逐步压缩与远距离撒大网奔袭相结合的战术开始大“扫荡”。25 日，八路军总部、中共中央北方局等机关在麻田以东的十字岭一带遭敌包围。面对严峻敌情，左权奋勇承担了指挥突围的重任，指挥部队奋起应战。六架敌机在天上轮番轰炸，万余名敌人像蝗虫一般扑来。左权临危不惧、镇定自若，掩护着总部首长和万余名军民冲出敌人的包围圈。当左权和最后一批人员突围至一个山垭口时，一颗罪恶的炮弹飞来，左权被弹片击中头部，壮烈殉国，年仅 37 岁。他是八年抗战史上中共领导的人民武装牺牲的最高将领。左权留学回国参加红军后，从未离开过部队。抗战的艰苦日子里，从未离开过前线，直至在炮火和硝烟中献出了自己的生命。

噩耗传来，军民同悲。中共中央的领导同志纷纷发文、撰词悼念。朱德在悲愤之余写下了著名的诗句：“名将以身殉国家，愿拼热血卫吾华。太行浩气传千古，留得清漳吐血花。”辽县民众万人签名，要求将辽县易名为左权县。1942 年 9 月 18 日，晋冀鲁豫边区政府根据广大人民群众的愿望，正式宣布将辽县改名为左权县，并在县府驻地召开大会，派员授印，把人们的无限哀思，永远寄托在中国版图一个崭新的县名上。

无产阶级革命家左权将军的光辉形象同巍巍太行融为一体，中华民族的浩然正气，革命先烈的威武不屈，永远光芒四射。“左权将军牺牲为的是老百姓。”这句朴实无华的赞誉和这首《左权将军》歌一道永远镌刻在老区人民的心中。

晋中战役铸辉煌

1948 年 5 月，人民解放军发动了临汾战役，晋南名城临汾回到了人民手中，统治山西近 40 年的阎锡山大部分兵力，陷入重重包围的晋中盆地，占据着太原、榆次等 16 座县城及周围村镇。阎锡山惊恐万状，制定了保卫晋中、固守太原、“固守点线,以攻为守”的作战方针,组织了14个师、3个总队、22个保安团约13万兵力,与解放军进行大决战。

1948年6月2日，中共中央华北局和华北军区报请中央军委批准,由徐向前、周士第统一指挥华北野战军第一兵团、太岳主力、太行二分区等部队,发起晋中战役。参战兵力为49个团,计约6万人,不足阎军兵力一半。

这时候的晋中,在阎锡山“兵农合一”“三自传训”等暴政统治下,人民生活在水深火热之中。阎锡山凭借残暴的统治,以特务、地主、恶霸为骨干,强迫群众普遍建立“民卫军”,实行“村村自卫”,编组抓丁,扩充实力。有一首晋中民谣这样唱道:“兵农合一好,遍地长青草;兵农合一聚宝盆,又没粮食又没人。”这几句话,无疑是当时晋中城乡的真实写照。在人民生活极度困难的情况下,阎锡山为了“永保晋中,万无一失”,命令全部军政人员,准备一切力量,发动比以往更加疯狂的抢麦行动。

时值六月,晋中大地艳阳高照,麦浪涛涛,阵阵麦香让平川一线的乡亲们看到了丰收的希望。但是,他们更希望麦子不要熟得太快。“麦子麦子你不要熟,熟了不够交公粮。”“麦子麦子你慢慢长,解放军来了你再黄。”这些广为传颂的晋中民谣,充分表达了人民渴望解放的迫切心情。为了保卫麦收,为了消灭阎军的有生力量,缩小阎占区、扩大解放区，兵团指挥员经过深思熟虑，于6月9日发布了发动晋中战役的命令,决定我华北野战军第一兵团和地方武装6万多人,采取分割包围、各个击破的战略战术,“求得歼其主力一部”，争取在敌主力与我决战时,予以毁灭性打击。战斗发起时间预定为6月20日。

6月11日,我吕梁部队进入汾河以西的孝义县高阳镇,太岳部队沿同蒲线攻占灵石县。阎锡山闻讯后,立即命令由敌34军、43军、61军各一部及亲训师、亲训炮兵团组成“闪击兵团”扑向高阳,企图聚歼吕梁部队。吕梁部队英勇作战,仗打得十分艰苦。与此同时,我军主力乘平遥、介休、祁县一带敌人兵力空虚之际,于18日提前出动,直下平川,诱敌回援。其余部队则按计划行动,迷惑牵制敌人。阎锡山见此情景,急令“闪击兵团”回援,并令榆次、太谷所部南进,与回援之敌合拢。我军张网以待。6月21日,敌人开始由介休向平遥开进,刚走到半路,就被我火速赶来的八纵队和太岳部队包围,我军出敌不意,勇猛异常,敌人猝不

解放祁县

及防，死伤遍地。

阎锡山吃了败仗，心有不甘。6 月 23 日，他委派太原绥靖公署副主任、第七集团军中将总司令赵承绶兼任野战军总司令，统一指挥晋中野战军和地方部队。赵承绶命令一个军由祁县南下，另一个军由平遥北移，两军南北对进，合围于祁县、平遥以东地区与我军决战。26 日凌晨，敌人开始行动，徐向前镇定自若，下达了歼灭阎军的战役部署。太岳部队并肖文玖集团攻歼太谷守敌，破袭榆太铁路，吕梁部队袭取徐沟；八纵队主力控制祁太铁路以南地区，十三纵队主力集结祁县东观镇，晋绥部队切断铁路，威胁太原。

7 月 10 日，徐向前司令员发布了总攻命令。我军自西向东，逐村夺取，分割歼敌。八纵队、十三纵队一马当先，分别从西南、西北两个主攻方向发起猛烈进攻，太岳部队和肖文玖集团担任助攻。经过一场又一场战斗，我军的包围圈逐步缩小，迫使赵承绶及其残兵败将龟缩在太谷小常——一个不足百户人家的小村子里。

“活捉赵承绶，解放全晋中！”响亮的口号迅速传遍各个参战部队。7

月 16 日，天刚刚放亮，金色的阳光洒满了硝烟弥漫的战场。天上，敌机轮番轰炸，地下，敌人在装甲车的掩护下拼命向村外反扑，小村子里浓烟滚滚，尘土飞扬，枪声、炮声响成一片，战斗进入白热化状态。我两个团的兵力从几个方向往村里步步紧逼，妄图突围的敌人像戳翻了的马蜂窝，乱哄哄地拼命逃窜。我军阵地上轻重机枪和各种炮火纷纷发威，像暴风骤雨般压向狼奔豕突的敌军。战士们高喊着："缴枪不杀！解放军优待俘虏！"敌军士兵，有的扔下枪支，有的跪地投降，有的躲在尸体下装死。

村里的巷战还在继续着，狼狈不堪的敌人还在最后挣扎。我军几排手榴弹扔过去，把敌人炸得血肉横飞，鬼哭狼嚎。这时，一个地堡口上，一件挑在枪杆上的白衬衣在晃动着。战士们迅速冲上前去，枪口一齐对准了地堡口，齐声大喊："缴枪不杀！"将军服上又是泥巴又是血的赵承绶，如丧家之犬，从洞口爬了上来，在他身后还有几个高级军官。钻出洞口，赵承绶举着双手，低着脑袋，苍白的面孔上两只眼睛斜视着，以颤抖的声音诈声说着："我就是赵承绶，我就是赵承绶。"

7 月 19 日，榆次县城（今榆次区）获得解放。21 日，逃窜的敌整编 39 师被歼，解放军各部队直追太原城郊，形成对太原孤城的合围态势，晋中战役胜利结束。

晋中战役的胜利，使阎锡山军队遭到了毁灭性的打击，使其丧失了野战能力，共歼灭阎军 1 个总司令部、5 个军部、8 个师、2 个总队和 4 个整团、14 个整营、4 个铁甲车队，总共歼灭敌人 10 余万名，解放了榆次、太谷、祁县、平遥、介休、灵石和忻县、徐沟、晋源、清源、交城、文水、汾阳、孝义等 14 座县城。在战斗中，人民解放军英勇善战，视死如归，以一当十，气吞山河，3000 名指战员献出了自己宝贵的生命。太行、太岳、吕梁、北岳 40 多万人民群众冒着生命危险，抬伤员、送弹药、运军粮、打敌人。仅晋中的太行二地委、太行二专署的党政军群团干部，在短

活捉赵承绶的温致义

时间内便组织起一支规模巨大的支前队伍，全区支前民工达 16.25 万人，占主要劳动力的 50%以上。因此说：晋中战役不仅是中国人民解放战争史上以少胜多、以弱胜强的光辉战例，也是广大军民共同谱写的一曲人民战争的凯歌。

党中央于 1948 年 7 月 19 日致电高度赞扬晋中大捷，电文指出：“晋中战役在向前、士第两同志直接指挥之下，由于全军奋战，人民拥护，后方努力生产支前，及各战场的胜利配合，仅仅一个月中，获得如此辉煌战绩，对于整个战局帮助极大。” 电报稿中，“极大”两个字原来是“很大”。毛泽东主席亲笔将“很”字改成了“极”字。这份电报的底稿现存在中国人民军事博物馆。凡到这里缅怀当年战斗岁月的人们，无不为之动容。

红色晋中　人民新生

晋中，因地处“三晋之中”而得名，起初是一个地理方位概念。作为一级地域区划，晋中首先是中国共产党地方党组织在抗日战争初期创立的，最早的组织名称为中国共产党晋中特别区委员会（简称中共晋中特委）。

1937 年 7 月 7 日“卢沟桥事变”后，中国共产党提出了全民族抗战的路线和开展敌后抗日游击战的军事战略方针。中共山西工委一方面组织发动群众开展抗日救亡运动，一方面派出中共党员赴各地建立党的各级组织。同年 8 月，根据中共山西工委的指示，刘建勋组建成立了中国共产党晋中特别区委员会（简称中共晋中特委），主要在同蒲铁路沿线的榆次、太谷、祁县、平遥和介休等地开展党的工作，组织开展抗日救亡，因此该特委又称中共同蒲特委，上属中共山西工委（1937 年 10 月改称中共山西省委）领导。当时的中共晋中特委下辖中共祁县县委、中共平遥县委，又先后建立了中共太谷县委、中共介休县委和中共榆次

八路军石拐会议旧址（中国共产党晋中特别区委员会旧址）

支部。特委没有固定驻地，秘密往来于各县之间，举办抗日训练班，建立抗日救亡群众团体，组织抗日武装，开展了卓有成效的抗日救亡工作。

中国共产党晋中特别区委员会是晋中首次以地域区划概念出现。此后，在整个抗日战争时期，根据抗战形势的需要，中共晋中特委经历了多次调整组建和更名。但无论随后的组织名称中有无晋中二字，晋中作为山西省中部的一个区域性概念正式走上了历史舞台。1937 年 11 月，配合建立晋东南抗日根据地，中共中央北方局决定统一晋中党组织。原中共正太特委、中共正太沿线特委、中共阳泉矿区党委和中共正太铁路工委在和顺县石拐镇召开会议，合并成立了中国共产党晋中特别区委员会（简称中共晋中特委①）。特委驻和顺县石拐镇，上属中共冀豫晋省委领导，下辖中共寿阳县委、中共平定县委、中共太谷县委、中共和顺县委、中共昔阳县工委、中共榆次县委和中共榆次（路北）县委。新合并组建的中共晋中特委，积极建立基层组织，发动群众支援抗战，创

①原中共晋中特委于 1937 年 12 月撤销，原辖县委分属新组建的中共晋中特委（下属 6 个中共县委工委）和中共晋东特委（中共祁县县委）、中共晋西特委（中共平遥县工委、中共介休县委）领导。

建人民武装,为晋冀豫抗日根据地的开创做出了重要贡献。和顺县石拐镇是中共晋中党组织最早的驻地。

从中国共产党晋中特别区委员会到中共晋中地方委员会，晋中作为一个地域区划概念是中国共产党地方党组织在抗日战争时期首先创立的。晋中由中国共产党而生,晋中为抗日救亡而生。

作为地方行政区划，晋中首次出现在解放战争时期。抗日战争初期，阎锡山政府把全省 105 个县划分为 7 个行政区，建立行政主任公署,行使行政权力。现晋中境域分属第一、第三、第四和第六行政主任公署所辖。1937 年 10 月日军攻陷娘子关侵占全境域后,晋中各县的旧政权县长大部逃亡,阎政府名存实亡。此后,中共各级地方组织和八路军派遣游击支队,开始逐步改造阎锡山旧政权,建立抗日政府。1940 年 8 月，晋冀豫抗日根据地成立了全区统一的抗日政权组织——冀南、太行、太岳联合办事处(简称冀太联办)。现晋中各县分属冀太联办直辖的太行区和中共领导的山西省第三行政主任公署管辖，晋中全域建立了统一的抗日政权组织。此后,无论这一区域的政权名称如何变化,全境由中国共产党领导建立的地方政权组织始终没有更改中断。

1948 年 7 月 21 日，随着晋中战役的胜利，收复了山西中部 14 座县城(孝义、汾阳、文水、交城、清源、晋源、徐沟、忻县、榆次、太谷、祁县、平遥、介休、灵石),晋中全境获得解放。同年 8 月 15 日,为了有效组织山西中部地区的人力物力支援解放太原,中共中央华北局、华北人民政府决定撤销中共吕梁区委员会、吕梁军区和吕梁行署,组建相当于省级建置的中共晋中区委员会、晋中军区和晋中行署,下属原吕梁八分区、北岳二分区、太行二分区和太岳的两个县以及尚待解放的太原市,上属中共中央华北局、华北军区和华北人民政府领导。为解放太原而诞生的晋中行署,是晋中作为地方政区划首次登上历史舞台,也是迄今晋中区划史上唯一领辖省会城市太原的时期。此时的晋中行署领辖山西中部 20 县 1 市,为真正意义上的“晋之中”。20 县 1 市分别为:阳曲县、忻县、定襄、五台、盂县、太原、清源(清徐西部)、徐沟(清徐东部)、交城、文水、汾阳、孝义、灵石、介休、平遥、祁县、太谷、榆次、寿阳、平定等 20 县及平遥市(平遥县)。

1949 年 3 月 24 日，太原战役胜利,5 月 1 日大同市和平解放。至此，素有“表里山河”的三晋大地结束了半封建半殖民地的旧时代，山西历史掀开了新篇章。解放后，为适应政治经济形势的需要，山西省的行政区划做过多次调整。1949 年 8 月 1 日，华北人民政府通令调整华北地区行政区划，决定在山西省中部地区设置榆次专区。8 月 23 日，中共中央华北局通知，建立中国共产党榆次地方委员会（简称中共榆次地委）。中共榆次地委、榆次专区，下辖榆社、左权、和顺、昔阳、寿阳、榆次、太谷、祁县、平遥、介休、灵石和平定、盂县等 13 个县和阳泉工矿区。中共榆次地委、专区在太谷县城筹建，9 月 1 日开始办公，9 月 14 日召开了庆祝成立大会，9 月 29 日地委机关由太谷县城迁驻榆次北关天主堂（原北寿安里 1 号门，今市委大院）。1958 年，为了适应“大跃进”和农村人民公社化运动的新形势，11 月 10 日，根据中共山西省委《关于并县并乡的决定》，山西省的行政区划进行了很大变动。全省划分为太原市 1 个省辖市和晋北、晋中、晋南、晋东南 4 个专区，这是山西省第一次以区域方位命名地方专区。中共榆次地委、榆次专区改称中国共产党晋中地区委员会（简称中共晋中地委）、晋中专区，下辖 2 市 7 县：阳泉市（平定县、昔阳县、盂县并入）、榆次市（寿阳县并入）、太谷县（太谷、祁县合

晋中区党委、行署遗址院门

并)、介休县(介休、灵石、孝义合并)、离石县(中阳、离石合并)、和顺县(和顺、左权合并)、平遥县、汾阳县(汾阳、交城、文水合并)、临县。自此,晋中作为山西省的一个专区(地、市)级地方区划名称,无论其他专区名称如何变化,无论辖区怎样伸缩调整,无论是叫专区、地区还是市,晋中称谓始终沿用至今。

中共晋中地委,中共晋中特委,为抗日救亡而生,为国家民族独立而生。中共晋中区委员会、晋中行署,为解放太原而生,为人民翻身解放而生。晋中,首先是作为一个中国共产党的组织区划出现于区划史的,其产生有着深刻的为国为民的红色印记,是红色的产儿。

红色晋中,支前奉献。抗日战争时期,抗日根据地各民主政府奖励耕织,发展生产,支援革命。1943 年,榆社县、昔阳县、和顺县相继创办农业生产互助组。1944 年,太行区发起大生产运动,晋中各县普遍建立多种形式的互助组、变工队。1946 年后,各解放区陆续施行土地改革,1949 年,晋中彻底废除封建土地私有制,解放了农村劳动生产力。农民实现“耕者有其田”,成为了土地的主人,被激发出空前的支前热情。

1948 年 8 月晋中战役结束后,当时的晋中区党委刚刚成立,面临着支援解放战争、组织干部南下和建设新晋中三大任务。太行二分区、晋中三分区支前的主要任务是支援解放太原。整个太原战役中,晋中既为部队输送了大批兵员,又为前线提供了大量的物资器材和粮食。太行

二分区出动和顺、左权、榆社 3 县民兵约 400 多人参战支前，晋中三分区前后共动员民工四五万人支援太原前线，参战支前人员占全劳力的 90%以上。他们冒着敌人的炮火，把弹药、器材、粮食源源不断地送到阵地上。在晋中数百里之内，几乎家家都把门板支援了前线：距太原百里之内的几个县，上至五六十岁的老人，下至十四五岁的少年都参加了运输队，全区有 203 名民工献出了自己的宝贵生命。

1948 年底，随着平津战役、淮海战役的胜利，解放区迅速扩大，急需大批干部接管地方工作。1949 年 2 月，中共太行二地委抽调了 30 名干部到平津接管，200 名干部南下到湖南、福建等地。与此同时，晋中三地委一个地委建制共 650 人南下接管新解放区。仅左权一个县，就先后外调干部 11 批 288 名，分赴河南、安徽、湖南、湖北、福建、广东、吉林等省，支援新解放区工作。据载，1948 年 11 月至 1949 年 6 月，太行区共调出干部 7998 人，其中区党委级 11 人、地委级 97 人、县级 752 人、区级 5023 人、一般干部 2115 人；太行区、太岳区赴福建干部 4100 人，其中太岳区干部组成 3 个地委、24 个县委、75 个区委；晋中区干部 3000 余人赴湖南，组成 6 个地委、36 个县委、216 个区委。

晋中的南下干部绝大多数都是中共党员，政治素质好，工作能力强。他们到达新解放区后，发扬老区人民艰苦奋斗、不怕牺牲的精神，密切联系群众，与当地民众打成一片，为新解放区的革命和建设做出了重

鸟瞰晋中市城区新貌

大贡献，有的甚至献出了宝贵生命。

红色晋中，人民新生。1949 年 10 月 1 日，中华人民共和国宣告成立，毛泽东主席在北京宣布“中国人民从此站起来了”。1949 年 10 月 25 日，榆次地委召开工作会议，传达学习了中共中央华北局《关于建立村、区、县三级人民代表大会或全县人民代表会议的决定》和山西省人民政府颁布的《关于召开各界代表会的暂行规定》，开始在各县 3 万人以上的城关区、工矿区迅速成立各界代表机构，召开第一次各界代表大会。在短短三个月时间里，全区各县相继召开各界人民代表会，出席会议的代表包括工人、农民、学生、军烈属、民兵、党政干部、人民团体、工商界人士，文教界代表以及自由职业者、爱国民主人士等。代表的广泛性、民主性和覆盖面，都在晋中历史上开创了先河。到 1952 年底，全区各县各界人民代表会议从第二届第一次会议起，先后代行人民代表大会职权，相继选出了各县人民政府的组织领导机构，90%的村庄召开了人民代表会议，选举产生了村政权。人民，真正成为了晋中的主人。

民主建政，民主选举各级人民政府，加强人民民主监督，保证党的各项政策、法令和任务的正确贯彻落实，巩固新生的民主政权，推动了国民经济的恢复和发展，为晋中新生奠定了坚实的基础。从此，晋中人民在各级中共党组织和人民政府的领导下，励精图治，发奋图强，一代接着一代繁衍耕耘在这片热土上，一辈秉承一辈奋战奉献在这片热土上，创造了一个又一个历史的辉煌。

参考文献

许顺湛:《五帝时代研究》,中州古籍出版社 2005 年版。

(宋)乐史撰,王文楚等点校:《太平寰宇记》,中华书局 2007 年版。

(清光绪)《榆社县志》。

张正明:《晋商兴衰史》,山西古籍出版社 1995 年版。

冯志诚、田晓娜主编:《世界通史》,青海人民出版社 1998 年版。

(英)尼尼安·斯马特著,高师宁等译审:《世界宗教》,北京大学出版社 2004 年版。

牟钟鉴、张践:《中国宗教通史》,社会科学文献出版社 2003 年版。

吕思勉:《中国通史》,上海古籍出版社 2009 年版。

范文澜:《中国通史》,人民出版社 1996 年版。

刘大杰:《中国文学发展史》,上海古籍出版社 1997 年版。

张纪仲:《山西历史政区地理》,山西古籍出版社 2005 年版。

谭其骧主编:《中国历史地图集》,中国地图出版社 1982 年版。

山西省晋中行政公署计划委员会编:《晋中地区国土资源》,山西经济出版社 1994 年版。

山西省老区建设促进会编:《山西革命老区》,中央文献出版社 2003 年版。

三晋文化研究会编:《晋中古今人物》,山西人民出版社 2002 年版。

山西省政协《晋商史料全览》编辑委员会编:《晋商史料全览·晋中卷》,山西人民出版社 2006 年版。

晋中地区地方志编纂委员会办公室编:《晋中历史人物》,1987 年版。

秦山:《解读罗贯中》,山西人民出版社 2003 年版。

吴晓波:《跌荡一百年》,中信出版社 2009 年版。

若舟:《三晋风云》,山西人民出版社 2008 年版。

杜拉柱、张松龄主编:《血火铁证——侵华日军在晋中罪行录》,山西人民出版社 1995 年版。

中共晋中地委、晋中行政公署编:《晋中战役》,1988 年版。

晋中市史志研究院编:《中国共产党晋中简明历史》,中央文献出版社 2004 年版。

山西省地方志编纂委员会:《山西通志》,中华书局 1991 年版。

武正国:《晋华风云录》,山西人民出版社 1985 年版。

刘怀仁:《晋中史话》,山西教育出版社 1991 年版。

曹煜:《祁帮票号》,山西经济出版社 2003 年版。

郝汝椿:《晋商巨族二百年——清代巨商祁县乔家的传说故事》,百花文艺出版社 1995 年版。

武殿琦:《晋商巨族——祁县渠家》,山西古籍出版社 1997 年版。

范维令:《晋商巨族——祁县何氏家族》,中国社会科学出版社 2010 年版。

陈发长、张建新:《石城腾飞》,中国文史出版社 2008 年版。

朱明生:《咏灵石故事选》,山西人民出版社 2005 年版。

李仁海:《千古悲歌韩信岭》,山西人民出版社 2007 年版。

李仁海:《钟灵毓秀石膏山》,远方出版社 2004 年版。

李仁海:《南河集》,三晋出版社 2013 年版。

卢润杰:《昭馀春秋》,山西古籍出版社 2005 年版。

《晋中市志》,中华书局 2010 年版。

《榆次市志》,中华书局 1996 年版。

《太谷县志》,山西人民出版社 1993 年版。

《祁县志》,中华书局 1999 年版。

《平遥县志》,中华书局 1999 年版。

《介休市志》,海潮出版社 1996 年版。

《和顺县志》,海潮出版社 1993 年版。

《昔阳县志》,中华书局 1999 年版。

《左权县文化志》,新星出版社 2013 年版。

《榆社县志》,山西古籍出版社 1999 年版。

天津日报传媒集团编:《天津小洋楼——名人故居完全档案》,天津教育出版社 2011 年版。

陈跃平:《榆社风》,大众文艺出版社 2008 年版。

后　记

《三晋史话·晋中卷》以“史”为记述主线，以“话”为文体笔调，讲述了晋中市从古至今的远古神迹、历史演变、景观名胜、物产资源、名人轶事、文物故址、人文民俗等内容，旨在把晋中悠久而厚重的历史文化以通俗易懂、生动活泼的文字、图片展示给广大读者；并藉此让读者了解晋中，认识晋中，喜欢晋中，走进晋中。本书内容主要来源于档案史料、方志文献、出土文物以及记载传说，史料可靠，叙事客观，具有较强的可信性。同时，本书各章执笔由我市文学界资深人士担纲，语言精炼，文采盎然，具有较强的可读性。

为了认真做好这项既须对古人负责、又须对今人后人负责的文化工程，充分反映晋中历史文化的深刻内涵，充分展示晋中历史文化的独特魅力，由中共晋中市委常委、宣传部部长黄耀春同志亲自挂帅，成立了由市委宣传部、市直有关单位负责人、各县（区、市）委宣传部负责人组成的《三晋史话·晋中卷》编委会，并聘请我市有学术影响的专家担任顾问，在反复研究讨论基础上，制定了能够全面系统反映晋中历史文化风貌的《三晋史话·晋中卷》编写方案和编写大纲。

本书编写过程中，市委宣传部牵头组织，各县（区、市）委宣传部组织各地的同志们搜集提供资料，市文联的同志执笔编写，市史志院的同志审核史实，省《三晋史话》编委会的同志指导把关，经过多方合力，最终完成了这本书的编写工作。

在具体编写过程中，担任本书学术顾问的市史志院院长李新文、原院长王俊山、调研员翟相卫、副院长曹成斌、原副院长刘俊礼以及市文物局原副局长晋华和市文化局原副局长周丽萍同志对本书编写大纲提出了宝贵意见，并对本书史实进行了认真审核。市委宣传部副部长丁美科同志和市文化局原副局长周丽萍同志、市文联党组书记王跃生同志、市文联副主席郝汝椿同志统揽全书，对稿件做了认真细致的审阅和修改完善。王跃生同志负责了第五章、第八章的执笔编写；郝汝椿同志负责了第一章、第六章的执笔编写；市文联办公室主任乔爱宏同志负责了第二章的执笔编写；市文联《乡土文学》编辑部主任杨凤喜同志负责了第四章、第七章的执笔编写；市文联《乡土文学》编辑部原主任张迎建同志负责了第三章的执笔编写。其中，文物古迹类条目由市文物局原副局长晋华同志负责执笔编写，民俗艺术类条目由市文化局原副局长周丽萍同志负责执笔编写。市委宣传部文艺科科长庞建明同志、市文联《乡土文学》副主编李燕蓉同志、市文联《乡土文学》原副主编陈亚珍同志、市委宣传部文艺科苏静同志也参与了部分编写工作。此外，市社科联主席吉爱玲同志在本书编写前期做了诸多基础性工作，市委宣传部办公室主任赵丽华、文艺科王冰、秦思东以及市史志院主任科员赵保平同志承担了大量的编务事宜。

《晋中史话》的出版面世，对反映晋中风貌，讲述晋中故事，传播晋中声音，是一次积极的实践探索。与悠久而厚重的晋中历史文化相比，与鲜活而美丽的晋中人文景观和山川风貌相比，由于现建置时间较短，全市综合性的史料积累有限，这本书只能算是抛砖引玉，只是给读者提供了一个寻访晋中大地历史文化蕴藏、人文景观和山川风貌的线索图。希望对晋中有兴趣的读者朋友们，见砖寻玉，按图索骥，走进晋中，来领略晋中丰厚的历史蕴藏、独特的人文景观和美丽的山川风貌。

感谢王俊、王海德、王锐中、李三峰、李永青、李岩、陈志军、张丽芬、宋林伟、杨慧渊、郑智军、曹建新等同志对本书编写工作顺利推进做出的大量协调指导工作。感谢王长英、王俊才、王彬、白长生、白克良、卢润杰、乔军、关苏杰、许建斌、李仁海、李旭清、张年玲、宋宵、吴耀瑨、孟振先、范维令、侯清柏、胡满川、赵永平、高巨寿、魏爱军等同志在本书资料收集整理及史实审核方面做出的大量基础工作。感谢王彬、王德林、牛锋毅、石头、史翔凤、刘向东、吴遵民、李三峰、李立新、何晋阳、杨慧渊、茹立毅、姚明亮、高振华、程平、程旭东、董西平、景茂礼、强金声、潘丽霞等同志为本书提供的大量图片资料。感谢那些对本书提出各种宝贵意见的同志们！

欢迎广大读者批评指正。

《三晋史话·晋中卷》编写组

编后记

2014年初，中共山西省委宣传部决定编撰《三晋史话》丛书，系统梳理山西地区及所辖各市的历史文化，从历史的、文化的、哲学的层面对山西的历史文化以及文明贡献进行回顾总结。为此，山西省委宣传部组织动员各市委宣传部及各地历史文化学者组成了百数十人的工作团队，力求在较短的时间内高质量地完成这套丛书。

为与已出版的通史类著作、地方志类著作有所区别、互不雷同，我们首先在编撰思路上进行了较大的调整。特别强调在基本勾勒出山西地区及各地历史文化发展基本脉络的同时，突出其在文明发展进程中的重大贡献。思考研究问题的视野不能满足于仅仅说清一时一地一事，还要联系文明发展的大历史进行分析对比，以突出其重要价值与意义。在文体上，既强调可读性，更注重严谨性；既要满足一般读者的阅读需求，做到通俗好看，又要具备历史学科的学术品格，言出有据，并使二者较好地结合起来。为此，特别聘请我省的专家担任学术顾问，全面参与到撰写工作之中。各地也高度重视，组织了本地具有较高学术水平的学者专家承担本地史话的撰写任务。

这套丛书的编撰，从提纲的设定开始就进行了反复研究讨论。首先由各卷的编撰者提出初步纲目，再组织丛书的学术顾问与大家一起讨论，提出修改意见，反复数次才基本确定编撰纲目。仅《三晋史话·综合卷》一书的提纲就修改了九次之多。编撰纲目基本确定后，各卷分头撰写。初稿出来后，由学术顾问组的专家进行审阅，提出修改意见，大部分书稿进行了三次以上修改。编撰工作完成后，再次请学术顾问组的专家进行审读。同时出版社进入审稿程序，以期能够最大可能地消灭不准确、不正确、不严谨的问题。

尽管我们付出了极大的努力，但是这套丛书仍然存在一些问题。首先是撰写风格不够统一。其次是由于同一事件涉及不同地区，各地在编撰中均有涉及，难免有重复叙述的现象。三是限于我们的水平、能力，还有许多地方分析得不够、不准。所以，希望读者能够提出批评指导意见，以期在日后进行修改调整。

胡苏平同志主持了丛书的编撰工作。杜学文同志具体负责丛书的组织工作。王灵善、高春平同志具体负责丛书的审读、出版协调事务。渠传福、李书吉、赵瑞民、王灵善、降大任、高春平、巨文辉同志为学术顾问，负责各卷纲目与书稿的审读研讨。崔力、武献民、谢振中、高小勇同志参与了纲目与书稿的审读，负责组织协调工作。各市委宣传部组织协调了本市分卷的编撰工作与图片提供工作。

《三晋史话》丛书编委会

图书在版编目（CIP）数据

三晋史话.晋中卷／黄耀春主编.--太原：三晋出版社，2015.8

ISBN 978-7-5457-1201-8

Ⅰ.①三… Ⅱ.①黄… Ⅲ.①晋中市—地方史 Ⅳ.①K292.5

中国版本图书馆CIP数据核字（2015）第202476号

三晋史话·晋中卷

主　　编：黄耀春

责任编辑：解　瑞

印装监制：赵宏生　李佳音

出 版 者：山西出版传媒集团·三晋出版社（原山西古籍出版社）

地　　址：太原市建设南路21号

邮　　编：030012

电　　话：0351-4922268（发行中心）

0351-4956036（总编室）

0351-4922203（印制部）

网　　址：http://www.sjcbs.cn

经 销 者：新华书店

承 印 者：山西臣功印刷包装有限公司

开　　本：787mm×1092mm　1／16

印　　张：20.75

字　　数：310千字

印　　数：1-7500册

版　　次：2016年5月 第1版

印　　次：2016年5月 第1次印刷

书　　号：ISBN 978-7-5457-1201-8

定　　价：90.00元